Alexandra Aumeier
Outbackträume

Alexandra Aumeier

Outbackträume

Roman

ORLANDA Les[e]bar

Sämtliche in diesem Roman erwähnten Fakten zu den Bradshaws und den Traditionen der Aborigines sind wirklichkeits- bzw. wahrheitsgetreu wiedergegeben. Alle Personen, Charaktere und Handlungen sind dagegen frei erfunden. Eventuelle Ähnlichkeiten mit lebenden Personen sind rein zufällig und nicht beabsichtigt.

Für meinen Outbackcowboy, meinen Piraten
und meine kleine Fee

My People

A race of people who rose with the sun
As strong as the sun they had laws
traditions co-existing with nature,

The cycle of the sun is likened to the cycle of man;
The snake is said to bite when the sun is at its most powerful zenith.
The snake has already bitten.

When the snake bites the sun,
The clan, the man, the sun,
Must sink cooling to its inevitable settings,
Yet it is said that the sun will rise again.

ALBERT BARUNGA, Ältester der Aborigines; Kimberleys, North West Australia

Tief ist der Brunnen der Vergangenheit.
Sollte man ihn nicht unergründlich nennen?

THOMAS MANN

We carry within us all the wonders we seek without.

SIR THOMAS BROWN

Er hatte erwartet, sie in den tiefsten Schluchten der australischen Wildnis zu finden. Beschützt von tobenden Wasserfällen, Krokodilen und einem moskitoinfizierten Dschungel. An den unzugänglichen Stränden der Timorsee, dort wo sie auf die Arafurasee trifft. Umtost von den gewaltigsten Gezeiten. Er hatte erwartet, auf wilde Augen und eine Sprache zu treffen, die seinen Ohren fremd wären.

Wie oft hatte er fast die Hoffnung verloren, an der Plausibilität seiner eigenen Theorie gezweifelt. Und jetzt hatte er den Beweis vor sich. Es war fast lächerlich, wie nah, wie greifbar sie all die Jahre gewesen war.

Olivier Leblanc starrte auf die Fotografie in seinen Händen. Sein Gesicht war fast ausdruckslos, doch das Zittern seiner Hände verriet ihn. Seine letzte Nelkenzigarette war längst ungeraucht im Aschenbecher abgebrannt und eine neue klebte schon seit einiger Zeit zwischen seinen Lippen. Er konnte immer noch nicht glauben, was er vor sich auf dem Bild sah. Die Frau lag friedlich schlafend in einem Hotelbett. Sie war nackt. Er hatte im Laufe seines Lebens schon viele nackte Frauen gesehen. Es lag nicht an ihrer Nacktheit, dass er zitterte. Wäre sie irgendeine Frau gewesen, hätte er zugeben müssen, dass sie auf eine gewisse Weise attraktiv war. Aber es handelte sich nicht um irgendeine Frau. Mit einem langen Seufzer lehnte er sich in seinen gut gepolsterten Ledersessel zurück, zündete sich die Zigarette an und sog den aromatischen Rauch tief in seine Lungen ein. Nun begann er endlich zu lächeln. Er war am Ende seiner Suche angelangt! Sein ganzes Leben hatten er und seine Auftraggeber auf diesen Moment gewartet. Bei dem Gedanken stieß er ein verächtliches Lachen aus. Seine Auftraggeber waren Männer, die nur hinter dem Geld her waren. Lächerliche, arrogante Narren. Er allein ahnte, was es wirklich mit dieser Frau auf sich hatte. Für jemanden, der nicht wusste, worum es sich handelte, waren die Narbentätowierungen auf ihrer Haut leicht zu übersehen. Allein diese Narben waren der Schlüssel zu ihrer Identität. Wie der ägyptische Rosettastein, der zur Entschlüsselung der Hieroglyphen geführt hatte, würden ihn ihre Körpermale an das Ziel seiner Träume führen. Sie waren der Schlüssel zum Tor der Ewigkeit.

1

Luxa war in einen südaustralischen Wintersturm geraten. Es war schon dunkel und sie kämpfte sich mit dem Auto eine Schlammstraße entlang. Regentropfen peitschten auf die Windschutzscheibe, während Zweige der Eukalyptusbäume und Yakkas, die den Weg säumten, sich im Sturm bogen und auf die Kühlerhaube knallten. »Die Meerluft wird dir gut tun«, hatte Luke gesagt. Luxa musste lachen, als sie an sein besorgtes Gesicht dachte. »Göttin, lass mich hier nur keinen Platten kriegen«, betete sie jetzt. Vor ihr lagen noch etwa fünfzig Kilometer und während der letzten zweihundert Kilometer hatte sie kein Haus gesehen.

Sie schrie auf, als ein gewaltiger Windstoß Lukes alten Landcruiser fast umblies. Dann war plötzlich alles still. So schnell der Sturm gekommen war, hatte er sich auch wieder gelegt.

»Was mache ich nur um diese Zeit in Australien?«, fragte Luxa sich kopfschüttelnd. Eigentlich war Juli einer der wenigen Monate, in denen das Wetter in Deutschland einigermaßen schön war. Aber sie war schließlich nicht zum Urlaubmachen gekommen.

Luke hatte sie am Flughafen lange umarmt und ihr ins Ohr geflüstert, wie sehr er sie vermissen würde. Sie hatte es vermieden, ihn anzusehen.

Trotz ihrer gemischten Gefühle hatte Luxa es nicht erwarten können, Australien wiederzusehen. Volle vier Stunden überflogen sie den roten Kontinent und dabei wurde ihr klar, wie sehr sie dieses unendlich schöne und geheimnisvolle Land vermisst hatte. Sechs Jahre zuvor hatte sie es voller Panik verlassen. Damals war sie fünfundzwanzig Jahre alt gewesen. Ihre Welt war seitdem nicht mehr dieselbe.

2

Es schien ein Wink des Schicksals zu sein, dass sie Luke auf einer Konferenz wiedertraf. Sie war gerade am Ende ihres Vortrages angekommen, als sich die Tür des Vorlesungssaals an der Humboldt Universität öffnete und ein Typ mit R. M. Williams Cowboystiefeln, weißen Moleskinjeans und einem brandneuem *Akubra** auf dem Kopf geräuschvoll den Raum betrat. Der ganze Saal drehte sich um, um dem Störenfried scharfe oder auch nur neugierige Blicke zuzuwerfen. Der Cowboy grinste selbstsicher, sah Luxa an und lispelte: »Sorry, is this the lecture on mating rituals of kangaroos?«

Luxa blieb der Mund offen stehen. Das war Luke! Jemand in Türnähe schien ihn rasch über seinen Irrtum aufgeklärt zu haben, denn Luke winkte ihr bloß zu und verließ mit einem amüsierten Lächeln den Saal. Luxa hatte große Mühe, sich zu konzentrieren und ihren Vortrag zu beenden. Die anschließenden Fragen ließ sie über sich ergehen, doch ihre Gedanken waren woanders. Nach dem Applaus nahm sie mit zittrigen Händen ihre Lesebrille ab, steckte ihre losen Papiere so schnell sie konnte in die Tasche und stahl sich hastig aus dem Vorlesungssaal.

*Kursiv gesetzte Begriffe werden im Glossar auf S. 324 erklärt.

Sie sah ihn sofort. »Du Schuft! Du hast meinen Vortrag ruiniert«, warf sie ihm grinsend entgegen. Er lachte auf und nahm sie in eine lange, herzliche Umarmung. Luke hatte sich in den sechs Jahren kaum verändert, er war vielleicht ein bisschen grau um die Schläfen geworden, aber noch genauso attraktiv wie sie ihn in Erinnerung hatte. Nach all den Jahren sein Gesicht wiederzusehen, war wie ein Schlag in die Magengrube und doch sonderbar herrlich.

»Seit wann spielst du denn graue Maus?«, erwiderte er mit stark australischem Akzent und Luxa wurde sich ihres biederen dunkelblauen Kostüms bewusst. Sie hatte seit langem nicht mehr besonders auf ihr Aussehen geachtet.

»Und wo hast du dein Pferd gelassen, Cowboy?«, konterte sie amüsiert. Er sah an sich herab, als ob er nicht wüsste, was sie meinte, um ihr dann zu erklären, dass deutsche Akademiker alle gleich aussähen und er ihre Fantasien verkörpere. »Du weißt schon, offenes Feuer, starker Tee aus dem *Billy*, Rodeoreiten und unterm Sternenhimmel schlafen. Ich werde zwar in akademischen Kreisen nicht gleich ernst genommen, aber ich ernte eine Menge neidischer Blicke – und es wirkt unheimlich auf Frauen.« Luke zwinkerte ihr grinsend zu und Luxa musste aus vollem Halse lachen. Für den Durchschnittsdeutschen wirkte er sicherlich sehr abenteuerlich, vielleicht sogar authentisch, aber jeder echte australische Cowboy hätte nur den Kopf geschüttelt und Luke als *cityfolk* abgetan. Dass er auf Frauen wirkte, konnte sie jedoch bestätigen. Abgesehen von seinem Körperbau und seinem blendenden Aussehen, waren es Details wie der Schalk in seinem Gesichtsausdruck, das Lächeln in seinen Augen, die das weibliche Geschlecht magisch anzogen.

»Komm«, sagte er nun und hakte Luxa unter, »lass uns einen trinken gehen und uns über alte Zeiten unterhalten.«

Als sie später bei einem Martini in einer kleinen Bar mit

einem Pianisten saßen, stellte er ihr die Frage, mit der sie schon die ganze Zeit gerechnet hatte – warum war sie damals so mir nichts dir nichts verschwunden? Er hätte in all den Jahren immer nach ihr Ausschau gehalten, an den europäischen Universitäten, an denen er als Gastdozent lehrte, in Publikationen, in denen er hoffte, ihren Namen zu entdecken. Schließlich hätte er zufällig gesehen, dass sie im Programm dieser Konferenz stand.

Luxa biss sich hart auf die Lippen. Wie oft hatte sie eine Antwort auf diese Frage gedanklich durchgespielt? Wie viele Gesichtsausdrücke vor dem Spiegel einstudiert, die ihre Lüge begleiten würden? Sie legte ihm die Hand auf den Arm und bat ihn, an diesem Abend nicht davon zu sprechen, sondern den Augenblick zu genießen. Er nahm ihre Hand in seine, drückte sie an seine Lippen und nickte.

Es war vorauszusehen, wie der Abend enden würde und Luxa nahm sich vor, jeden Moment gierig aufzusaugen, ohne sich allzu viele Gedanken zu machen. Sie erinnerte sich an die Zeit, in der Luke nur sie wollte und sie mit Aufmerksamkeit und Geschenken überschüttet hatte. Sie konnte nur ahnen, wie sehr sie ihn mit ihrem Verhalten verletzt hatte.

Sie beschlossen, ein kleines Restaurant aufzusuchen, das von einem Australier betrieben wurde. »Es ist gleich hier um die Ecke, lass uns zu Fuß hingehen«, schlug Luke vor. Hand in Hand spazierten sie wortlos durch den warmen Berliner Sommerabend und Luxa fühlte sich so wohl wie schon lange nicht mehr. Luke hatte ihr schon immer dieses Gefühl gegeben. Überhaupt hatte alles Australische eine tiefe, beruhigende Wirkung auf sie. Das Leben dort schien so viel einfacher. Die Australier waren dem Leben gegenüber sehr viel positiver eingestellt als die Deutschen. Oder irrte sie sich? War es das Wetter, die unglaubliche Weite oder der Mangel an Geschichte? Hier in Deutschland schien man immer gleich an das Schlimmste zu denken und alle mussten ihre Rolle in einer mächtigen Maschinerie spielen, der man kaum entkam. Für Luke schienen diese Regeln nicht zu gelten. Er war unbeschwert, beendete jeden Satz mit der landestypischen Floskel »No worries« und lebte sich lächelnd durchs Leben. So hatte es zumindest den Anschein.

Bei *Tuna mornay*, Luxas australischem Lieblingsgericht, tauschten sie sich über die letzten sechs Jahre aus, über ihre Karrieren, ihre kurzen und etwas längeren Romanzen und darüber, wie es ihnen im Allgemeinen ergangen war. Vor allem aber lachten sie viel und Luxa genoss die Wärme, die ihr eigenes Lachen in ihrem Körper verursachte. Sie hatte es fast vergessen gehabt und es war genau das, was sie jetzt brauchte.

Seit ihrer überstürzten Abreise aus Australien hatte Luxa eine Karriere, ein Leben verfolgt, das ihr nichts bedeutete. Der Abend mit Luke ließ sie das deutlicher denn je erkennen. Sie wusste, sie musste endlich eine Entscheidung treffen. Zu lange hatte sie die Augen vor der Wahrheit verschlossen und ihr Leben von Ängsten und Belanglosigkeiten bestimmen lassen.

Als Nachspeise bestellten beide ein riesiges Stück brüchigsüßer *Pavlova* mit frischen Erdbeeren und Schlagsahne. Steve, der Besitzer des Restaurants, hatte sich vor zehn Jahren in eine blonde norddeutsche Rucksacktouristin verliebt und war ihr schließlich nach Deutschland gefolgt, obwohl er eigentlich das Geschäft seines Vaters hätte übernehmen sollen, der mit *Abalonen* handelte. Nun zwinkerte er Luke und Luxa zu und stellte ihnen die zweite Flasche Kunnawarra-Wein auf den Tisch. Dann verschwand er, um sich um die anderen Gäste zu kümmern, die das Restaurant langsam füllten. Es war nur spärlich mit Kerzen beleuchtet und sanfte Jazzmusik schwebte durch den Raum.

Luxas Kopf war schwer von dem australischen Wein, dessen Trauben die Sonne eines langen, heißen Sommers in sich aufgesogen hatten. Den ganzen Abend spürte sie Lukes Blicke auf sich.

Mal sah er sie fragend an, mal amüsiert, und dann war da noch etwas anderes in seinen Augen, ein Ausdruck den Luxa gut kannte. Wenn seine Hände die ihren gelegentlich streiften, wusste sie, dass das nicht zufällig geschah. Luxa genoss das kribbelnde Gefühl, begehrt zu werden und Luke ließ keinen Zweifel daran, was er für sie empfand. Sie wollte nur für diesen Abend gedanklich in der Zeit zurückreisen. Für heute war sie wieder die junge Studentin von damals, unbeschwert und abenteuerlustig. Als Luke sie in sein Hotelzimmer einlud, lehnte sie nicht ab.

Im Hotel bestellten sie sich starken Espresso aufs Zimmer, und während sie auf den Zimmerservice warteten, stieg Luke in die Dusche.

»Ah Kaffee, genau was ich jetzt brauche«, sagte er, als er mit nacktem Oberkörper und nur einem Handtuch um die Hüften aus dem Badezimmer kam. Luxa fiel es schwer, den Blick von seinem Körper zu wenden. Doch Lukes Gesicht war ernst geworden. Er sah sie lange und forschend an und Luxa konnte nichts weiter tun, als seinen Blick zu erwidern. Während seine Augen auf ihrem Körper ruhten, kam er langsam auf sie zu. Luxa atmete tief ein.

3

Der Regen schien nachzulassen, als Luxa die Abzweigung nach Lillapanga erreichte. Ein paar hundert Meter weiter tauchte Lukes Strandhaus auf. Das Licht des beinahe vollen Mondes, der die schweren Wolken verdrängt hatte, half ihr dabei, die Schlüssel zu finden. Luxa nahm nur das Nötigste aus dem Auto und suchte nach dem Lichtschalter, doch der Sturm schien einen Stromausfall verursacht zu haben. Sie war heilfroh über die Taschenlampe, die sie in allerletzter Minute noch im Supermarkt in Adelaide gekauft hatte. Todmüde wie sie war, freute sie sich, im Schein der Taschenlampe ein frischbezogenes Bett zu finden. Sie zog Jeans und Pullover aus und sank lächelnd in die Kissen.

Als Luxa am nächsten Morgen erwachte, verschlug ihr der Blick aus ihrem Zimmer einfach die Sprache. Vor ihrem Fenster lag der türkisblaue Ozean, glasklar und ohne Spuren der stürmischen Nacht. Die Wolken hatten sich völlig aufgelöst und die Sonne strahlte ihr ins Gesicht. Das Haus lag am Eingang einer kleinen Bucht, die auf beiden Seiten von grünen Hügeln und einem steilen Kliff eingerahmt war. Der Strand war schneeweiß und völlig verlassen. Wieder einmal überkam sie das Gefühl, dass ihr die Liebe zu diesem Land fast körperlich wehtat. Es war, als ob sie den Ozean hätte trinken, den Sand hätte essen wollen, nur um mit dieser wilden, unberührten Schönheit zu verschmelzen, die jedes Mal einen verborgenen Teil ihres Inneren vibrieren ließ. Dieses Gefühl kannte sie nur hier. In Deutschland wäre es ihr völlig unangebracht erschienen.

Luxa blieb noch eine Weile im Bett liegen und überließ sich ihren Gefühlen. Sie sah sich im Zimmer um und bemerkte erst jetzt, dass sie in einem antiken Himmelbett lag, dessen schneeweiße Bettwäsche zart bestickt war. Dann räkelte sie sich noch einmal genüsslich und sprang schließlich äußerst gut gelaunt aus dem Bett. Der Rest des Hauses war schnell inspiziert. Es war ein echtes, mindestens einhundertfünfzig Jahre altes, weiß gestrichenes Strandcottage aus ockerfarbenem Kalkstein und Eukalyptusholz. Ihr Schlafzimmer war der einzige abgetrennte Raum, während Küche, Ess- und Wohnzimmer in einem mittelgroßen Raum zusammengefasst waren. Das Haus hatte einen alten Jarrah-Holzboden und der große Esstisch schien aus demselben tiefroten Eukalyptusholz gefertigt zu sein. Gegenüber der wuchtigen Eingangstür befand sich ein offener Kamin, der fast überdimensional wirkte. Eine kleinere Menge Brennholz war daneben aufgestapelt und zwei schwere, schokoladenbraune Chesterfieldsessel mit einem winzigen Kaffeetisch standen davor.

Luxa gefiel das Ganze sehr gut. Sie beschloss, das Auto auszuladen, bevor ihre Vorräte anfingen, schlecht zu werden. Mehrere Male musste sie den kleinen Garten, der nach Lavendel und Orangenblüten duftete, mit großen Tüten und Koffern durchqueren. Als sie fertig war, pflückte sie sich eine reife Grapefruit und mehrere Orangen von den Bäumen und machte sich daran, ihr Frühstück zuzubereiten. Die Küche war mit allem ausgestattet, was sie benötigte. Sie presste die Orangen aus, zuckerte sich die Grapefruit und bestrich sich zwei Scheiben Toast mit Butter und Vegemite, dem australischen Brotaufstrich, dessen einzigartiger Geschmack für viele Nichtaustralier zumindest gewöhnungsbedürftig war.

Nach zwei Tassen starken Milchkaffees stieg sie zum Duschen in die antike, gusseiserne Badewanne. Luxa genoss das heiße Wasser auf ihrer Haut. Einen Stapel flauschiger Handtücher fand sie auf einem alten Rattanstuhl, der schon bessere Tage gesehen hatte. Sie trocknete sich ab, holte ein frisches, langärmeliges T-Shirt und eine Jeans aus dem Koffer und beschloss, mit noch feuchtem Haar einen Spaziergang am Strand zu machen. Der Weg zum Wasser führte durch den Garten, ein paar mit Wildblumen überwachsene Stufen hinunter, und schließlich über die Dünen. Vor ihr lag der weite Ozean.

Das Wetter schien ungewöhnlich mild für diese Jahreszeit. Im Gegensatz zum populären tropischen Norden und zur subtropischen Ostküste hatte der wenig besuchte Süden Australiens ein mediterranes Klima. Die Wintermonate waren gekennzeichnet von milden, aber hin und wieder auch kühlen Tagen. Luxa entschied sich, barfuß zu laufen und genoss die belebende Wirkung des Sonnenscheins und der leichten Brise auf ihrem Gesicht. Am

Strand war keine Menschenseele zu entdecken und die wenigen Strandhäuser neben Lukes Haus schienen verlassen.

»Es ist wie auf einer einsamen Insel«, hatte Luke sie gewarnt, »die Häuser gehören Leuten aus Adelaide und die sind erst mal damit beschäftigt, das Geld für ihre Strandhäuser, ihre nagelneuen Geländewagen und was sie sonst noch meinen, unbedingt zum Leben zu brauchen, zu verdienen. Das lässt ihnen natürlich keine Zeit, um ihre Zweitheime zu genießen. Die einzige Zeit, in der Lillapanga bewohnt ist, ist während der langen Weihnachtsferien, wenn alle Australier die heißen Feiertage am Strand verbringen wollen.«

Luxa genoss den weichen Sand zwischen den nackten Zehen und versank tief in den Anblick des glasklaren Wassers. Sie dachte daran, dass nur dieses unbeschreibliche Türkis sie von der Antarktis trennte. Der Sturm des Vortages hatte eine Menge Treibgut angeschwemmt und sie las mehrere Muscheln auf. Einige davon steckte sie in ihre Tasche, andere warf sie zurück ins Meer. Als sie am Ende der kleinen Bucht angekommen war, folgte sie einer Eingebung und begann, das Kliff hochzuklettern. Sie wollte sehen, was auf der anderen Seite lag.

Für den Bruchteil einer Sekunde sah sie aus dem Augenwinkel eine Bewegung und drehte den Kopf in Richtung Sonne. Das Licht blendete sie jedoch und sie konnte nicht ausmachen, was oder wer ihre Aufmerksamkeit erregt hatte. Sofort beschleunigte sich ihr Puls, aber im gleichen Moment schüttelte sie schon den Kopf und murmelte: »Hör auf, Luxa!«

Der Aufstieg war schwieriger, als Luxa gedacht hatte und sie rutschte einige Male ab. Scheinbar hatten sich während des letzten Unwetters große Teile des Kliffs gelöst und waren von oben herabgerollt. Nun lagen überall lose Steine verstreut. »Verdammt«, fluchte Luxa, als sie erneut abrutschte und beinahe stürzte. Als sie wieder Fuß gefasst hatte, setzte sie sich auf einen Felsen um Atem zu schöpfen. Irgendwie hatte sie das Gefühl, beobachtet zu werden. Doch als sie sich nach allen Seiten umsah, konnte sie nichts entdecken.

Luxa überlegte, ob sie umkehren sollte, doch so schnell wollte sie sich nicht geschlagen geben, also beschloss sie, stattdessen am Fuße des Kliffs herumzuklettern. Auch dieses Unterfangen war nicht gerade einfach und sie konnte es sich nicht erklären, aber sie war den Tränen nahe. Sie biss die Zähne zusammen, schwang sich über einen Felsen und landete prompt auf ihrem Gesäß.

»Was um Himmels willen machst du nur, Luxa«, mahnte sie sich, »wenn du dir hier ein Bein brichst, findet dich niemand.« Sie wusste, dass dies genau eine der Situationen war, die Touristen in Australien das Leben kosten konnten. Die meisten Reisenden waren Städter und hatten so wenig Kontakt mit der Natur, dass sie sie als eine Art Vergnügungspark sahen. Sie schienen zu erwarten, dass bei irgendwelchen Schwierigkeiten jederzeit Personal bereitstünde, um ihnen aus der Patsche zu helfen. Sie brachten ihrer Umgebung nicht genügend Respekt entgegen, unterschätzten sie. Nur die wenigsten hatten Achtung vor der Gewaltigkeit der australischen Natur und begriffen, dass ihre Schönheit für Uneingeweihte nicht ungefährlich war. Sie dachte an die zahllosen Fälle, in denen Europäer sich ein Auto mieteten und ohne ausreichend Wasser und auch sonst nur spärlich ausgerüstet einfach ins Outback fuhren. Sie hatten keine Ahnung, was sie dort wirklich erwartete und nicht wenige zahlten dafür mit dem Tod.

»Wir Europäer haben von der Wildnis kein Konzept mehr«, dachte Luxa. In Europa war alles geordnet, überall gab es Ordnungshüter und es war kaum möglich, den Menschenmassen zu entfliehen. Australien hatte dagegen zwei Gesichter. Das moderne Gesicht spiegelte sich in Großstädten wie Sydney,

Melbourne, Perth, Adelaide und Darwin wider, während dahinter ein uraltes, weises Gesicht versteckt lag, das zehntausende, vielleicht sogar hunderttausende von Jahren bestanden hatte und von den Ureinwohnern des Kontinents, den Aborigines, verehrt und behütet worden war. Diese zwei Gesichter blickten in die entgegengesetzte Richtung.

Luxa lag einige Minuten in Gedanken versunken neben dem hohen Felsen, als sie plötzlich etwas entdeckte, das ihr Interesse weckte. Zögernd näherte sie sich der Kliffwand, ging dann aber wieder ein paar Schritte zurück auf Ihre Ausgangsposition. Und tatsächlich, von hier aus konnte sie es genau sehen – ein kleines Loch in der Felswand. Nun kroch sie auf allen Vieren der Öffnung entgegen, um sie nicht aus dem Blick zu verlieren. Unter einem Überhang lag der Eingang zu einer Höhle.

Schließlich siegte Luxas Neugierde und sie hievte sich in die Höhlenöffnung. Drinnen war es zunächst dunkel, aber etwas weiter hinten sah sie Licht einfallen und kurz entschlossen ging sie dem Licht entgegen. Luxa war kein ängstlicher Typ, hatte aber großen Respekt vor Schlangen. Es musste sich gar nicht um eine Taipan, die giftigste aller Schlangen handeln; schon der Biss einer Braunnatter oder Tigerotter genügte, um einen in wenigen Stunden ins Jenseits zu befördern, wenn man nicht an das entsprechende Gegengift herankam. Und diese Schlangen waren in Australien alles andere als selten.

Luxa stampfte fest mit den Füßen auf und hoffte, dass die Vibration des Höhlenbodens eventuell anwesende Schlangen vertreiben würde. Als es immer heller wurde, nahm sie an, dass der Ausgang der Höhle relativ groß sein musste. Im Gehen bemerkte sie, dass sich hin und wieder ein paar Erdbrocken von der Höhlendecke lösten, doch sie beruhigte sich mit dem Gedanken, dass dieses Abenteuer bald ein Ende haben und sie genüsslich in der Badewanne liegen würde. Doch dann verengte sich die Höhle plötzlich und es blieb ihr nichts anderes übrig, als wieder auf allen Vieren voran zu kriechen. Sie konnte gar nicht bestimmen, warum sie unbedingt weiter wollte, doch irgendetwas trieb sie an. Vielleicht waren es nur Übermut und Abenteuerlust, die sie so lange nicht mehr gespürt hatte. Wenn sie an all die Schrammen und Wunden aus ihrer Kindheit und Jugend dachte, musste sie lächeln. Sie war sich immer sicher gewesen, alles unter Kontrolle zu haben. Und bis auf ein paar kleinere Zwischenfälle war ihr auch nie etwas passiert. Das Schicksal hatte ihr nie eine Vorwarnung gegeben. Doch seit den Geschehnissen vor sechs Jahren schien sie plötzlich eine Angst vor der Angst entwickelt zu haben. Es war eine Art Lähmung, aus der sie niemand erlösen konnte, das ließ sie auch gar nicht zu. Sie war geflohen und hatte sich mit aller Wucht in ein Leben gestürzt, das nicht ihres war. Ein sicheres und trostloses Leben, in dem es kein Risiko und kein Abenteuer mehr gab. Sicher, sie hatte Affären gehabt, Urlaubsreisen unternommen und Karriereschübe erlebt, aber nichts davon berührte sie wirklich, nichts ließ sie fühlen, dass sie wirklich lebte, atmete, existierte. Es war ein Leben, das sie vor ihrer Vergangenheit schützte, zumindest hatte sie sich das eingeredet. Doch dann hatte sie Luke wiedergetroffen und mit ihm kam die Erinnerung daran zurück, wie es einmal war, was sie für ein Mensch gewesen war. Nach dieser Erinnerung schien sie jetzt in dieser Höhle zu suchen.

Gerade als Luxa umkehren wollte, fand sie sich plötzlich dem Licht ganz nahe. Sie lachte auf, wischte sich Schweiß und Schmutz aus dem Gesicht und trat mitten in einen großen Höhlenraum, der zu einer Seite offen war. Sie war ein wenig außer Atem von der Anstrengung und holte ein paar Mal tief Luft. Als sie sich ihrer Umgebung gewahr wurde, begannen ihre Augen jedoch zu leuchten. Luxa war überrascht, es war nicht die erste Höhle dieser Art, die sie gesehen hatte, nur hatte sie nicht erwartet, hier auf so etwas zu stoßen. Der Raum war mindestens fünf Meter hoch und von der Seite fielen durch ein großes Loch die Sonnenstrahlen herein. In der Höhlenmitte befand sich eine große Feuerstelle und ein paar kleinere am Rand. Die Höhlenwände waren an mehreren Stellen rußgeschwärzt. Wann war diese Höhle wohl zuletzt genutzt worden? Was für Geheimnisse barg sie? Luxa kannte das aufregende Kribbeln, das jetzt in ihr aufstieg, sehr gut. Sie hatte es vermisst und fühlte sich plötzlich wieder wie die junge Anthropologin, die sie damals gewesen war, als sie sich an ihre Doktorarbeit machte. Doch irgendetwas hinderte sie jetzt daran, die Höhle weiter zu erforschen. »Nicht jetzt«, sagte sie sich, »nicht heute.« Sie wusste, dass sie wiederkommen würde, aber sie brauchte noch ein wenig Zeit, um den Mut dafür zu sammeln. Nur ein wenig.

Der Rückweg war um einiges leichter, denn nun wusste sie ja, was sie zu erwarten hatte. Ihre Nervosität war einem Gefühl des Schwebens gewichen. Luxa erklomm die Felsen mit einer Leichtigkeit, die ihr nach den Anstrengungen der letzten Stunde sonderbar erschien. Etwas hatte sich in ihr verändert und sie wollte dieses Gefühl ergründen. Sie wusste, dass das der Weg war, den sie gehen musste, der sie nach Hause führen würde.

4

Das heiße Wasser auf der Haut tat ihrem geschundenen Körper gut. Genüsslich streckte Luxa sich in der gusseisernen Badewanne aus und beglückwünschte sich dazu, das extrem teure Badeöl im Dutyfree-Laden gekauft zu haben.

Sie hatte drei Stunden Aufenthalt in Singapur gehabt und war am Flughafen herumgeschlendert. Nachdem sie der Versuchung widerstanden und statt einer Packung Zigaretten das Badeöl gekauft hatte, beschloss sie, die Dachterrasse des Flughafens aufzusuchen. Dort befanden sich der Swimmingpool und eine kleine Bar, wo sie sicherlich einen wohlverdienten Martini bekommen würde. Der Flug von Frankfurt mit Qantas hatte lange genug gedauert. Noch dazu hatte sie die Maschine mit gemischten Gefühlen bestiegen, nicht wissend, was sie erwarten und wann sie zurückkehren würde. Sobald das Flugzeug jedoch abgehoben hatte, überkam sie ein Gefühl der Leichtigkeit. Sie hatte in sich hinein gelacht und musste wohl ein komisches Geräusch gemacht haben, da der Geschäftsmann auf dem Nebenplatz von seiner Zeitung aufsah und ihr einen fragenden Blick zuwarf.

Es war bereits dunkel, als sie die Dachterrasse des Flughafens erreichte und in der tropischen Schwüle den schweren Duft von Frangipani und Jasmin einsog. Der Swimmingpool war nur spärlich beleuchtet. Luxa setzte sich auf einen der Barhocker, gab dem lächelnden Barmann ihre Bestellung und genoss das Gefühl, am Anfang eines lang erwarteten Abenteuers zu stehen.

»May I invite you to a drink?«, sagte eine männliche Stimme neben ihr, die sie plötzlich in die Realität zurückholte. »Another Martini?«

Sie sah einen attraktiven älteren Herrn in einem exquisiten schwarzen Leinenanzug vor sich stehen. Sein Haar war perfekt nach hinten frisiert und er war ungewöhnlich braungebrannt.

Luxa schüttelte den Kopf und wollte aufstehen, als er sie plötzlich in perfektem Deutsch bat, doch sitzen zu bleiben. »Sie haben doch noch Zeit, Frau Doktor Lander, ihr Flug geht erst in zwei Stunden, lassen Sie mich Ihnen Gesellschaft leisten.«

Ein Gefühl der Panik überkam sie. »Woher kennen Sie meinen ...«, aber er ließ sie nicht aussprechen.

»Sie standen beim Einchecken vor mir in der Schlange und ich habe zufällig mitgehört, welchen Flug Sie gebucht haben und dass Sie einen sehr interessanten Vornamen haben. Sehen

Sie, ich vertrete die Theorie, dass Menschen mit einem interessanten Namen sich auch meistens dazu verpflichtet fühlen, interessant zu sein. Vor drei Monaten zum Beispiel traf ich durch Zufall …«

»Was wollen Sie von mir?«, unterbrach ihn Luxa leicht irritiert.

»Oh, entschuldigen Sie bitte, ich habe mich ja noch gar nicht vorgestellt. Olivier Leblanc ist mein Name. Ich bin auf Geschäftsreise und dieser Flughafen ist praktisch meine zweite Heimat. Ich handle mit Gold, Perlen und rosafarbenen Diamanten. Wie Sie vielleicht wissen, hat Australien von allen drei Schätzen der Natur die beste Qualität zu bieten. Und solange es so schöne Frauen wie Sie gibt, Frau Lander, werde ich mich diesem schmutzigen Geschäft weiterhin verpflichten.« Er lächelte charmant und küsste ihr augenzwinkernd die Hand.

Luxa sah ihn nun leicht amüsiert an und fing an, sich zu entspannen. Der Martini trug einiges dazu bei, dass sie sich von Olivier Leblanc zu einem zweiten überreden ließ. Schmunzelnd dachte sie an das Gedicht von Dorothy Parker. Wie ging das nur gleich wieder? *I like to drink a Martini, two at the most. With three I am under the table, with four I'm under the host.* So ähnlich zumindest.

»Darf ich fragen, was Sie so amüsiert?«

Luxa hütete sich, ihm den Grund für ihren Gesichtsausdruck zu verraten und zuckte nur geheimnisvoll lächelnd mit den Schultern.

Olivier Leblanc war der interessanteste Gesprächspartner, dem sie seit langem begegnet war – außer Luke natürlich. Er brachte sie zum Lachen und rührte sie mit einer Geschichte über einen verunglückten Perlentaucher in Broome, im sagenumwobenen Nordwesten Australiens, fast zu Tränen. Es geschah in einer Zeit, als Perlen noch von schlecht bezahlten Tauchern meist asiatischer Herkunft aus dem Meer geholt wurden. Viele davon kamen ums Leben, weil sie unter Leistungsdruck standen, da sie ihre Familien ernähren mussten. Sie blieben zu lange unter Wasser und ihre Lungen füllten sich beim Auftauchen mit Wasser, oder sie halluzinierten und schwammen dem Meeresboden anstatt der Wasseroberfläche entgegen.

Olivier Leblanc sah Luxa tief in die Augen, oder so schien es ihr nach dem dritten Martini, als er ihr von den Goldminen weiter unten im Südwesten erzählte. Die unterirdischen Städte, in denen haushohe Laster aus- und einfuhren, die Erde aushöhlend, um an das heiß begehrte Metall zu kommen.

»Nun ja«, erklärte er etwas abwesend, »Schönheit kommt nun mal nicht ohne Preis.« Leblanc steckte sich eine Zigarette an und Luxa beobachtete fasziniert seine perfekt manikürten Hände, die gedankenlos mit einem goldenen, diamantenbespickten Zigarettenetui spielten. Leblancs Fingernägel schienen eine Idee zu lang zu sein. Leicht beschwipst wie sie war, erinnerten sie Luxa an Krallen und der Gedanke amüsierte sie. Normalerweise hätte sie sich über die Ausbeutung von Migrationsarbeitern in diesem und anderen Ländern aufgeregt und die australische Regierung dafür angeprangert, trotz massiver Proteste der Bevölkerung zuzulassen, dass das Land durch Gold- oder Uranminen tatsächlich kilometerweise von unten ausgehöhlt wurde. Doch sie genoss die Stimmung zu sehr, um sie zerstören zu wollen und sie hatte ohnehin das Gefühl, dass Olivier jedes ihrer Argumente schon hundertmal gehört hatte.

Er musste um die fünfzig sein. Seine Gesichtszüge waren fein, vielleicht etwas zu fein. Luxa war sich immer sicher gewesen, den Charakter eines Menschen wie in einem offenen Buch in dessen Gesicht lesen zu können. Die Seiten, die sich hier vor ihr öffneten, waren jedoch blank. Oder sie konnte die Sprache, in der dieses Buch verfasst war, einfach nicht entziffern.

Sie hätte Olivier nicht einordnen können. Seine Augen waren fast schwarz und übten einen gewissen Sog aus. Sie konnte sich vorstellen, hineingezogen zu werden und war von dem Gedanken zugleich fasziniert und abgestoßen.

Olivier Leblanc zündete sich erneut eine Zigarette an und Luxa sah wie gebannt dem Spiel seiner langen Finger zu. Als er das Zigarettenetui wieder schloss, bemerkte sie etwas, das ihr zuvor entgangen war. Sie konnte allerdings nicht genau erkennen, was es war und kniff die Augen zusammen, um ihren Blick zu schärfen. Es waren keine Initialen, das konnte sie mit Sicherheit sagen. Aber was stellte die seltsame Eingravierung dann dar? Es schien sich um eine menschliche Figur zu handeln. Ihre Glieder waren seltsam verrenkt, als tanze sie und sie hatte eine ungewöhnliche Haartracht und Kleider. Luxa konnte den Blick nicht davon abwenden. Wo hatte sie diese Figur schon einmal gesehen? Für den Bruchteil einer Sekunde erstarrte sie innerlich. Fieberhaft durchsuchte sie jeden Winkel ihres Gehirns nach einem Anhaltspunkt. Und tatsächlich war dort etwas, etwas, das sie lange verdrängt hatte. Mit höchster Konzentration versuchte sie, sich die verschwommenen Bilder klarer vor Augen zu führen, ihren inneren Blick zu schärfen.

Leblancs Worte erreichten Luxa erst, als er sie bereits wiederholte. Sie hatte Raum und Zeit völlig vergessen.

»Leider muss ich Sie daran erinnern, dass Sie zu Ihrem Gate müssen, und ich zu meinem«, sagte er mit einem amüsierten Lächeln, den süßlichen Rauch seiner Nelkenzigarette seitlich aus dem Mund blasend.

Luxa sprang erschrocken von ihrem Barhocker auf und verabschiedete sich hastig von Olivier Leblanc, um ihren Flug nicht zu versäumen.

»Einen Moment noch, Luxa«, er ließ sich ihren Namen wie Zuckerwatte langsam auf der Zunge zergehen.

»Ja?«, gab Luxa mit fragendem Blick zurück. Sie hatte es plötzlich eilig. Olivier zog sie fest an sich und gab ihr einen Kuss, den sie zu ihrer völligen Überraschung erwiderte.

5

Nachdem Luxa sich zum zweiten Mal an diesem Tag die langen, dunklen Haare gewaschen hatte, streifte sie sich den flauschigen Bademantel aus dem Bad über, der wohl Luke gehören musste. Angenehm müde wollte sie diesen Tag noch ein bisschen länger auskosten und die Ereignisse der vergangen Tage noch einmal in ihrem Kopf durchspielen. Bevor sie in die Wanne gestiegen war, hatte sie es geschafft, Feuer im offenen Kamin zu machen. Jetzt brannte es fröhlich vor sich hin und der Raum war angenehm warm. Sie zündete eine Kerze an und schenke sich ein Glas von dem Shiraz ein, den sie auf dem Weg von Adelaide nach Lillapanga in einem kleinen Weingut erstanden hatte. Dann machte sie es sich in einem der großen Sessel vor dem Kaminfeuer gemütlich. Der Wein hinterließ den verführerischen Geschmack von Vanille und anderen exotischen Gewürzen auf ihrer Zunge. Als sie ihr Glas geleert hatte, stand sie noch einmal auf, um sich etwas von dem ebenfalls bei dem alten Winzer gekauften Ziegenkäse und dem frisch gebackenen Brot auf einen Teller zu tun. Als sie beim zweiten Glas Rotwein und hochprozentiger Bitterschokolade angelangt war, konnte Luxa die letzten paar Tage, seitdem sie Luke wiedergetroffen hatte, noch einmal an sich vorbeiziehen lassen.

Langsam hatte Luke sie in seine Arme gezogen und mit dem Finger die Konturen ihres Gesichts nachgezeichnet. Als er sie auf den Mund küsste, hatte sie die Augen geschlossen und plötzlich waren ihr Tränen über die Wangen gelaufen. Luke leckte sie von ihrem Gesicht und zog ihr das Oberteil über den Kopf, um sie dann wortlos zum Bett zu tragen. Das Handtuch, das er um die Hüften geschlungen hatte, glitt zu Boden. Es war nicht die Zeit für viele Worte oder ein langes Vorspiel. Beide wussten, worauf sie sich eingelassen hatten.

Als sie später entspannt in Lukes Armbeuge lag und stumm lächelnd die angebotene Zigarette ablehnte, hatte Luxa längst aufgehört zu weinen. Sie hatte sich bereits dazu entschieden, sich der Herausforderung zu stellen und nach Australien zurückzukehren. Und fast kaltblütig log sie Luke an. Sie war selbst erstaunt über die Geschichte, die sie ihm ohne rot zu werden auftischte. Sie war sicherlich keine geborene Lügnerin, aber die Worte kamen ihr so einfach über die Lippen, dass sie sich erst viel später darüber wunderte. Luke erzählte sie, dass sie, nachdem sie sich damals von ihm verabschiedet hatte, die Nachricht erhalten hätte, dass ihr Vater im Sterben läge. Sie sei ohne zu zögern in die nächste Maschine gestiegen, um ihn noch lebend zu sehen. Luxa versuchte Luke glaubhaft zu vermitteln, dass der Tod ihres Vaters sie in einen Schock versetzte, von dem sie sich nie wieder richtig erholt habe. Das läge vor allem daran, dass sie sich immer noch schuldig fühle, Deutschland verlassen zu haben, wohlwissend, dass ihr Vater dagegen war.

Sie glaubte die Geschichte fast selbst. Armer, schöner Luke. Er nickte verständnisvoll und nahm sie stumm in die Arme. Luxa hatte ein unglaublich schlechtes Gewissen. Andererseits brachte sie die Wahrheit nicht über die Lippen. Noch nicht. Sie war dankbar, als Luke keine weiteren Fragen stellte, obwohl so vieles unausgesprochen blieb. Als sie wahrheitsgemäß hinzufügte, dass sein plötzliches Auftauchen sie nun völlig verwirrte und ihr neu aufgebautes Leben in Frage stellte, schlug er vor, zusammen nach Australien zu fliegen, um dort Urlaub zu machen.

»Nein«, sagte Luxa sanft, »ich muss das erst mal alleine auf die Reihe kriegen.« Und das war ihr letztes Wort. Schließlich bot Luke ihr das Strandhaus seiner Familie an, das inzwischen ihm gehörte und fast das ganze Jahr leer stand. Da Luxa nicht wusste, wie sie ihr Vorhaben sonst hätte beginnen sollen, willigte sie ein.

Nach dem Gespräch konnte sie vor Aufregung und Verwirrung lange nicht einschlafen und betrachtete Luke, der neben ihr bereits tief und rhythmisch atmete, die Hand noch an ihrem Gesicht. Die kleinen Lachfältchen, die inzwischen seine Augen umgaben, waren ihr unbekannt. Er musste fast 40 sein. Sein Körper war durchtrainiert und sie kannte keinen anderen Mann mit einem so schönen Hinterteil. »Das war das erste, was mir an dir aufgefallen ist, als du den Hörsaal betreten hast«, hatte sie ihm nach ihrer ersten gemeinsamen Nacht lachend gestanden. Daraufhin hatte er sie gekitzelt bis ihr vor Lachen der Bauch wehtat. Damals hatten sie ganze Tage im Bett verbracht – lesend, am Laptop arbeitend oder lange Küsse austauschend, die meist zu mehr führten. Das Leben war unbeschwert gewesen.

Als sie am nächsten Morgen aus einem tiefen, unnatürlich schweren Schlaf erwachte, konnte Luxa sich nicht wie sonst an ihre Träume erinnern. Luke lächelte sie an und hatte bereits Frühstück aufs Zimmer bestellt. Es gab starken Bohnenkaffee, Spiegeleier auf Toast und irgendwie hatte er Baked Beans organisiert. Luxas Appetit war groß und sie aß ihren ganzen Teller leer. Luke, der sie dabei beobachtete, lachte.

»Du siehst mir ein bisschen verhungert aus«, bemerkte er und betrachtete ihren nackten Körper. Amüsiert fügte er hinzu: »Nicht so, wie ich *meine* Luxa in Erinnerung habe.«

Sie erschrak ein bisschen darüber, wie er seinen Anspruch auf sie geltend zu machen schien. *Meine* Luxa. Nichts war klar zwischen ihnen und sie wusste nicht, wie ihre Geschichte weitergehen sollte. Sah Luke das anders? Dachte er nun, da er sie nach so langer Zeit wiedergefunden hatte und sie bereitwillig mit ihm schlief, dass sie da weitermachen könnten, wo sie vor sechs Jahren aufgehört hatten?

»Letzte Nacht hast du dich nicht gerade beschwert« erwiderte sie scherzhafter als ihr zumute war.

Er nickte, gab ihr einen Kuss auf die Stirn und sagte ihr, wie schön sie sei.

Die nächsten zwei Wochen waren mit Reisevorbereitungen angefüllt gewesen, die ihr keine Zeit zum Nachdenken oder zum Ändern ihrer Pläne ließen. Luke musste für eine Konferenz nach England und Luxa war erleichtert, alle nötigen Vorbereitungen für ihren langen Aufenthalt alleine und ohne seine Einmischung treffen zu können. In zwei Wochen würden sie sich in Frankfurt sehen.

Zunächst buchte Luxa ihren Flug nach Adelaide und besorgte sich eine Kreditkarte. Nachdem sie ihren Kleiderschrank lange und gründlich inspiziert hatte, packte sie die meisten Klamotten in eine große Tüte, lieferte sie beim Roten Kreuz ab und machte sich auf den Weg in die Friedrichstraße, um sich neu einzukleiden.

Luke hatte Recht, sie war etwas abgemagert und hatte sich schon länger keine Gedanken um ihr Aussehen gemacht. Ein Friseurbesuch war fällig. Als sie sich im Spiegel des Haarsalons betrachtete, fielen ihr die ersten grauen Haare auf, die sich unter ihre langen dunklen Locken gemischt hatten. Und ihr Gesicht war auch nicht mehr faltenfrei. Doch ihre hohen Wangenknochen und die blitzenden Augen machten sie noch immer zu einer attraktiven Erscheinung. »Könnte schlechter sein«, murmelte sie schmunzelnd und zwinkerte der Friseurin im Spiegel zu.

Als Luxa zu Hause ihre Einkäufe betrachtete, überkamen sie plötzlich Zweifel. Sie schien wirklich dabei zu sein, ihr ganzes Leben auf den Kopf zu stellen. Warum fiel ihr das so leicht? Wer war sie denn wirklich? Hatte sie jemals ernsthaft versucht, das herauszufinden? Es war so einfach, in bestimmte Muster und Rollen zu fallen und dabei völlig das eigene Leben zu verfehlen. Oder war die Suche nach dem wirklichen Selbst nur New-Age-Quatsch?

Als Kind war Luxa beinahe krankhaft schüchtern gewesen. Alpträume und Ängste waren ihre ständigen Begleiter. In jeder dunklen Ecke hatte sie Gefahr vermutet. Immer hatte sie gefühlt, dass sie anders war, dass irgendetwas mit ihr nicht stimmte. Dann, um sich selbst oder wem auch immer etwas zu beweisen, hatte sie sich in das absolute Gegenteil vewandelt. Sie war wagemutig geworden, geradezu verrückt. Sie hatte die Ängste ausgeschlossen und den Schlüssel so gut versteckt, dass sie selbst nicht mehr wusste, wo er war.

Schließlich riss sie sich selbst wieder von diesen Gedanken los. Es nützte ja nichts. Sie hatte sich entschieden, diesen Weg zu gehen. Unterwegs würde sie hoffentlich Antworten auf ihre Fragen finden. Nun standen noch ein paar Erledigungen an.

Ihrer Mitbewohnerin Lena hatte Luxa ihre Entscheidung sachte beigebracht und wie erwartet nicht gerade Begeisterung geerntet. Am Morgen nach der Konferenz hatten sie wie üblich zusammen Frühstück gemacht.

»Das muss eine gute Konferenz gewesen sein«, sagte Lena, die grinsend und mit verschränkten Armen am Kühlschrank lehnte, während sie Luxa von oben bis unten musterte. »Wie heißt er denn?«

Luxa sah sie mit ihrer unschuldigsten Miene an, konnte sich jedoch schon bald ihr breites Grinsen nicht mehr verkneifen. Lena brauchte sie nichts vormachen, sie durchschaute sie sofort.

Während Luxa frischen Kaffee machte, berichtete sie wie beiläufig von ihrem Treffen mit Luke und von ihren Plänen, nach Australien zurückzukehren. Dabei vermied sie angestrengt Lenas Blick.

»Du bist verrückt Luxa. Erinnerst du dich nicht mehr, in was für einem Zustand du warst, als du aus Australien zurückgekommen bist? Manchmal muss man Dinge ruhen lassen, wenn sie zu gefährlich sind.«

Beide Frauen kannten einander seit ihrem ersten Anthropologie-Semester an der Uni. Lena war es gewesen, die Luxa nach ihrer Rückkehr aus Australien aufgefangen hatte. Wer weiß, was sonst mit ihr passiert wäre. Sie war die einzige, die von Luxas Geheimnis wusste. Aber auch ihr hatte sie nicht alles erzählt. Ein wichtiges Detail, das wichtigste Detail hatte sie ausgelassen. Sie wusste, dass Lena es gut meinte und sich nur um sie sorgte. Aber in diesem Fall hatte sie Unrecht. Manche Dinge konnte man nicht ruhen lassen, auch wenn sie einen möglicherweise zerstören würden.

***

Irgendwann wachte Luxa fröstelnd in ihrem Sessel auf. Das Feuer im offenen Kamin war längst ausgegangen und das Kerzenwachs hatte die Kerze gelöscht. Träge vor Müdigkeit stand sie auf, zog sich einen weißen Flanellpyjama über und krabbelte ins Bett. Vorher warf sie aber noch einen langen Blick durchs Fenster auf das jetzt schwarze, fast stumme Meer. Sie wusste, dass sie in dieser Nacht wieder denselben Traum träumen würde, der sie seit ihrer Kindheit verfolgte.

6

Matt's Pferd war von dem langen Ritt erschöpft. Er strich ihm leicht über die Mähne und beugte sich ein wenig vor, um es zu loben: »Gut gemacht, meine Schöne, wir machen hier Rast für die Nacht und morgen bist du schon zu Hause.«

Er hatte die schwarze Stute Boomerang selbst zugeritten, als er vor drei Monaten nach Matalina *Station* in der Nähe von Tennant Creek kam. Die Regenzeit neigte sich dem Ende zu und für die Cowboys hatte die Saison bereits begonnen. Boomerang war ein halbes Wildpferd, das vor ihm noch keinen Reiter akzeptiert hatte. Ihre Abstammung von einem *Brumby* war nicht zu verkennen und sie hatte Matt nicht wenige blaue Flecken beigebracht. Doch in den letzten Wochen waren sie gute Freunde geworden und die Stute versuchte nur noch selten, ihn abzuwerfen. Matt würde sie vermissen, aber das war jetzt nicht mehr zu ändern. Der junge Cowboy lenkte die Stute auf ein ausgetrocknetes, von mächtigen Eukalyptusbäumen gesäumtes Flussbett zu und beschloss, hier sein Nachtlager aufzuschlagen.

Er war seit Stunden durch den tiefroten Sand des Nördlichen Territoriums geritten und hatte nur einen kurzen Stopp für eine Tasse Billytee eingelegt. Seine Kehle war von der gnadenlosen Hitze des frühen Nachmittags ausgedörrt gewesen. Eine Handvoll trockenen Gestrüpps hatte genügt, um ein Feuer zu entfachen, auf dem er Wasser in seinem ausgebeulten Blechbilly erhitzte. Ein paar aromatisch riechende Teeblätter aus einem alten Lederbeutel in seiner Satteltasche, etwas Trockenmilch und Zucker ergaben ein heißes Gebräu, das seine Lebensgeister wieder weckte. Dann hatte er seinen Ritt fortgesetzt, um noch vor Sonnenuntergang ein paar Kilometer zurückzulegen.

Matt wusste nicht, ob er verfolgt wurde. Er wusste, dass er ein guter Reiter war und vermutete, dass wer immer ihm auf den Fersen war, ihn nur schwer einholen würde. Bis zum *Homestead* würde er jedoch noch gut einen Tag brauchen. Matt wollte kein Risiko eingehen und so schnell wie möglich dort ankommen.

Mit den Fingern maß er den Sonnenstand und schätzte, dass es noch etwa eine Stunde dauern würde, bis die Sonne unterging. Schon jetzt stand sie so tief, dass sie die Landschaft in ein purpurrotes Licht tauchte. Noch erschien der wolkenlose Himmel tiefblau und rahmte die Stille ein. Matt vergaß bei diesem Anblick fast das Atmen.

Er versorgte das Pferd zuerst, nahm ihm den schweren Sattel und die dazugehörigen Taschen ab, und ließ ihm schließlich freien Lauf, um zu grasen und aus einem der großen Regenwassertanks zu trinken, die den Rinderherden als Wasserspeicher dienten. Er spuckte den Kieselstein aus, an dem er den ganzen Tag gegen den Durst gelutscht hatte und nahm selbst einen großen Schluck aus der Wanne. Das Wasser schmeckte metallisch vom galvanisierten Zink des Tanks, aber es erfrischte ihn sofort. Matt legte seinen alten durchlöcherten Akubra auf einen nahegelegenen Stein, streifte sich das zerrissene, staubige Hemd über den Kopf und wusch seinen von harter Arbeit drahtigen Oberkörper. Er hätte sich gerne ganz ausgezogen und sich unter die Pumpe des Tanks gestellt, aber es hatte seit Monaten nicht geregnet und der Tank war halb leer. Da die Aussicht auf baldigen Regen gering schien und die Kühe auf das Wasser angewiesen waren, verbrauchte er nur eine kleine Menge. Zum erfrischenden Abschluss goss er sich einen Eimer Wasser über den Kopf. Er genoss, wie es an ihm hinablief und seine engen Jeans durchtränkte. Die nassen Moleskins würden ihn zumindest für eine Weile vor der Hitze schützen.

Seinen *Swag* hatte Matt bereits schlaffertig ausgerollt. Nun begann er mit dem Feuermachen. Die hohen Eukalyptusbäume sorgten für genügend Feuerholz. Matt sammelte dünnere Zweige und zog schließlich auch einen größeren Ast heran, der die ganze Nacht brennen würde. Es erstaunte ihn immer wieder, wie kalt die Nächte hier draußen im Outback wurden, sie standen in krassem Gegensatz zur trockenen Hitze des Tages.

Mit einem Büschel trockenen Grases entfachte er das Feuer und schon bald würde die Glut heiß genug sein, um darauf zu kochen. Da er am Tag zuvor Zeit sparen wollte, hatte er nur spärlich und kalt gegessen, das wollte er an diesem Abend wettmachen. Er brauchte reichlich Energie für den bevorstehenden Ritt am kommenden Tag. Er würde ein Kaninchen schießen.

Sein Gewehr war geladen und er musste nicht allzu lange warten. Die ersten Siedler hatten die Kaninchen nach Australien gebracht und wie so viele Importe waren sie zu einer Plage geworden. Um die Vegetation des australischen Outbacks vor den Schädlingen zu schützen, waren Füchse eingeführt worden. Doch auch diese hielten sich nicht an den Plan und erbeuteten statt der fruchtbaren Kaninchen lieber die heimischen Wildtiere, die dadurch teilweise vom Aussterben bedroht waren. Wenn Matt daran dachte, dass auf diesem uralten Kontinent zehntausende, vielleicht hundertausende Jahre lang ein perfektes Gleichgewicht zwischen den Aborigines und ihrer Umgebung existiert hatte, das dann in lächerlichen zweihundert Jahren Kolonialisierung im Namen des Fortschritts zerstört worden war, fühlte er eine tiefe Trauer.

Er tötete das kleine Tier mit einem Schuss und wenig später brutzelte es bereits über dem Feuer. Im letzten Sonnenlicht grub Matt einige Wurzeln aus der Erde und fand ein paar saftige Bushtomaten, die sein Festmahl krönen sollten. Es hatte ihn immer verwundert, wie wenig die anderen Cowboys, mit denen er über die Jahre hinweg gearbeitet hatte, über Bushpflanzen wussten oder wissen wollten. Das war Sache der *blackfellas* und als *whitefellas* schienen sie von dem so nützlichen Wissen ihrer Kollegen keine Notiz nehmen zu wollen.

Matt selbst hatte, seit er ein kleiner Junge war, jede Gelegenheit genutzt, um von den Aborigines zu lernen. Ihre Vorfahren hatten im Outback unter den härtesten Bedingungen überlebt und sie wussten alles, was es darüber zu wissen gab. Im Outback zu leben und zu arbeiten war kein Kinderspiel. Hilfe war oft hunderte, manchmal über tausend Kilometer entfernt und somit unerreichbar. In Notfällen war man auf sich allein gestellt. Es war überlebenswichtig, sich gut orientieren zu können und zu wissen, wo Wasser zu finden war und welche Pflanzen und Tiere man essen konnte. Die Experten in diesem Wissen waren und blieben die Aborigines. Mit ihrem Gespür für das Land und seine Formationen konnten sie sich darauf verlassen, eine Wasserquelle zu finden, wenn es darauf ankam. Ebenso hatten sie über Generationen gelernt, mit dem Speer umzugehen, um sich mit Protein zu versorgen. Und wenn die Beute ausblieb, gab es genügend Pflanzen, um den Hunger zu stillen. Das Land versorgte sie mit allem, sie nahmen jedoch nur, was sie unbedingt zum Leben brauchten. Sie wussten welche Auswirkungen die Nichtachtung der Natur haben könnte.

Auf den vielen Stations, auf denen Matt im Laufe der Jahre gearbeitet hatte, war der Arbeitsalltag größtenteils noch immer von offenem Rassismus geprägt. Die Aborigines erhielten nie denselben Lohn wie die Weißen und wenn etwas schief ging, wurden meist sie dafür verantwortlich gemacht. Matalina war da keine Ausnahme.

Sie waren zu acht losgeritten, vier schwarze Cowboys und vier weiße *Stockmen*. Die vier Aborigines würden eine Saison arbeiten, vielleicht zum Rodeo bleiben und dann für einige Zeit zu ihrem Clan, ihrer Familie im Outback zurückkehren. Der *Headstockman* war ein rauer Typ. Kein Wort zuviel kam ihm über die Lippen und wenn er etwas sagte, endete der Satz immer mit einem Schimpfwort der übleren Sorte. Außer Matt hatte der

Stationmanager noch zwei *Jackaroos* angeheuert, junge Typen, die noch keine Erfahrung hatten . Sie hatten insgesamt 20 Pferde dabei und wollten die Rinderherde in etwa drei Tagen erreichen. Matt hatte neben Boomerang noch zwei weitere Pferde, die er abwechselnd ritt, um sie nicht überzustrapazieren. Die schonende Behandlung garantierte, dass die Tiere so lange wie möglich als Arbeitspferde eingesetzt werden konnten.

Sie erreichten die 15 000 Stück zählende Rinderherde am Vormittag des dritten Tages und schlugen ihr Lager auf. Der Headstockman ließ einen der jungen Jackeroos Ausschau halten nach »Strangers«, womit ein der Herde nicht zugehöriges Tier gemeint war. Es gab immer Tiere, die über Zäune sprangen und es war auch nicht unüblich, dass Stationbesitzer dem ein bisschen nachhalfen, um die eigene Herde zu vergrößern. Vielen Stationbesitzern machte es außerdem die größte Freude, das Fleisch eines Tieres zu essen, das von der Herde ihres Nachbarn stammte.

Bald hatte sich auch schon ein fremdes Santa Gertrudis Buckelrind gefunden. Ein Schuss direkt in das Gehirn ließ das Tier wie vom Blitz getroffen leblos zu Boden fallen und wenig später zerteilte Headstockman Reg den Stier nach »Overland-style«. Dazu schnitt er die mächtigen Muskeln des Tieres von den Knochen, ohne dabei das Skelett zu zerstören. Das Fleisch löste sich fast mühelos. Der größte Teil davon wurde in einer großen Blechtonne unter Zugabe von mehreren Handvoll Salz stundenlang gekocht und als »salted beef«, also gesalzenes Rindfleisch konserviert. Den Rest hängte man zum Trocknen an den umliegenden Bäumen auf. Kein besonders schöner Anblick, dachte Matt, aber Fleisch war für sie als Cowboys das Hauptnahrungsmittel. Schließlich war es jederzeit erhältlich und einfach zuzubereiten. Wenn die anderen Vorräte zur Neige gingen, gab es Steak bereits zum Frühstück. Chronische Verstopfung war die Berufskrankheit der Cowboys. Zumindest die weißen litten darunter, denn die Aborigines kannten ihre Flora und fanden immer genügend Frischkost, um ihre Ernährung abwechslungsreicher zu gestalten. Manchmal kam ein Truck vom Homestead, etwa um Fleisch zurückzutransportieren oder Nachrichten zu überbringen, und wenn die Männer Glück hatten, hatte der Fahrer eine Kiste Orangen oder Äpfel dabei. Das war jedes Mal wie Weihnachten.

Reg hatte entschieden, dass zuerst die unmarkierten Tiere gebrandmarkt werden sollten. Die Arbeit begann schon eine Stunde vor Tagesanbruch und war extrem hart und gefährlich. Die Herde bestand zum größten Teil aus Brahmans, Rindern, denen die extreme Hitze nichts auszumachen schien, die jedoch für ihr ungezügeltes Temperament berühmt waren. Die Männer trieben die Tiere nach und nach in eine große Umzäunung. Junge Kälber und fette Tiere wurden aussortiert, unmarkierte Tiere mussten in eine andere Umzäunung getrieben und gebrandmarkt werden. Den Männern stand der Schweiß auf der Stirn und gegen den dichten Staub, den die verstörten Tiere aufwirbelten, konnten die *Bandannas*, die sich die Cowboys um Nase und Mund gebunden hatten, nur wenig ausrichten. Matts Augen brannten und seine Kehle war staubtrocken. Er wusste, dass es den anderen ähnlich ging.

Die zwei jungen Jackaroos waren von Reg angewiesen worden, die Gatter aufzuhalten. Es war ein einfacher Job, den sie bekamen, weil sie die Söhne benachbarter Stationbesitzer waren und Reg keine Schwierigkeiten mit seinem Boss bekommen wollte. Normalerweise wurden junge Jackeroos hart rangenommen. Cowboys wie Reg machten sich oft einen Scherz daraus, sie in brenzligen Situationen auflaufen zu lassen.

Matt drehte es immer noch den Magen um, wenn er an seine erste Rodeoerfahrung dachte. Rodeos waren für die Stockmen immer eine willkommene Abwechslung, da ihnen, solange sie *out bush* arbeiteten, kein Alkohol erlaubt war. Auch Frauen bekamen die Cowboys oft monatelang nicht zu sehen und ihr Liebeshunger führte nicht selten zu Raufereien.

Matt war achtzehn als er das erste Mal offiziell an einem Rodeo teilnahm. Er war es gewohnt, vom Pferd geworfen zu werden und es kam ihm fast so vor, als hätte er schon reiten können, bevor er laufen gelernt hatte. Dieses Mal saß er jedoch auf einem Bullen. Ein Rodeohelfer, ein alter Ringer mit nikotinverfärbten Fingern, band ihm die Hand ein, um ihn dann mit dem anderen Ende des Seils an dem mächtigen Nacken des Tieres zu befestigen. Bulle und Reiter bildeten eine Einheit und Matt spürte eine gewisse Euphorie, die sich mit nackter Panik paarte. Zwischen seinen Schenkeln konnte er die Wut des tonnenschweren Stieres spüren.

Die Veranstaltung sollte über drei Tage gehen und war eine der größten dieser Sorte in Australien. Das Publikum bestand fast gleichermaßen aus *Bushies* und *Townies* und viele waren von weither angereist, um sich zu amüsieren, Freunde oder Familie wiederzusehen, den Mann oder die Frau fürs Leben oder nur für eine Nacht zu finden. Die professionellen Reiter kamen später. Jetzt waren erst einmal die wagemutigeren Cowboys der umliegenden Stations dran, die darauf brannten, dem Publikum zu zeigen, aus welchem Stoff sie gemacht waren. Die Luft war von Testosteron saturiert.

Nun ging das *shute*, das Gatter, das Matt und den Bullen von der Arena trennte, seitlich auf. Matt hielt den Atem an. Der Bulle brauchte weniger als eine Sekunde, um zu begreifen, dass er sich jetzt endlich von seiner demütigenden Last befreien konnte und stieß mit den Hinterbeinen fast vertikal in die Luft. Daraufhin wand er sich wütend hin und her. Matt hing schon nach fünf Sekunden an der Seite des schnaubenden Tieres, das weiterhin wild um sich trat.

Nun begann die Arbeit des Rodeoclowns. Er war der eigentliche Held der Arena, denn er musste den jungen Reitern auf unterhaltsame Weise das Leben zu retten, indem er sie von dem wütenden Tier losmachte und dabei so tat, als sei er selbst ein kompletter Vollidiot.

Matt konnte sich nur noch daran erinnern, dass er plötzlich von dem Bullen befreit und noch am Leben war. Als er sich einigermaßen erholt und das lobende Schulterklopfen der umstehenden Cowboys schüchtern entgegen genommen hatte, wusste er, dass dies seine erste und letzte Erfahrung mit dem Bullenreiten gewesen war. Er holte sich ein wohlverdientes Bier und setzte sich ins Publikum, um den anderen Reitern zuzusehen. Er war erstaunt, als er sah, dass Johnno, der neue Jackaroo, ebenfalls reiten sollte. Der Junge war erst vor ein paar Wochen aus Adelaide angekommen, und konnte sich mehr schlecht als recht auf dem ältesten Pferd der Station halten. Er war ebenfalls achtzehn, hatte jedoch im Gegensatz zu Matt noch keinerlei Erfahrung. Zudem hatte Matt ihn kurz zuvor mit mehreren der älteren Ringer an der Bar Whiskey trinken sehen. Matt war zu weit vom Gatter entfernt, um Johnnos Gesichtsausdruck ausmachen zu können. Doch er konnte auch auf diese Entfernung erkennen, dass der Junge stockbesoffen war. Matt fröstelte trotz der Hitze. Da ging aber schon das Gatter auf und der rasende Stier namens »Chainsaw« entledigte sich mit einer Bewegung seines Reiters. Matts Herz schlug ihm bis zum Hals, als ein Aufschrei durchs Publikum ging. Johnno hing hilflos an Chainsaws Flanke und der Stier hatte ihn mit beiden Hufen am Kopf getroffen. Als der Rodeoclown sich daranmachte, die inzwischen leblose Gestalt von dem noch immer wutschnaubenden Tier zu befreien, wusste Matt bereits, dass es zu spät war.

Die vier Aborigine Cowboys ritten an den Seiten der Herde,

während Matt und Reg die Tiere von hinten trieben. Plötzlich war ein Schrei zu hören und Matt sah von weitem, dass einer der Jackaroos nicht mehr an seiner Gatterposition war. Reg wies Matt an, die Rinder alleine weiter zu treiben, während er davonritt, um nachzusehen, was passiert war. Wenig später kam er mit wutverzerrtem Gesicht zurück, begleitet von dem jungen Cowboy, dessen Bein blutete. Matt schätzte, dass es nur eine kleine Verletzung war und schenkte der Sache keine weitere Beachtung. Verletzungen waren an der Tagesordnung und es konnte wesentlich schlimmer aussehen.

Etwa drei Stunden vor Sonnenuntergang beschlossen die restlichen Cowboys, zum Lager zurückzukehren, nachdem Reg mit dem jungen Jackaroo bereits vorausgeritten war. Matt nickte dem anderen Jackeroo wortlos zu und ritt etwas schneller, um Ned, den erfahrensten Aborigine Stockman einzuholen. Matt hatte am Tag zuvor bei einem Messerspiel eine Dose Tabak verloren und hatte seine Schuld noch nicht beglichen. Es war fast eine Unmöglichkeit, es mit den Aborigines aufzunehmen, wenn es um ihre Spiele ging, seien es Karten- oder Messerspiele. Matt fühlte sich jedoch immer wohler dabei, abends bei ihnen am Feuer zu sitzen, als bei seinen weißen Kollegen. Niemand schien es in Frage zu stellen, dass jede Hautfarbe ihren eigenen Feuerplatz hatte. Er erinnerte sich an die Aboriginejungen Botj und Djawa, mit denen er aufgewachsen war und denen er sich zugehöriger gefühlt hatte als seiner weißen Familie.

Als Matt Ned eingeholt hatte, merkte er, dass irgendetwas nicht stimmte.

»Was ist los, Ned?«, fragte er. Ned sah ihn nicht an.

»Der Boss ist ärgerlich mit mir«, erwiderte der ältere Cowboy schließlich.

»Warum?«, forschte Matt weiter und Ned fuhr fort: »Er

denkt, ich hab Schuld am verletzten Bein. Er denkt, ich habe die Herde zu hart angetrieben.«

Matt, der Neds Muttersprache relativ gut sprach, versuchte ihn in *Pitjantjatjara* zu beruhigen, doch es gelang ihm nicht. Ned erzählte ihm, dass Reg nicht das erste Mal seine Wut an ihm ausgelassen habe. Außerdem habe er das Feuer in den Augen des Chefs gesehen und wisse, was er zu erwarten habe. Matt musste zugeben, dass er das Feuer, von dem Ned sprach, auch gesehen hatte.

Als sie im Lager ankamen, sahen sie Reg über den gusseisernen Campingofen gebeugt. Der junge Jackaroo hatte einen Verband am Bein und eine dampfende Tasse Tee in der Hand. Sobald Reg sie bemerkte, drehte er sich um und ging auf Ned zu, der gerade dabei war, vom Pferd zu steigen. Reg griff den Cowboy am Jackenkragen und schüttelte ihn heftig.

»Du nutzloser alter Abo!«, schrie er ihn an. »Wenn du mir noch einmal Schwierigkeiten machst, dann schlag ich dir den Schädel ein.«

Ned starrte versteinert zu Boden. Matt überlegte nicht lange, da ging er schon auf Reg los und schlug ihn nieder.

Bevor Reg wieder zu sich kam, hatte Matt bereits seinen Swag gepackt und war einige Meilen in Richtung Homestead unterwegs. Er hoffte, Ned hatte dasselbe getan.

Als er jetzt am Lagerfeuer die Situation noch einmal gedanklich durchspielte, fragte er sich, warum er so heftig reagiert hatte. Er gehörte nicht zu jenen Cowboys, die sich bei jeder Gelegenheit prügelten. Er mied Gewalt, wo immer er konnte. Irgendetwas musste in ihm durchgebrannt sein. Er hatte zu viele dieser Situationen gesehen, in denen Aborigines als Sündenböcke für das Versagen anderer herhalten mussten. Es war so einfach. Wer glaubte schon einem Schwarzen?

Die meisten Aborigines hatten aufgehört, sich zu verteidigen oder hatten sich gleich geschlagen gegeben. Genau deswegen hatten es die Kolonialisten vor zweihundert Jahren, als sie ihre weißen Füße auf dieses geheiligte Land setzten, auch so leicht gehabt. Sie erklärten es zur »terra nullius«, zum unbewohnten Land, obwohl bei Captain Cooks Eintreffen allein an der Ostküste mehr als eine Million Aborigines lebten. Die Ureinwohner wurden vertrieben und wie wilde Tiere behandelt. Die ersten Farmer beanspruchten das Land für sich und zwangen die Aborigines dazu, ihre heiligen Stätten zu verlassen. Nicht selten wurden sie aneinandergekettet und von den neuen Siedlern über Klippen getrieben, erschossen oder wie Ratten mit Strichnin vergiftet. Und ihre Kinder wurden entführt, damit sie in weißen Pflegefamilien zu »guten«, gottesfürchtigen Menschen erzogen werden konnten.

Matt dachte an die lächerliche Debatte, in der es darum ging, ob sich die australische Regierung für all die Grausamkeiten offiziell bei den Ureinwohnern entschuldigen sollte. Man hatte sich jedoch dagegen entschieden. Ein simples »Sorry« schien unangebracht. Gern jedoch warb man Touristen mit der mystischen Seite des Kontinents, mit Bildern von weiß bemalten Tänzern im Lendenschurz, die Didgeridoo spielten. Das brachte weißen Firmen viel Geld ein, während die schwarzen Künstler für einen Hungerlohn ihre eigene Kultur verkaufen durften.

Die Gefängnisse waren voll mit jungen Aborigine Männern und Frauen, die mit der ihnen aufgezwungenen »weißen« Lebensweise nicht zurechtkamen und dem Alkohol verfielen oder Benzin schnüffelten. Täglich wurden Aborigines für lächerliche Delikte wie etwa Erregung öffentlichen Ärgernisses oder Ruhestörung von der Polizei aufgegriffen und eingesperrt. Nicht selten begingen sie im Gefängnis Selbstmord.

Matt versuchte den Ärger zu verdrängen, der ihn bei diesen Reflektionen regelmäßig überkam. Er klebte sich ein Paper an die Lippe, nahm etwas ungerollten Tabak aus der Dose, rieb ihn ein bisschen zwischen den Handflächen und rollte schließlich eine Zigarette daraus. Er rauchte nur selten, meist vor dem Einschlafen, während er dazu eine Tasse starken, gesüßten Billytee trank und den Nachthimmel studierte. Jetzt glitzerte ihm das südliche Kreuz aus dem klaren Nachthimmel entgegen. Morgen würde er das Homestead erreichen, seine restlichen Siebensachen packen und sich auf den Weg nach Adelaide machen. Wenn seine weiße *Ute* ansprang, würde er gegen Mittag bereits ein ganzes Stück zurückgelegt haben.

Matt machte die Zigarette aus, schüttete die letzten Tropfen des Tees in die Flammen und legte sich angezogen in seinen Swag. Das Feuer würde bis morgen halten. Boomerang stand in einiger Entfernung und Matt schloss die Augen. Irgendwo hörte er Dingos heulen.

Wie so oft konnte Matt lange nicht einschlafen. Er war neunundzwanzig und seit er denken konnte, immer unterwegs gewesen. Schon oft hatte er sich gefragt, wovor er eigentlich weglief oder wohin es ihn trieb. Er war ein *Loner* und hatte diesen Lebensstil bewusst gewählt. Früher hatte ihn diese Lebensweise auch befriedigt. Er liebte das Outback und die Einsamkeit und hatte Dinge gesehen und erlebt, von denen andere Männer nur träumen konnten. Er hatte jetzt schon so viel erlebt, dass es für drei Leben reichte. Das hatte ihn äußerlich hart gemacht, doch in seinem Innern fühlte er sich noch immer wie der kleine Junge, der unter dem Schutz seines Vaters stand und von seiner Mutter mit Liebe überschüttet wurde.

7

Im Schuppen des Hauses hatte Luxa ein altes Fahrrad entdeckt, das zwar einen Platten hatte, sonst aber recht verkehrstüchtig aussah. Lukes Landcruiser war nicht mehr angesprungen, seit sie damit in der stürmischen Nacht ihrer Ankunft hierher gefahren war. In einer Schublade fand sie Flickzeug und eine Luftpumpe und schon bald hatte sie das Rad soweit auf Vordermann gebracht, dass sie damit eine Testfahrt nach Kanunga machen konnte. Kanunga war der nächste Ort und hatte im Gegensatz zu Lillapanga, das nur aus einer Handvoll kleinerer Häuser bestand, einen kleinen Supermarkt, eine Tankstelle, ein Postamt, das obligatorische Pub und sogar ein winziges Café.

Die Aussicht auf dem Weg dorthin war spektakulär. Luxa fuhr an alten Cottages mit romantischen kleinen Lavendelgärtchen vorbei, am Meer entlang, das vom frühen Nordwind noch aufgepeitscht war, während sich im Hintergrund die sanften grünen Hügel ausbreiteten. Die Sonne schien ihr warm ins Gesicht und die Luft war so frisch und salzig, dass Luxa niesen musste.

Es gab nur eine Telefonzelle in Kanunga und Luxa hoffte, dass sie nicht funktionierte. Das Schicksal bot ihr jedoch keine weitere Ausrede und widerwillig wählte sie Lukes Nummer. Es waren neun Stunden Zeitverschiebung und sie würde ihn wahrscheinlich wecken, aber sie wusste, dass es höchste Zeit war, sich bei ihm zu melden. Sie konnte sich nicht erklären, warum sie so wenig Lust verspürte, mit Luke zu sprechen. Was sollte sie ihm nur sagen? Sie beschloss, das Gespräch so oberflächlich wie möglich zu halten.

Nach langem Klingeln hörte sie seine verschlafene Stimme am anderen Ende der Welt. Luke war wieder in Oxford, wo er im Haus eines Freundes wohnte.

»Das kannst nur du sein, Luxa«, brummelte er schlaftrunken. »Ich hatte schon Angst, dass du den Mann deines Lebens getroffen und mich ganz vergessen hast!«

Obwohl er es etwas vorwurfsvoll sagte, machte dieser Einstieg es Luxa leicht, jovial zu bleiben. »Oh Luke, erwiderte sie scherzhaft, »bei meinem Glück ist der Mann meines Lebens ganze elf Jahre alt und ich muss erst mehrere Male wiedergeboren werden, bis wir uns unter den richtigen Umständen treffen.«

»Wie wär's inzwischen mit einem vierzigjährigen, hochintelligenten, umwerfend aussehenden Universitätsprofessor, der zudem noch ein atemberaubender Liebhaber ist?«

Luxa warf lachend den Kopf zurück und entschied sich, die Frage als rhetorisch einzustufen.

»Wie geht es dir?«, erkundigte sich Luke nach einem Moment des Schweigens. »Hast du alles zu deiner Zufriedenheit vorgefunden?«

»Alles ist perfekt«, entgegnete Luxa und war erleichtert, nicht lügen zu müssen, »ich hätte keinen schöneren Ort finden können und ich fühle mich wohl.«

»Dann kann ich dich ja bald besuchen kommen«, warf er halb hoffnungsvoll, halb im Spaß ein.

»Nein«, gab Luxa schärfer zurück, als sie es beabsichtigt hatte. Der Gedanke hatte sie erschreckt. »Du weißt genau, dass wir eine Abmachung haben und du selbst vorgeschlagen hast, dass ich hierher komme, um mir über einiges klar zu werden.«

»Ist schon gut, meine Süße«, erwiderte Luke einlenkend, »es war nicht ganz ernst gemeint, ich stecke hier bis über beide Ohren in Arbeit.«

Nachdem sie sich von Luke verabschiedet hatte, blieb Luxa noch eine Weile in der Telefonzelle stehen und biss sich gedankenverloren auf die Lippe.

Sie hatte die letzten drei Tage vor ihrem Abflug mit Luke in Frankfurt verbracht. Er hatte alles arrangiert, vom teuren Hotelzimmer über das romantische Abendessen bis zum Frühstück im Bett mit Champagner und Rosen. Wie sie dieses Klischee früher geliebt hatte – auf Händen getragen zu werden und jeden Wunsch von den Augen abgelesen zu bekommen. »Die meisten Frauen würden sich die Finger danach lecken«, dachte sie nun. Aber irgendetwas fehlte, irgendetwas war nicht so, wie es sein sollte. Sie war keine 25 mehr, Schaumwein und Blumen standen nicht mehr ganz oben auf ihrer Wunschliste.

Noch immer tief in Gedanken versunken, verließ Luxa die Telefonzelle. Sie war gerade dabei, die Straße zu überqueren, als das Quietschen von Reifen sie aus ihren Tagträumen riss. Zu Tode erschrocken starrte sie auf die Kühlerhaube des Autos, das weniger als einen Meter vor ihr zum Stillstand gekommen war.

»Verdammte Touristen, können Sie nicht aufpassen?!«, zischte der Typ, der aus dem Auto sprang, um dann etwas sanfter zu fragen: »Sind Sie okay?«

»Sie sind viel zu schnell gefahren!«, fuhr Luxa ihn an, als sie sich wieder einigermaßen gefangen hatte. »Sie hätten mich überfahren können!«

»Sie scheinen aber ganz okay zu sein«, stellte Matt sachlich fest, »kann ich Sie nach Hause fahren?«

Jetzt wurde es Luxa zu viel.

»Erst bringen sie mich fast um und dann erwarten Sie auch noch, dass ich mich in ihr verdammtes Auto setze?« Ihre Wangen hatten sich vor Empörung gerötet.

Plötzlich machte sich auf dem Gesicht des Fahrers ein Grinsen breit und Luxa musste zu ihrem Ärger feststellen, dass ihr ein warmer Schauer über den Rücken lief, als er sie musterte. Er hatte ein von der Sonne dunkelbraun gebranntes Gesicht und die strahlendsten blauen Augen, die sie je angesehen hatten. Sein sonnengebleichtes Haar hing fast schulterlang unter seinem durchlöcherten Akubra hervor und was seine Kleidung anging, schien er geradewegs einem Western entstiegen zu sein.

Das verschwitzte hellblaue Hemd war nur halb zugeknöpft und ließ den Blick auf einen muskulösen Oberkörper frei. Nun nickte er ihr immer noch frech grinsend zu, schwang sich hinter das Lenkrad seines Fahrzeugs und fuhr in einem großen Bogen an ihr vorbei.

Luxa blieb der Mund offen stehen. Jetzt ließ sie dieser Typ, der sich scheinbar für John Wayne hielt, auch noch mitten auf der Straße stehen. Er hatte sich noch nicht einmal bei ihr entschuldigt.

Ein Rufen unterbrach ihren wütenden Gedankenfluss. Von der anderen Straßenseite winkte ihr eine Frau mit heftig wedelnden Armen zu. Dann kam sie ihr auch schon entgegen und führte sie in ein kleines Café.

»Jetzt setzen Sie sich erst mal hin und erholen sich von dem Schreck«, sagte die Frau, vermutlich die Café-Inhaberin, bevor sie hinter der Theke verschwand. Nach fünf Minuten kam sie mit zwei Tassen dampfenden Kaffees zurück. Luxa sah ihr entgeistert dabei zu, wie sie langsam den Tisch abwischte und ihr anschließend den Kaffeebecher zusammen mit einem Glas Cognac vorsetzte. Nachdem sie sich die Hände an der Schürze abgewischt hatte, streckte sie Luxa mit einem warmen Lächeln die Hand entgegen.

»Ich bin Mary, die Besitzerin des Cafés. Ich hab zufällig gesehen, was passiert ist und hab mir gedacht, Sie könnten wahrscheinlich einen Schnaps gebrauchen. Sie dürfen es Matt nicht übel nehmen, er ist ein wirklich netter Kerl und Sie müssen zugeben, dass Sie die Straße genau vor einer Biegung überquert haben.«

Darin stimmte Luxa Mary zwar nicht zu, aber mit dem Cognac im Blut und dem Duft des Kaffees in der Nase fühlte sie sich um einiges besser.

Nachdem sich die beiden Frauen ein wenig unterhalten hatten, bot Mary Luxa an, das Café über Mittag zu schließen und sie nach Hause zu fahren. Luxa lehnte dankend ab. Es ging ihr schon wieder viel besser und sie hatte noch etwas zu erledigen. Als sie für Kaffee und Cognac bezahlen wollte, schüttelte Mary augenzwinkernd den Kopf. »Das war nur erste Hilfe und geht aufs Haus. Herzlich willkommen in Kanunga.«

Das kleine Postamt fungierte gleichzeitig als Bank, Tabakladen und Zeitschriftengeschäft. Außerdem konnte man sich hier einen Pass ausstellen lassen, Rechnungen bezahlen und den Führerschein verlängern lassen. Luxa hätte es nicht gewundert, wenn der ältliche Postbeamte für jeden dieser Jobs eine andere Mütze aufgesetzt hätte. Es war Mittagszeit und die meisten der Ortsbewohner schienen ihre amtlichen Geschäfte in der Mittagspause erledigen zu wollen. Das kleine Amt war vollgepackt und man unterhielt sich angeregt. Als Luxa eintrat, verstummten jedoch alle und starrten sie an. Im Sommer hätte sich kein Mensch nach ihr umgedreht, doch im Winter waren Touristen eine Seltenheit. Luxa nickte den neugierigen Augenpaaren freundlich zu, bekam ein freundliches Nicken zur Antwort und die Gespräche wurden wieder aufgenommen, ohne dass jemand ihr weitere Beachtung schenkte.

Als Luxa den Postkartenständer in einer der Ecken stehen sah, beschloss sie, Lena eine Karte zu schreiben. Die Auswahl war nicht groß, die meisten Karten zeigten Aufnahmen aus den 60er Jahren und waren nicht sehr ansprechend. Schließlich entschied sie sich doch für eine und musste über ihre Wahl schmunzeln. Dann holte sie sich noch eine Ausgabe des *Advertisers* sowie ein Tetrapack Eiskaffee aus dem Kühlschrank des Postamtes, das zusätzlich als Getränkemarkt zu fungieren schien.

»G'day love«, begrüßte sie der Beamte, als sie an der Reihe war. Luxa legte die Zeitung und den Eiskaffee auf die Theke und zögerte nun doch etwas, als sie ihm die Postkarte mit einer vollbusigen Blondine im rosa Bikini zuschob. Doch der Beamte hatte Humor. »Ha, gute Wahl«, rief er aus, »sieht genau aus wie meine Frau.«

Luxa lachte auf, steckte ihr Wechselgeld und die Briefmarke ein und verließ das Postamt.

Im Strandhaus machte sie es sich mit einem Glas frischgepresstem Orangensaft auf der Veranda gemütlich und begann, die Zeitung durchzublättern. Sie wusste selbst nicht genau, warum sie hin und wieder eines dieser Blätter kaufte, das seine Sensationsstorys als Nachrichten tarnte. Sie wollte die Zeitung schon zur Seite legen, als sie auf einen Artikel mit einem Foto stieß, das sie erstarren ließ. Fasziniert betrachtete sie das Bild und überflog den Text. Es ging um die baldige Eröffnung einer neuen Uranmine im Nordwesten Australiens und der Artikel befasste sich lang und breit mit der Schaffung neuer Arbeitsplätze, dem Gewinn für das australische Bruttosozialprodukt und dem üblichen Bla Bla, das dazu diente, ökologisch desaströse Entscheidungen zu rechtfertigen. Nur am Rande wurde angedeutet, dass es heftige Proteste gab, weil sich der geplante Ort für die Mine in einem Nationalpark befand. Es wurde ein Amateurarchäologe zitiert, der darauf hinwies, dass sich in dem Gebiet auch einige der sogenannten Bradshaws befinden könnten, den ältesten Höhlenmalereien der Welt, doch seine Argumente waren angeblich von einem renommierten Universitätsprofessor widerlegt worden.

Auf dem Foto waren zwei Männer in dunklen Anzügen abgebildet, die geübt in die Kamera lächelten, während sie sich die Hände schüttelten. Bei dem einem handelte es sich um Australiens Premierminister, den anderen kannte Luxa nicht. Doch es gab noch jemanden, den sie sehr wohl erkannte, ein Mann, der diskret im Hintergrund stand: Olivier Leblanc. Luxa überkam bei seinem Anblick ein mulmiges Gefühl. Wenn sie jetzt an Singapur und ihre erste Begegnung mit diesem Mann dachte, war sie sich nicht mehr sicher, ob sie wirklich stattgefunden oder ob sie sich alles nur eingebildet hatte.

Sie beschloss, sich zunächst keine weiteren Gedanken über diese Geschichte zu machen und zog sich hastig ihre Windjacke über, um noch vor Einbruch der Dunkelheit einen Strandspaziergang zu machen. Die Sonne stand bereits tief am Horizont und tauchte die Dünen in goldenes Licht. Luxa sog die salzige Luft tief in ihre Lungen und lief möglichst nah am Wasser entlang.

Als sie das Ende der kleinen Bucht beinahe erreicht hatte, setzte sie sich in die Dünen, um den Sonnenuntergang zu betrachten. Gebannt sah sie dem Spiel der Farben zu, als sie plötzlich aus dem Augenwinkel etwas anderes bemerkte. Mit zusammengekniffenen Augen versuchte sie auszumachen, was da zwischen den Wellen trieb. Ihr Herz begann schneller zu schlagen und sie presste die Hände vor den Mund. Vor ihr, Luxa konnte die Entfernung nicht genau schätzen, es waren vielleicht 200 bis 300 Meter, trieb ein Körper reglos im Wasser. Sie konnte gerade so einen Kopf und die Arme erkennen, die an etwas befestigt zu sein schienen. Dann, als Luxa schon aufspringen und Hilfe holen wollte, hievte sich der scheinbar Ertrunkene plötzlich elegant aus dem Wasser, um auf seinem Surfbrett zum Stehen zu kommen. »Ein Surfer!«, entfuhr es ihr und sie atmete erleichtert auf.

Der Wellenreiter war dabei, eine *Tube* zu surfen. Luxa verlor ihn aus ihren Augen, als er sich im Herzen der Welle befand und ihn das Wasser wie eine Röhre umhüllte. Nach einer Weile entließ ihn die Welle wieder aus ihrem Innern und Luxa beobachtete, wie er in den Knien leicht gebeugt auf dem Brett stand und sein Gewicht gekonnt balancierend, dem Ende seines Rittes entgegensah. Dabei schien er sich mit dem Wasser in perfekter Harmonie zu bewegen, als ob sie unzertrennlich verbunden waren und dieses Schauspiel auf ewig wiederholen würden. Bevor der Surfer jedoch die nächste Welle in Angriff nehmen konnte, tauchte eine Flosse aus dem Wasser auf. Eine weitere gesellte sich zu ihr, dann noch eine und schließlich waren es mindestens 20. Der Surfer war von einem Delphinschwarm auf abendlicher Futtersuche umgeben. Die Delphine schienen sich einen Spaß daraus zu machen, direkt neben ihm auf- und unterzutauchen. Als er zu einer neuen Welle ansetzte, begleiteten sie ihn und ritten mit ihm. Luxa hatte gehört, dass es nicht ungewöhnlich war, dass Surfer sich die Wellen mit diesen fantastischen Tieren teilten, doch es war das erste Mal, dass sie es mit eigenen Augen gesehen hatte.

Die Sonne war bereits halb im Meer versunken, als der Surfer mit seiner letzten Welle wieder an Land kam. Etwa 100 Meter von ihr entfernt stieg er aus dem Wasser, das Surfbrett unter dem Arm. Sein schwarzer Neoprenanzug ließ die Konturen seines Körpers deutlich hervortreten. Nun legte er das Brett ab und begann, sich langsam von der Gummihaut zu befreien. Luxa wollte sich eigentlich auf den Heimweg machen, doch wenn sie jetzt plötzlich aus ihrem Dünenversteck auftauchte, könnte es peinlich werden. Fasziniert beobachtete sie, wie der Wellenreiter sich den Neoprenanzug vom Körper streifte. Ein männlicher Stripper hätte es nicht besser machen können. Im spärlichen Licht der Dämmerung waren nun seine langen Beine zu sehen – und der Rest seines wunderschönen nackten Körpers. Luxa musste zugeben, dass sie diese Vorführung genoss. Sie spürte nicht einmal die Kälte der hereinbrechenden Nacht. Schließlich zog der Mann Jeans und Pulli über und verließ den Strand in entgegengesetzter Richtung zu ihr.

Luxa machte sich im Dunkeln auf den Rückweg. Als sie die Straße erreichte, sah sie gerade noch die Rücklichter des Autos, in dem ihr Surfer sitzen musste.

8 Drei Tage und fast dreitausend Kilometer war Matt unterwegs gewesen und hatte kaum oder nur schlecht geschlafen. Er hatte es vermieden, nachts zu fahren, um nicht versehentlich eines der Tiere, die im Dunkeln unterwegs waren, zu überfahren. Der Anblick der mit toten Kängurus gesäumten Straße ekelte ihn an. Nachts hörte er die großen Laster an sich vorbeirauschen und wusste, dass sie gnadenlos alles niederwalzten, was ihnen in die Quere kam.

Adelaide erreichte er völlig übermüdet und mit dem dringenden Bedürfnis zu duschen. Die Stadt selbst erstreckte sich schon über knapp hundert Kilometer und danach hatte er noch zweihundert Kilometer vor sich. Aber nachdem er das meiste schon hinter sich hatte, schien die Strecke nach Lillapanga nur noch ein Katzensprung zu sein.

Als ihm in Kanunga diese überspannte Touristin vors Auto gelaufen war, war das das Letzte, was er gerade gebrauchen konnte. Sie war einfach auf die Straße spaziert, ohne sich nach links oder rechts umzusehen. Er hätte sie tatsächlich beinahe überfahren, aber das war ihre Schuld gewesen und nicht seine. Wie sie ihn angefaucht hatte! »Ganz schön unverfroren«, dachte er und lächelte. Erst hatte er sie gar nicht richtig angesehen, er war zu müde, zu erschrocken, zu verärgert gewesen. Doch als sie sich lautstark beschwerte, musste er unwillkürlich an seine temperamentvolle Stute Boomerang denken, die er auf Matalina Station hatte zurücklassen müssen. Die Frau hatte langes schwarzes Haar, hellblaue Augen, die ihn wütend musterten und einen sehr schlanken Körper. Hier in Kanunga war sie wahrscheinlich niemandem als Schönheit aufgefallen. Die meisten Cowboys waren sich in ihrem Frauengeschmack einig. Ganz oben auf der Wunschliste der meisten Männer, die er kannte, standen die drei B's: Blond, Busen und bereitwillig. Ein Bimbo war diese Frau jedoch ganz sicher nicht. Sie hatte ein interessantes Gesicht und Matt hatte in der kurzen Zeit, in der er sie angesehen hatte, noch so viel mehr gesehen.

Matts jetziges Zuhause war ihm von seiner Großmutter vermacht worden, die im hohen Alter von fünfundneunzig Jahren verstorben war. Matt hatte die letzte Zeit vor ihrem Tod mit ihr verbracht und war auch bei ihr gewesen, als sie starb. Das Haus hatte sein Großvater als junger Mann mit eigenen Händen gebaut und er spürte darin noch immer die wärmende Gegenwart seiner Großmutter.

Wann immer Matt von einer seiner Touren zurückkehrte, musste er nur auf den weiten Ozean blicken, um von einem beruhigenden Gefühl der Geborgenheit umspült zu werden. Er hätte nicht sagen können, was er mehr liebte, den Ozean oder das Outback. Das tiefe Blau des Wassers oder das verbrannte Orangerot der Erde. Die Nässe oder die Trockenheit. Das ewige Rauschen oder die einsame Stille. Immer schien er völlig in einem Element aufzugehen, um letztendlich das andere zu vermissen. Mit beiden Elementen fühlte er sich gleichermaßen verbunden und beide verlangten gleichermaßen Respekt.

Noch bevor er seine Sachen ausgepackt oder sich etwas ausgeruht hatte, spürte Matt den Drang, dem Ruf des Ozeans zu folgen und nach langer Zeit wieder eins mit ihm zu werden. Er schnappte sich sein Surfbrett aus dem Schuppen und fuhr die kleine Straße zum *surf break* hinunter. Einige Minuten lang blickte er schweigend auf die Wellen. Er hatte Glück, das Wetter der letzten Tage hatte überaus gute Surfbedingungen geschaffen. Der Wellen waren gewaltig.

So schnell er konnte, entledigte er sich seiner Kleidung und zog sich den Neoprenanzug über. Das Surfbrett unter dem Arm, stürzte er sich in die Wellen. Er kannte die Bucht wie seinen Handrücken und wusste, wo eine starke Strömung zu finden war, auf der er mühelos zum surf break treiben konnte.

Die Strömung war stärker, als er sie in Erinnerung hatte und er brauchte einige Kraft, um ihrer Wucht zu entkommen. Das letzte Stück paddelte er liegend auf dem Surfbrett.

Surfen war für Matt immer viel mehr als nur ein Sport gewesen. Er hätte am liebsten Gedichte über das Einssein mit der Natur geschrieben, so stark war das Gefühl von Lebendigkeit, das dieses Verschmelzen ihm gab. Gleichzeitig war ihm bewusst, wie sehr er sich auslieferte, wenn er sich dem Meer so frei und rückhaltlos hingab. Er wusste beispielsweise, dass der Meeresboden unter ihm in eine tiefe Schlucht hinabfiel. Dabei kamen ihm Bilder von Riesenkraken in den Sinn, die längst versunkene Schiffe bewachten. Und fast jedes Mal musste er auch an eines der wenigen Tiere denken, die dem Menschen immer noch wirklich gefährlich werden können, den weißen Hai. Der Gedanke, potenziell zu einem Glied in der Nahrungskette zu werden, schien Matt jedoch absolut logisch. Der Mensch war eben doch nicht allmächtig, auch wenn er alles dafür tat, das Gegenteil zu beweisen.

Matt lag auf seinem Surfbrett, betrachtete die sich rötlich verfärbende Sonne und wartete auf das nächste surfbare Wellenset. Sobald die gewaltige Wassermasse heranrollte, sprang er mit selbstsicherer Leichtigkeit auf sein Brett und glitt mit der Geschwindigkeit des Wassers auf dessen Oberfläche. Die Welle begann, sich über ihm zu brechen und hüllte ihn für wenige Momente ein. Er wurde Teil des Ozeans und fühlte das Pulsieren der Energie in jeder Zelle seines Körpers. Als die Welle ihn wieder entlassen hatte und er sich auf die nächste vorbereitete, erkannte er am Strand eine Gestalt. Die Frau setzte sich in die mit hohem Gras bewachsenen Dünen und schien ihn nicht bemerkt zu haben. Ohne jeden Zweifel, war es die Frau, der er am Nachmittag begegnet war. Was sie wohl mitten im Winter ganz alleine nach Lillapanga geführt hatte?

Matts Gedanken wurden vom Auftauchen eines Delphinschwarms unterbrochen, der ihn scheinbar auf seinem Wellenritt begleiten wollte. Der Anblick einer Rückenflosse, machte die meisten Surfer nervös, obwohl bekannt war, dass der weiße Hai sein Opfer fast immer ohne Vorwarnung von unten anfiel. Ein Zuschnappen seines mächtigen Kiefers genügte und der Surfer hatte die letzte Welle gesehen.

Mit dem letzten Aufblitzen der untergehenden Sonne gelangte Matt zurück an den Strand und beobachtete aus den Augenwinkeln, dass die Frau noch immer in den Dünen saß. Sie schien sich nicht bemerkbar machen zu wollen und er wollte es dabei belassen. Er war sich sicher, dass sie ihn beobachtete, doch es war ihm nicht unangenehm, ihren Blick auf seinem Rücken zu spüren. Er musste sich sogar eingestehen, dass er es genoss, zu wissen, dass sie ihn nackt sah. Er ließ sie nicht gerne alleine in den Dünen zurück, doch die Situation ließ keine andere Möglichkeit zu. Widerwillig stieg er in sein Auto und machte sich auf den Heimweg.

Wer war diese Frau? Woher kam sie? Sie hatte einen leichten Akzent, der schwer auf ihre Herkunft schließen ließ. Das gleiche galt für ihr Aussehen. Sie hätte Spanierin oder Französin sein können, aber vielleicht kam sie ganz woanders her.

Zu Hause angekommen, bereitete Matt ein einfaches Abendbrot zu, bestehend aus Brot, Käse und etwas Obst, das er auf dem Gemüsemarkt in Adelaide gekauft hatte. Seit Wochen hatte er außer den Bushfoods kein frisches Obst mehr gegessen und der Geschmack einer Orange war überwältigend.

Das Knistern des Feuers im Kamin lud zum Verweilen ein und Matt ließ sich auf dem Teppich davor nieder und machte es sich mit einer Tasse starken Kaffees gemütlich. Im Schein des Feuers begann er wieder einmal, Melvilles *Moby Dick* zu lesen. »*Man nenne mich Ismael.* (...) So oft *etwas Verbissenes in meine Züge kommt und in meinem Innern ein naßkalter November zu nieseln beginnt, so oft es mir widerfährt, daß ich unwillkürlich vor Sargspeichern stehen bleibe und mich jedem Leichenzug, der mir begegnet, hinten anschließe, und namentlich, wenn immer die trüben Anwandlungen dermaßen in mir überhandnehmen, daß nur ein starker sittlicher Halt mich davor bewahrt, mit Bedacht auf die Straße hinauszutreten und den Leuten der Reihe nach den Hut vom Kopfe zu schlagen, dann halte ich es jeweils für geraten, sobald als möglich auf See zu kommen.«*

Wie oft hatte er diese Sätze schon gelesen, wie oft waren sie ihm immer wieder in den Sinn gekommen? Es war schon erstaunlich, wie sehr sich die Menschen inzwischen von der Natur entfremdet hatten. Ihm kam es manchmal so vor, als wäre ihnen ihre Seele gestohlen worden. Dieser Gedanke begleitete ihn schließlich in den Schlaf.

9

Unter dem Vorwand, den Sonnenuntergang genießen zu wollen ging Luxa in der folgenden Woche jeden Abend an den Strand. Jedes Mal hielt sie Ausschau nach dem goldenen Surfer, doch er wollte einfach nicht wieder auftauchen. Sie kam sich selbst albern dabei vor, schließlich kannte sie diesen Mann überhaupt nicht. Sie hatte noch nicht einmal sein Gesicht gesehen und bekam beim Anblick seines Hinterns romantische Gefühle. So oder so ähnlich hätte Lena sie ganz bestimmt aufgezogen. Sie hatte ihr die Karte mit der Strandschönheit geschickt und mit den Worten geendet: »Ich genieße die Hügel und Täler und bin mir sicher, ich werde auch noch den Bush erkunden.« Luxa musste über ihren eigenen rohen Bauarbeiterhumor lachen. Bei ihren Kollegen hätte sie damit sicherlich nur verständnisloses Kopfschütteln geerntet, aber Lena ließ sie damit wissen, dass es ihr gut ging und sie sich wohl fühlte.

Sie verbrachte mehrere Nachmittage Kaffee trinkend in Marys Café und las dabei einige längst fällige Romane. Da sie beruflich immer Tonnen an Material zu lesen hatte, kam das Schmökern meist zu kurz.

Im Café roch es für gewöhnlich nach einem Gemisch aus zerlassener Butter, gerösteten Mandeln, braunem Zucker und geschmolzener Schokolade. Dazu kam der bittere Geruch des italienischen Kaffees, den Mary so gut braute.

»Du meine Güte«, entfuhr es Luxa, als sie gerade einmal wieder in ein köstliches Mandelcroissant biss, »wo hast du so gut backen gelernt?«

Mary erzählte ihr daraufhin die Geschichte ihrer Mutter Solange, die oft bei einem Glas Pernod mit ihrem Stickzeug stumm in der Ecke des Cafés saß.

»Meine Mutter ist die Tochter eines berühmten Pariser Patissiers. Mein Vater, dessen Vorfahren ursprünglich auch aus Frankreich stammen, war erst zwanzig, als ihm ein alter Großonkel ein Landgut in Südfrankreich vererbte. Na, du weißt schon, eher eine Art Ruine. Erst wollte er sich dort niederlassen, aber dann hat er Australien doch so sehr vermisst, dass er sich entschied, das Haus und den ganzen Krempel zu verkaufen und hierher zurückzukehren. Allerdings hatte er inzwischen meine Mutter kennen gelernt und die musste natürlich mit. Sie war bereits schwanger und hat sich auf der sechswöchigen Schiffsüberfahrt angeblich nur übergeben. Von ihr habe ich alles gelernt, was es über feines Kochen und Backen zu wissen gibt.«

Mary setzte Luxa noch ein kleines Petit-Fours, das mit rosa Zuckerguss und Marzipan verziert war, vor die Nase.

»Ich verkauf das Zeug an Cafés in Adelaide, die reißen sich drum. Ist auch gut so, denn nur von dem Café hier könnte ich nicht leben. In den Wintermonaten lohnt es sich eigentlich gar nicht. Aber ich genieße es, wenn ich meine Kunden verwöhnen kann. Kommt wohl daher, dass ich außer meiner Mutter niemanden zum Verwöhnen habe. Ich warte schon seit Jahren auf den Richtigen und hab's auch schon mit einem fast Richtigen probiert, doch der wurde nach und nach zum richtig Falschen.«

Sie wischte sich gewohnheitsmäßig die Hände an der Schürze ab, zuckte mit den Schultern und fragte dann geradeheraus: »Und wie steht es bei dir mit den Männern?«

Luxa winkte kopfschüttelnd ab. »Hab ich mir abgewöhnt«, sagte sie nonchalant, musste dabei jedoch an den goldenen Surfer denken.

Es war ein strahlender Sonntagmorgen. Luxa wurde von der Sonne geweckt und sprang voller Energie aus dem Bett. Nach einer heißkalten Dusche bereitete sie sich zwei Spiegeleier auf Toast, schlang sie gierig herunter und stürzte eine große Tasse Milchkaffee hinterher. Sorgfältig packte sie ihren kleinen Lederrucksack mit allem, was sie an diesem Tag an Proviant brauchen würde. Es schien ein warmer Tag zu werden und sie würde nur einen leichten Pullover mitnehmen, den sie bei Bedarf über ihr T-Shirt ziehen konnte. Leise vor sich hin summend schlüpfte sie in ihre bequemsten Jeans und ihre *Blundstones*. Ein Hut durfte natürlich auch nicht fehlen, denn die australische Sonne war auch im Winter nicht zu unterschätzen.

Luxa hatte sich vorgenommen, die Höhle und die andere Seite der Klippen zu erkunden. Als sie diesmal am Ende der kleinen Bucht angekommen war, beschloss sie, es gleich vom Meer aus über die Steine kletternd zu versuchen, um auf die andere Seite zu gelangen. Ohne Schwierigkeiten fand sie den Felsen, über den sie das letzte Mal gestolpert war, sah sich diesmal aber vor, um nicht wieder auf dem Hintern zu landen. Es gelang ihr und sie legte sich in Position, um den Eingang der Höhle zu finden. Glücklicherweise hatte sie daran gedacht, eine kleine Taschenlampe mitzubringen, so dass es ihr diesmal um einiges leichter fiel, in der dunklen Enge voranzukommen.

Nach weniger als zwanzig Minuten stand Luxa in dem großen Gewölbe, in dem sich die Feuerplätze befanden. Regungslos musterte sie die Höhlenwände. Sollte sie weitergehen? Sie spürte, wie sich ihr der Hals zuschnürte. Wenn sie jetzt umkehrte, konnte sie auch gleich in das nächstbeste Flugzeug zurück nach Deutschland steigen und Australien für immer verlassen.

Schließlich zwang sie sich, weiter in die Höhle vorzudringen. Tatsächlich fand sie im hinteren Teil das, was sie vermutet hatte. Plötzlich begann sie am ganzen Körper unkontrollierbar zu zittern. Luxa überkam eine kalte Welle der Panik. Sie hatte ja so etwas ähnliches erwartet, doch nun musste sie alle Willenskraft zusammennehmen, um sich davon abzuhalten, einfach auf und davon zu laufen. Alles in ihr schrie förmlich danach, die Höhle und Australien auf ewig hinter sich zu lassen. Sie hatte die letzten sechs Jahre versucht, diesen Aspekt aus ihrem Leben zu verdrängen, doch wie sie zugeben musste, war ihr das nicht gelungen. Und genau deswegen, war sie schließlich nach Australien gekommen, um endlich Klarheit zu schaffen, auch wenn ihr diese Klarheit gefährlich werden, sie möglicherweise vernichten konnte.

Mit einem tiefen Seufzer ließ sich Luxa auf dem kühlen Höhlenboden nieder. Sie war gekommen, um sich der Herausforderung zu stellen. Lange ließ sie die Motive der Höhlenmalereien auf sich wirken. Sie waren auf seltsame Weise vertraut und sie wurde das Gefühl nicht los, dass sie versuchten, ihr etwas zu sagen, mit ihr Kontakt aufzunehmen. Je länger sie die Malereien betrachtete, desto mehr schienen sich die Linien von ihrem rötlichen Hintergrund abzuheben und zu neuem Leben zu erwachen. Welche längst tote Hand hatte diese Symbole verewigt? Welche Hände hatten sie wieder und wieder nachgezeichnet, damit das Wissen, das sich in ihnen verbarg nicht

Opfer der Zeit wurde? Vor ihr lag das verschlüsselte Wissen um Beutetiere, Wasserplätze, Clangesetze und die *Ancestors*, die die Landschaft geschaffen hatten. Steckten noch andere Geheimnisse dahinter? Geheimnisse, von denen wir nicht einmal ahnten, dass sie sich irgendwo verbargen?

Luxa erinnerte sich daran, wie ihr Luke zum ersten Mal die mystische Welt der Aborigines vor Augen geführt hatte: »In ihrer Kunst, meine Liebe, spiegelt sich immer die Verehrung für das ewige, geheiligte Land und den unendlich fortdauernden Moment des Dreamings, in dem alles seinen Anfang nahm und in dem die Aborigines weiterhin leben.«

Seine Worte hatten sie auf seltsame Weise unangenehm berührt.

»Die Landschaft ist ihre Kathedrale Luxa, die weder von Mauern noch von einem Dach begrenzt werden muss. Sie ist das Symbol für die Landschaft des Inneren, die die Aborigines mit den Kräften der Natur verbindet. Indem sie bestimmte Rituale ausführen, können sie eine Brücke herstellen, die sie in ihre innere Landschaft führt, ihr heiligstes, inneres Zentrum, verstehst du?«

Luxa hatte nur den Kopf geschüttelt, während Luke seinen Vortrag fortgesetzt hatte: »Diese Rituale sind der Schlüssel zum Geheimnis der Aborigines. Der Schlüssel zum Geheimnis des menschlichen Daseins überhaupt. Wie eine Landkarte führen diese Rituale dorthin, wo wir existieren und nicht nur vegetieren. Dorthin, wo eine Kraft angezapft werden kann, die man uns hat vergessen lassen. Eine Kraft, die so gewaltig ist, dass sie alles, was wir bisher kennen, in den Schatten stellt.«

Luxa erinnerte sich an die Dringlichkeit in Lukes Stimme. Er sprach, als ob die Kunst und die Rituale der Aborigines Einfluss auf sein eigenes Leben hatten, auf das Leben aller. Damals hatte sie sich das noch nicht vorstellen können und konnte den fieberhaften Ausdruck in seinen Augen nicht nachvollziehen.

»Die Sprache der Ancestors existiert in allen Landschaftsformationen, in jedem Tier, in jeder Pflanze. Viele Aborigines können sie noch entschlüsseln und sich dadurch mit jedem Ding auseinander setzen und eins mit ihm werden, sozusagen völlig in ihm aufgehen. Wir haben diese Gabe verloren. Wir sehen die Welt nurmehr wie durch einen Schleier, den Schleier unseres westlichen Wissens, unsere lächerlichen Fakten und Formeln, die uns wie Gefängnismauern beschränken. Wir haben immer noch nicht begriffen, dass sich die Geheimnisse unserer Existenz mit dem Verstand allein nicht erfassen lassen. Und weil wir die Natur nicht mehr verstehen und die Brücke zu unserem Inneren nicht mehr herstellen können, fällt es uns nicht schwer, auch die äußere Landschaft verkümmern zu lassen – oder sie sogar skrupellos zu zerstören. Es beginnt uns nur langsam zu dämmern, dass wir damit auch die Grundlage unser eigenen Existenz vernichten.« Nach einer langen Pause fügte er hinzu: »Das einzige, meine Liebe, was uns alle noch vor der Apokalypse rettet, ist der Gesang der Aborigines ...«

Seine letzten Worte waren nur ein Flüstern gewesen und Luxa erinnerte sich, dass ihr dabei ein Schauer über den Rücken gelaufen war. Der Ausdruck in seinen Augen hatte sie erschreckt und ihr wurde klar, dass Luke diese Worte wirklich meinte. Er schien nicht nur von einer Weltanschauung zu sprechen, sondern etwas zu beschreiben, das von großer Bedeutung für ihr Schicksal und das aller Menschen war.

Luxa überkam plötzlich das starke Verlangen, Wasser auf ihrer Haut zu spüren und überlegte, wie sie so schnell wie möglich wieder ans Meer gelangen könnte. Die Höhle musste sich hoch über den Klippen befinden und wenn sie sich der Höhlenöffnung zuwandte, konnte sie tatsächlich in einiger Entfernung das Meer sehen. Direkt unter ihr lag ein kleiner, kalkweißer Strand, eingerahmt vom tiefen Rot der unzugänglichen Klippen. Das aquamarinblaue Wasser bildete an einer

Stelle eine kleine Lagune, auf deren Oberfläche sich die Sonne glitzernd spiegelte.

Luxa wusste, dass sie diesen Strand erreichen musste. Aber wie? Sollte sie es über die steilen Klippen versuchen, würde sie sich bestimmt den Hals brechen. Es musste noch ein Weg vom Höhleninneren hinunterführen, sonst hätten die Aborigines diese Höhle nicht ausgewählt. Mit den Augen suchte sie das Gewölbe nach einem zweiten Ausgang ab, konnte jedoch keinen entdecken. Vielleicht war er im Laufe der Jahre verschüttet worden? Gerade als Luxa aufgeben und sich wieder durch die Verengung zwängen wollte, durch die sie gekommen war, blieb ihr Blick an etwas hängen, das sich im hinteren Teil des Höhlenbodens befand. Was war das?

Langsam näherte sie sich der Steinformation, um festzustellen, dass sie gefunden hatte, wonach sie gesucht hatte. Der Ausgang war tatsächlich von mehreren Steinen bedeckt, deren Anordnung jedoch darauf schließen ließ, dass sie von Menschenhand so platziert worden waren. Offensichtlich sollte dieser Ausgang nicht für jeden sichtbar sein. Für einen Augenblick war Luxa erneut versucht, umzukehren, doch schließlich siegte ihre Neugierde.

Nach zehn Minuten hatte sie es geschafft, die Steine wegzuräumen und konnte in die Dunkelheit hinabsteigen. Nachdem ihre Füße den weichen, rutschigen Boden berührt hatten, dauerte es eine Weile, bis sie einigermaßen Halt fand. Der Geruch modriger Erde umgab sie und sie versuchte in der Dunkelheit zu erkennen, wo es weiterging, als ihr einfiel, dass sie ja eine Taschenlampe mitgenommen hatte. Leider hatte sie diese aber auf dem Höhlenboden liegen lassen, als sie die Steine entfernt hatte. »Sehr professionell, Frau Doktor«, schalt sie sich.

Ein bisschen nervös war sie schon. Kein Mensch wusste von ihrer Exkursion und dass sie gerade in einem dunklen Loch steckte, das einem Grab nicht unähnlich war. Sie hatte keine

Ahnung, wie es weitergehen sollte und was sie vorfinden würde. Mühsam drehte sich Luxa um und wurde plötzlich von einem grellen Licht geblendet. Sie konnte nichts erkennen und spürte wieder Panik in sich aufsteigen. Was um alles in der Welt war das? In hilfloser Angst schlug sie die Hände vors Gesicht und schrie.

10

Matt hatte einiges zu tun, um das Haus, das lange leergestanden hatte, wieder auf Vordermann zu bringen. Der Garten war völlig überwuchert, der Kamin zog nicht so wie er sollte und ein kleines Loch im Dach hatte er auch entdeckt. Er holte die Post vom Postamt ab, bezahlte überfällige Rechnungen und verbrachte einige Zeit im Eisenwarenladen. Die ganze Woche schien angefüllt mit Reparaturen. Matt wollte sie so schnell wie möglich erledigen, damit er beim nächsten Sturm keine nassen Füße bekäme. Zum Surfen würde er noch genügend Zeit haben. Der Wind hatte sich ohnehin gedreht und die Wellen waren nicht ideal. Er dachte noch einige Male an die Frau vom Strand, nahm aber nicht ohne Bedauern an, dass sie längst wieder abgereist war. Nicht viele Touristen blieben außerhalb der Saison länger als ein Wochenende.

Für diesen Sonntag hatte Matt sich vorgenommen, eine Pause einzulegen und einen alten Freund zu besuchen, der landeinwärts auf einer Farm wohnte. Jim hatte vor mehr als zehn Jahren von einem Tag auf den anderen beschlossen, seine Kaschmiranzüge dem Roten Kreuz und seine Freundin der High Society zu überlassen. Innerhalb weniger Wochen hatte er seinen Sportwagen und sein Penthouse über dem Hafen von Sydney verkauft und sich von dem Erlös ein kleines Stück Land gekauft. Es befand sich an einem Ort in Südaustralien, wo ihn keiner seiner sogenannten alten Freunde jemals besuchen kommen würde. Wie er es ausdrückte, hatte er seinen Körper und sein Gewissen vor dem frühen Infarkt gerettet.

Matt und Jim hatten sich vor zehn Jahren kennen gelernt, nachdem Matt nach einer größeren Auseinandersetzung mit seinem Vater beschlossen hatte, seinem Elternhaus auf Yonda Station ein und für alle Mal den Rücken zu kehren. Es war Matt nie leicht gefallen, Freundschaften einzugehen. Er liebte die Stille und die Einsamkeit zu sehr, um sie mit allzu vielen Menschen zu teilen. Außer Djawa und Botj hatte er nie wirkliche Freunde gehabt. Mit ihnen hatte er schweigen können und das hatte einen großen Teil ihrer Freundschaft ausgemacht. Oft hatten sie an schwülheißen Sommertagen zu dritt im kühlenden Schatten eines alten Boabs, eines Flaschenbaumes gelegen und in den tiefblauen Himmel gestarrt. Matt hatte die Gedanken von Djawa und Botj verstanden und ihnen geantwortet ohne jemals den Mund zu öffnen. Djawa hatte behauptet, dass er so auch die Tiere verstehen konnte und Botj hatte zustimmend genickt. Als Matt seinem Vater davon berichtete, hatte dieser nur verächtlich auf den Boden gespuckt und ihm gesagt, er solle nicht so viel Zeit mit den Aboriginekindern verbringen, sie würden ihm nur Blödsinn in den Kopf pflanzen.

Mit Jim hatte Matt zum ersten Mal seit vielen Jahren wieder einen Gesprächspartner gefunden, ein wirkliches Gegenüber. Und zugleich war Jim auch jemand, mit dem er schweigend seinen Gedanken nachhängen konnte. Die beiden Männer waren sehr verschieden und doch hatte sich über die Jahre hinweg eine herzliche Verbindung zwischen ihnen entwickelt. Matt hatte in Jim immer eine Art Mentor oder Vaterfigur gesehen. In ihm fand er jedoch einen Vater, der nicht nur Befehle austeilte und ihm skeptisch über die Schulter blickte. Jim und er hatten schon ganze Nächte hindurch diskutiert und Matt hatte manchmal das Gefühl, bei Jim in die Lehre gegangen zu sein.

Vieles, von dem Jim sprach, kannte Matt bereits, oh
er selbst die Worte dafür gefunden hätte. Dass alles i
versum miteinander verbunden war und dass nichts im Leben zufällig geschah, das hatte Matt schon immer gewusst. »Der Zufall«, hatte Jim einmal gesagt, »ist ein Konstrukt, um die Menschen unter Kontrolle zu halten, damit sie die Symbolik, die ihnen ihr eigenes Leben tagtäglich vor Augen führt, selbst nicht mehr erkennen können. Dadurch bekommen sie Angst und wer Angst hat, läuft denen nach, die ihm Lösungen anbieten, so fadenscheinig sie auch sein mögen.«

Matt wusste nicht, woher Jim kam und hatte ihn auch nie danach gefragt. Aus mehreren Andeutungen hatte er sich jedoch ein Bild von ihm und seiner Vergangenheit zusammenreimen können. Jim hatte des öfteren von seinen »Auftraggebern« gesprochen, den Männer, die die Welt regieren. Wenn er dabei lachte, war es kein herzliches Lachen.

Jims Farmgebäude bestanden aus einem alten, in grellen Farben bemalten Bus, in dem er schlief und einem großen Wohnwagen, der sein Büro beherbergte. Auf den fünf Hektar Land hatte er Permakulturen angebaut und es gab riesige Obst- und Nussbäume, Teiche mit Fischen und Wasserkastanien, dichte Hecken aus Passionsfrüchten und Weinstöcken und unzählige Beete mit den verschiedensten Gemüsearten. Hühner und Enten liefen frei herum und nicht weit entfernt summten Bienen, die in ihrem Bienenstock fleißig Honig produzierten. Jims riesiger Garten erinnerte Matt immer ein wenig an das legendäre Schlaraffenland. Man konnte darin herumwandern und sich die Früchte vom Baum direkt in den Mund stecken.

Wie jedes Mal begrüßte Jim Matt mit einer herzlichen Umarmung und freundlichem Schulterklopfen. Sobald Jim lachte, was er meistens tat, sah er um einiges jünger aus, als er tatsächlich war, nämlich fünfundsechzig. Er hatte wohl die besten und weißesten Zähne, die Matt je bei irgendwem gesehen hatte. Er trug sein langes graues Haar in einem Pferdeschwanz und schien sich nur in weit geschnittenen Kaftanen wohl zu fühlen. Anfangs war Matt Jims Erscheinung alles andere als geheuer gewesen, doch mit der Zeit hatte er sich an seine Skurrilität gewöhnt.

Jim führte Matt in die Küche, die sich im Freien unter einem Wellblechdach befand. Ein riesiger Topf mit Orangenmarmelade köchelte auf dem Herd vor sich hin und verströmte einen schweren süßlichen Geruch, den Matt geradezu inhalierte. Er erinnerte an Zuhause. Vorsichtig öffnete Jim den Backofen und zog ein Blech mit frisch gebackenen englischen Scones heraus, deren Duft sich auf unwiderstehliche Weise mit dem der Marmelade mischte.

»Lass uns dein Wiederauftauchen mit Devonshire Tea feiern, mein lieber Matt. Wie ist es dir denn in den letzten Monaten ergangen?«

Sorgfältig goss Jim eine angewärmte Kanne mit Irish Breakfast Tea auf, während er Matts Antwort lauschte. Matt berichtete ihm von seinem letzten Arbeitsengagement und der Auseinandersetzung mit Reg, dem Headstockman. Als er hörte, wie Matt Reg seinen Faustschlag verpasst hatte, lachte Jim herzhaft auf und sagte: »Gut gemacht, mein Lieber. Dieser Gefühlsausbruch war zwar nicht gentlemanlike, aber ich wünschte, ich hätte das in meiner Vergangenheit auch öfters getan.«

Bei der Vorstellung von Jims flatterndem Kaftan im harten Spiel der Fäuste konnte Matt ein Grinsen nicht unterdrücken. »Ich hab mich danach schlecht genug gefühlt und hoffe, dass Ned das nicht ausbaden musste. Das Problem ist doch, dass im Outback zwei völlig verschiedene Welten existieren. Eine schwarze und eine weiße.«

»Und das wird sich auch nicht so schnell ändern«, erwiderte Jim, »die Zeiten, in denen Aborigines auf den Stations wie Sklaven gehalten wurden, ist noch nicht lange vorbei.«

Beide starrten einen Moment lang schweigend in ihre Teetassen.

»Gibt es sonst noch etwas Interessantes, das du mir von der Welt da draußen berichten kannst? Positiveres?« Jim war aufgestanden und hatte angefangen, die Tassen wegzuräumen. Als Matt ihm daraufhin von seinem Zusammentreffen mit Luxa erzählte, sagte er nachdenklich: »Sie ist dir also wirklich direkt vor den Wagen gelaufen? Seltsam ... Hmm ... ich frage mich, was das zu bedeuten hat.«

Als Matt ihn fragend ansah, hielt er kurz im Geschirrspülen inne und wandte sich mit einem leichten Schmunzeln an den jungen Mann, der ihm manchmal wie ein Sohn vorkam.

»Mein lieber Matt, hör mir gut zu. Ich kenne dich nun seit neun oder zehn Jahren. Wir sehen uns zwar nicht sehr häufig, aber man könnte sagen, dass wir eine relativ innige Beziehung pflegen, oder? In all dieser Zeit ging es in unseren Gesprächen meist um abstrakte, philosophische, politische und sozialkritische Gedanken. Von irgendwelchen äh ... sagen wir mal ›Romanzen‹ hast du mir bisher nie berichtet, obwohl ich mir sicher bin, dass es einem gutaussehenden jungen Mann wie dir nicht an Kontakten zu Frauen fehlt. Ich würde nun nicht gerade behaupten, dass das Fast-Überfahren einer Fußgängerin einen romantischen Aspekt haben kann, aber der Ausdruck in deinen Augen sagt mir etwas anderes. Du leuchtest ja richtig! Wenn mich nicht alles täuscht, bist du verliebt, mein Junge, und zwar bis über beide Ohren!«

Nach einem vorzüglichen Mittagessen, das Jim aus geröstetem Gemüsesalat, selbst gebackenem Brot und eingelegten Kalamata-Oliven komponiert hatte, machte sich Matt gedankenverloren auf den Heimweg. Jim hatte den Nagel auf den Kopf getroffen. Dabei war das Ganze lächerlich! Wie konnte er etwas für eine Frau empfinden, die er überhaupt nicht kannte?

Er hatte ja nur ein paar ausgesprochen unromantische Worte mit ihr gewechselt, trotzdem ging sie ihm nicht aus dem Kopf. Wie Jim vermutet hatte, hatte Matt trotz seiner Zurückhaltung in der Vergangenheit nicht wenige Affären genossen. Frauen hatten seine Gesellschaft öfter geteilt, einige für eine Nacht, andere für länger. Einmal hatte ihm sogar eine junge Frau in einer verrauchten Bar in Kalgoorlie einhundert Dollar für eine Nacht angeboten. Matt hatte den Kopf geschüttelt und lachend abgelehnt. Seine Erinnerungen und Bilder von diesen Frauen waren mit der Zeit verblasst. Er konnte nicht beschreiben, woran es lag, dass die Frau, die ihn beim Surfen beobachtet hatte, etwas anderes in ihm auszulösen vermochte. Warum hatte er an diesem Abend die Gelegenheit nicht ergriffen, sein Glück versucht, anstatt sie in den Dünen sitzen zu lassen? Was hatte ihn zurückgehalten? Hatte er damit eine einmalige Chance verpasst? Jim behauptete immer, dass man seinem Schicksal nicht entgehen kann, dass es einem immer und immer wieder die richtigen Karten zuspielt, und man nur erkennen muss, wie und wann man sie am besten ausspielt, um zu gewinnen.

11

Der Boden unter Luxas Füßen gab nach und sie schlitterte unaufhaltsam in die Tiefe. Unten angekommen, kauerte sie nun am Boden, die Hände schützend auf dem Kopf. Sie war völlig benommen und ihr Hintern schmerzte. Es schien eine Ewigkeit zu dauern, bis sie sich traute, die Augen zu öffnen. Sie war mit Sicherheit zwanzig Meter nach unten gerutscht und rechnete damit, überall Blut zu sehen. Zudem befürchtete sie, jeden Moment von einem nachfolgenden Felsbrocken erschlagen zu werden. Als sie sich nun endlich umsah, konnte sie zu ihrer Erleichterung kein Blutbad entdecken. Der linke Knöchel schmerzte leicht, aber Luxa war sich ziemlich sicher, dass nichts gebrochen war. Jetzt wünschte sie sich einen großen Schluck von Marys Cognac. Sie beschloss, später darüber nachzudenken, wie sie nach Hause kommen sollte, biss die Zähne zusammen und begann mit dem Abstieg. Sie befand sich nur noch etwa zehn Meter über dem Strand. Ein Bad in der wunderbaren Lagune würde ihr sicherlich wieder einen klaren Kopf bescheren. Danach würde sie weiterdenken.

Am Strand streifte sich Luxa vorsichtig die zerrissene Kleidung vom Leib, um gierig in das unbeschreibliche Blau des Wassers einzutauchen. Der Schmerz, der sie durchfuhr, als das salzige Meerwasser auf ihre Schürfwunden traf, nahm ihr sekundenlang den Atem. Doch dann achtete sie nicht weiter darauf und tauchte kopfüber in die nächste kleine Welle. Zum krönenden Abschluss legte sie sich reglos auf den Rücken und ließ sich vom Wasser tragen. In dieser Position konnte sie nur ihren eigenen Herzschlag hören. Eine Weile ließ sie sich von den sanften Wellen schaukeln, bis sie etwas an ihrem Rücken spürte und auffuhr. »Verdammt«, stieß sie aus und brauchte einen Augenblick, um zu erkennen, was sie berührt hatte. Als sie schließlich erkannte, was es gewesen war, traute sie ihren Augen nicht. Es war ein Delphin, der unter ihr hindurch getaucht sein musste. Jetzt sprang er in einiger Entfernung aus dem Wasser, kehrte wieder zu ihr zurück, um sehr nah an ihr vorbeizuschwimmen. Plötzlich sah sie noch einen Delphin neben sich auftauchen und einen weiteren, und schließlich war sie von mindestens zwanzig Tieren umringt. Sie schienen mit ihr spielen zu wollen, schwammen auf sie zu, ließen sich jedoch nicht wirklich berühren. Luxa fühlte den starken Drang, in die Wellen zu tauchen und sich von den Delphinen in die Tiefe ziehen zu lassen. Doch dann entfernten sich die wundervollen Tiere so plötzlich von ihr, wie sie gekommen waren. Luxa verstand die Warnung, die sie ihr damit gaben, nicht.

12 Es war später Nachmittag und am eben noch strahlend blauen Himmel waren urplötzlich tiefdunkle Wolken aufgezogen. Matt wusste aus Erfahrung, dass der starke Wind einen gewaltigen Sturm mit sich bringen würde. Kurz bevor er sein Haus erreichte, begann der Regen auf die Windschutzscheibe seines Wagens zu peitschen. Er parkte das Auto hinter dem Haus und beeilte sich, die Gartenmöbel von der Terrasse zu nehmen, damit der Wind sie nicht forttrug. Innerhalb weniger Minuten klebte ihm die durchnässte Kleidung am Körper und er musste sich mit aller Kraft gegen den Wind stemmen, um sich auf dem Deck zu halten, das den kleinen Strand überblickte. Normalerweise schützten die umliegenden Klippen die Bucht, doch wenn der Wind direkt vom Meer her wehte, schien das Kliff wie ein Trichter zu wirken und die Wucht der Elemente zu verstärken.

Als Matt das leise Wimmern hörte, war er sich erst nicht sicher, ob es vielleicht ein verletztes Tier war oder doch nur der Wind. Das Geräusch kam von dem kleinen Strand unter ihm und er konnte es nur hören, weil sich der Sturm gerade gelegt hatte, vermutlich um danach noch gewaltiger zu toben. Er hatte einfach keine Wahl, als dem Geräusch nachzugehen, das jetzt verstummt war. Eilig rannte er den kleinen Weg über die Klippen hinab zum Strand. Die Erde war rutschig und an der Klippenwand hatten sich kleinere Wasserfälle gebildet. Matt rutschte ein paar Mal ab und als er den Sand erreichte, blies der Wind schon wieder mit aller Kraft. Er kniff die Augen zusammen und sah sich um, konnte aber nichts entdecken. Die einbrechende Dunkelheit hatte den Strand schon fast eingehüllt. Auch an der Lagune war nichts zu sehen. »Die Höhle!«, entfuhr es ihm. Natürlich, das Wimmern, das jetzt wieder angefangen hatte, musste von dort kommen. Nur sehr selten gelangten Touristen zu dem kleinen Strand unter seinem Haus. Der einzige Weg außer dem von seinem Haus führte durch die Höhle, die direkt darunter lag. Und diese Höhle war nicht gerade zugänglich. Man musste schon besonders abenteuerlustig sein, um sich durch ihre Verengungen zu zwängen. Matt hatte versucht, den Ausgang zu verbergen, nachdem sich ein Typ aus Adelaide vor drei oder vier Jahren bei seinem Versuch, den Strand zu erreichen, das Bein und mehrere Rippen gebrochen hatte. Seitdem hatte er nie wieder jemanden gesehen. Als Matt nun die Stelle erreichte, an der der Höhlenausgang sein musste, sah er dort einen reglosen Körper liegen. Ohne, dass er ihr Gesicht sah, wusste er sofort, dass es die Frau war, die ihm vors Auto gelaufen war und ihn später am Strand beobachtet hatte. Sie hatte sich wahrscheinlich vor dem Unwetter schützen wollen und war bei ihrem Aufstieg zur Höhle ausgerutscht. Matt drehte sie vorsichtig um, um ihre Atmung zu überprüfen. Dabei prasselte der Regen mit aller Gewalt auf seinen Rücken und er konnte sie kaum davon abschirmen. Als er beruhigend auf sie einredete, reagierte sie nicht und Matt unterdrückte ein Fluchen über den Leichtsinn, der sie an diesen Ort geführt hatte. Wie lange lag sie wohl schon hier? Sie war völlig durchnässt und von oben bis unten mit Schlamm verschmiert. »Sie muss unterkühlt sein«, dachte Matt und überlegte, wie er sie so schnell wie möglich ins Haus bringen konnte, bevor der Wind noch stärker wurde. Er betete, dass sie keine Wirbelsäulenverletzungen hatte, aber das Risiko musste er eingehen. Der Sturm machte ihm den Aufstieg mit dem leblosen Körper nicht gerade einfach, er versuchte jedoch, ihren Körper so gut er konnte mit seinem zu schützen. Er trug sie wie ein Kind an sich gedrückt, und blieb immer wieder stehen, um sicherzugehen, dass sie noch atmete. Als sie endlich das Haus erreichten, legte Matt die Frau behutsam auf das Sofa im Wohnzimmer.

Was sollte er nun tun? Er konnte keinen Krankenwagen rufen, weil er das Telefon für den Zeitraum seiner Abwesenheit abgemeldet hatte und es noch nicht wieder funktionierte. Es hatte auch keinen Sinn, sie selbst ins nächste Krankenhaus zu bringen, da die unbefestigte Straße dorthin wohl bereits unpassierbar war.

Bei seiner Arbeit im Outback waren Unfälle an der Tagesordnung und medizinische Hilfe oft nicht in greifbarer Nähe. Die Leute, die den »Bush« ihr Zuhause nannten, wussten sich zu helfen, mussten sich zu helfen wissen. Matt hatte über die Jahre viel gelernt.

Nachdem er einen kleinen Heizkörper eingeschaltet hatte, zog er die Frau behutsam aus und tastete ihren Körper nach Knochenbrüchen ab. Außer einer Schwellung am linken Knöchel und mehreren Abschürfungen konnte er jedoch nichts feststellen. Er trug sie ins Badezimmer und ließ ein heißes Bad einlaufen. Als die Wanne voll war, übergab er sie so vorsichtig, wie er nur konnte dem Wasser. Die Wärme auf ihrem Körper brachte die Frau endlich wieder zu Bewusstsein. Sie war offensichtlich noch nicht wieder klar, sah Matt aber völlig entgeistert an, so dass er begann, ihr wie einem Kind zuzureden, indem er immer wieder wiederholte: »Alles ist gut, ich pass auf dich auf, hab keine Angst. Hab keine Angst, mein Liebling.« Seine Worte schienen ihre Wirkung zu tun, denn die Frau versuchte, halb benommen zu lächeln. Als er glaubte, sie sei nun genügend aufgewärmt, hievte Matt die Frau wieder aus der Wanne. Sie protestierte nicht, als er sie sorgfältig abtrocknete und sie schließlich ins Schlafzimmer trug, um sie in sein Bett zu legen. Um zu verhindern, dass sie wieder abkühlte, streifte er ihr schnell einen der Flanellpyjamas über, die ihm seine Mutter regelmäßig zu Weihnachten schickte und die er nie trug. Als er im Kamin des Schlafzimmers Feuer gemacht hatte und glaubte, die Frau für eine Weile allein lassen zu können, ging er in die Küche, um ein einfaches Abendessen und heißen, starken Tee zuzubereiten. Erst danach zog er sich selbst etwas Trockenes an. Dann brachte er das dampfende Getränk und die Kürbissuppe ins Schlafzimmer.

Der Sturm wütete draußen, doch das Zimmer war bereits angenehm warm und das knisternde Kaminfeuer gab genügend Licht, um dabei zu essen. Als er dem regelmäßigen Atem der Frau lauschte, wusste Matt , dass sie inzwischen tief und fest schlief. Er wollte sie nicht wecken und aß stattdessen allein. Nachdenklich betrachtete er ihr schlafendes Gesicht. Sie hatte großes Glück gehabt, dass er sie gefunden hatte. Sie hätte an Unterkühlung sterben oder durch einen Steinschlag ums Leben kommen können, wenn er nicht rechtzeitig gekommen wäre. Jetzt lag sie so friedlich in seinem Bett, als ob sie dort hingehörte. Matt versuchte nicht daran zu denken, dass er kurz zuvor ihren nackten Körper in seinen Armen gehalten hatte und überlegte stattdessen, wo er selbst die Nacht verbringen sollte. Das Sofa, der einzige andere Schlafplatz im Haus, war dank seiner Rettungsaktion leider völlig durchnässt. Er würde also hier schlafen müssen und das Bett war eigentlich groß genug für zwei.

Bevor er sich schlafen legte, schürte Matt das Feuer und legte einen großen Scheit auf, der eine ganze Weile brennen würde. Trotz der Wärme im Zimmer, zog er sich eine Pyjamahose über, statt wie sonst nackt zu schlafen. Dann legte er sich auf die andere Seite des Bettes und schlief überraschenderweise schnell ein.

Mitten in der Nacht, das Feuer war lange ausgegangen, fühlte er, wie sich der warme Körper der Frau im Schlaf an seinen kuschelte. Zuerst wusste er nicht, was er tun sollte, doch dann nahm er sie einfach in den Arm, strich ihr die Haare aus dem entspannten Gesicht und gab ihr einen leichten Kuss auf die Stirn.

13

Am nächsten Morgen erwachte Luxa mit Delphinen und einem Pochen im Kopf. Was war passiert? Noch im Halbschlaf erinnerte sie sich bruchstückhaft an den gestrigen Tag. An die Höhle, die blendende Sonne, den kleinen Strand, und dann den Wind, den unglaublich starken Wind, der sie mit einem Mal fast weggeblasen hatte. »Luke«, murmelte sie leise und wand sich aus der Umarmung ihres Bettgenossen. Ihre Glieder schmerzten und sie fühlte sich noch immer benommen. Dann fiel sie auch schon wieder in tiefen Schlaf.

Jemand streichelte ihr über das Gesicht und sagte etwas zu ihr. Sie blinzelte und versuchte sich aus dem bleiernen Schlaf zu ziehen. Draußen heulte der Wind und peitschte Regen gegen die Fensterscheiben. Vor ihren Augen schien alles zu verschwimmen und es dauerte eine Ewigkeit, bevor sie etwas erkennen konnte. Vor ihr stand der Cowboy, der sie beinahe überfahren hatte, in den Händen ein Tablett mit Frühstück. Offensichtlich war das ein Traum. Einer, der tief blicken ließ, dachte sie noch amüsiert, bevor sie erneut einschlief.

Als Luxa zum dritten Mal aufwachte, war es draußen dunkel. Sie starrte eine Weile aus dem Fenster, bevor ihr auffiel, dass es gar nicht ihr Fenster war. Erschrocken setzte sie sich auf, um festzustellen, dass sie sich in einem völlig unbekannten Zimmer befand.

»Das ist mein Pyjama, ich kann Pyjamas nicht leiden und hab ihn noch nie getragen«, sagte eine männliche Stimme vom anderen Ende des Zimmers. Die Gestalt saß vor dem brennenden Kamin und hatte ein aufgeschlagenes Buch auf dem Schoß.

»Was ist passiert, wer sind Sie und was mache ich verdammt noch mal in diesem Bett?«, brauste Luxa auf. Matt grinste. Die Frau schien ihre Kratzbürstigkeit wiedergefunden zu haben und das konnte nur bedeuten, dass sie auf dem Weg der Besserung war. Er stand auf und näherte sich dem Bett.

»Da bin ich aber enttäuscht, dass Sie mich so schnell vergessen haben, schließlich lernt man nicht jeden Tag nette Leute kennen.«

Nun dämmerte Luxa, dass der Traum mit dem Typen, der ihr Frühstück ans Bett brachte, kein Traum gewesen war. Er stand vor ihr, sie lag offensichtlich in seinem Bett und konnte sich nicht erinnern, den Pyjama selbst angezogen zu haben. Ihr brannte die Kehle und sie fühlte sich plötzlich hundeelend.

»Mein Name ist Matt Richardson. Sie bekommen jetzt erst einmal was zu trinken und dann erzähle ich Ihnen, wie ich Sie gefunden habe«, sagte der Cowboy nun, bevor Luxa sich weiter ereifern konnte. Und nachdem sie ein Glas Wasser und eine Tasse starken Tees getrunken hatte, sank Luxa erleichtert in die Kissen zurück und hörte aufmerksam zu, als Matt die Geschichte ihrer Rettung erzählte. Nun schämte sie sich dafür, ihn so angefahren zu haben, aber sie war so verwirrt gewesen und alles tat ihr weh.

»Was haben Sie eigentlich in der Höhle gesucht?« fragte Matt schließlich.

Luxa erklärte ihm, dass sie Anthropologin sei und sich die Höhlenmalereien ansehen wollte. Dass es eigentlich die Suche nach sich selbst war, die sie vorangetrieben hatte und deretwegen sie ihr Leben aufs Spiel gesetzt hatte, sagte sie nicht.

»Und ... wie ... äh, bin ich in Ihren Pyjama ... Also ich meine, hab ich mich selbst ausgezogen oder ...?«, musste Luxa schließlich doch nachfragen.

»Keine Sorge, ich hab die Augen zugemacht und nur ein kleines bisschen geblinzelt«, zog Matt sie auf, und als Luxa schon wieder loslegen wollte, da ihr diese Witzelei völlig unangebracht erschien, fügte er hinzu: »Jetzt sind wir wenigstens quitt.«

Luxa blickte ihn verständnislos an und er erinnerte sie daran, dass sie ihn beim Ausziehen beobachtet hatte. Sie biss sich auf die Lippe.

»Der Surfer, das waren Sie?«, stieß sie hervor und schob rasch eine Entschuldigung hinterher, die sie, kaum hatte sie sie ausgesprochen, rot werden ließ. Als Matt sie mit hochgezogenen Augenbrauen ansah, konnte sie nicht anders, als laut loszulachen. Doch bald veränderte sich der Klang ihres Lachens und ging in ein leises Weinen über. Matt war nicht überrascht. Sie wehrte sich nicht, als er sie in den Arm nahm.

»Es ist alles okay«, flüsterte er und Luxa konnte den dumpfen Rhythmus seines Herzschlags hören.

Matt dachte daran, wie stark sie bei ihrem ersten Treffen gewirkt hatte. Jetzt war sie so zerbrechlich, so verwundbar. Sie hatte die ganze Nacht eng an ihn gedrängt in seinen Armen verbracht und er hatte sich für einen Moment vorgestellt, sie jede Nacht so zu halten. Als Luxa aufsah und ihr Gesicht nur wenige Zentimeter von seinem entfernt war, sahen sie sich lange in die Augen. Matt betrachtete die Schramme auf ihrer Stirn und konnte sich nur schwer davon abhalten, sie mit den Fingern nachzufahren.

»Ich mache uns noch eine Tasse Tee«, sagte Matt mit einem kurzen Räuspern, stand auf und ging in die Küche.

Später, als sie längst wieder eingeschlafen war, betrachtete er sie nachdenklich, während sie wie ein kleines Kind mit leicht geöffneten Lippen und geröteten Wangen dalag. Er wusste, dass sie die Frau war, auf die er schon lange gewartet hatte, dabei kannte er noch nicht einmal ihren Namen. Den Namen ihres Liebhabers Luke hatte sie ihm dagegen bereits offenbart.

14

Luke hielt seine erste Vorlesung in diesem Semester, eine Einführung in Aboriginal Studies. Im Hörsaal saßen knapp einhundert Studenten, die meisten davon Erstsemester. Luke dachte ein bisschen wehmütig an seinen Studienanfang zurück und an die Ehrfurcht, mit der er damals die Universität betreten hatte, die »Stätte des Wissens, der Kultur und des Geistes«. In den von Augenringen gezeichneten Gesichtern vor sich konnte er nichts dergleichen erkennen. Diesen Studierenden schien es wichtiger, sich zunächst ins Partyleben zu stürzen. Jedes Semester begann mit dem sogenannten »O-Ball«, der sich in den letzten Jahren zu einer Sauforgie entwickelt hatte.

»Sollen Sie nur«, murmelte Luke. Er wusste, dass am Ende des Semesters nur noch ein Viertel der Studierenden hier sein würde und im zweiten dann nur noch eine Handvoll. Anthropologie und Archäologie hörten sich anfangs für viele abenteuerlich und geheimnisvoll an. Doch sobald die jungen Studenten und Studentinnen merkten, dass hier ebenso Klausuren zu schreiben waren wie überall sonst und die Jobaussichten nach dem Studium zudem wenig rosig waren, wechselten viele zu praktischeren Studiengängen, wie etwa Wirtschafts- oder Ingenieurwissenschaften.

Luke konnte es ihnen nicht verdenken. Nach seinem fünfjährigen Studium hätte auch er sich bei den arbeitslosen Akademikern einreihen können und hatte deshalb beschlossen, das Promotionsangebot seines Professors für Archäologie und Paläographie anzunehmen. Alte Einschreibungen, Hieroglyphen, Wandbemalungen und dergleichen hatten ihn schon immer fasziniert. Sie waren Brücken zur Vergangenheit und gaben dem Betrachter Aufschluss über das Leben vergangener Generationen. Er sah ihre Entschlüsselung als eine Art Detektivarbeit an und spürte dabei immer einen gewissen Nervenkitzel. Seine Doktorarbeit über Aspekte der Höhlenmalerei der Aborigines war in akademischen Kreisen ein voller Erfolg gewesen, besonders bei den Archäologen. Er hatte schnell den Ruf eines Experten auf diesem Gebiet erworben.

Luxa fiel ihm sofort auf. Sie saß in der ersten Reihe und gab ihm ihre ungeteilte Aufmerksamkeit. Das war für den weiblichen Teil der Studenten nicht ungewöhnlich. Er war gerade vierunddreißig, äußerst attraktiv, hatte Charme und Dozentenstatus. Luke kannte seine Wirkung auf Frauen und nutzte das auch aus. Wobei er es gerne so sah, dass er die ihm mehr oder weniger schamlos angebotenen Gefälligkeiten gelegentlich in Anspruch nahm. Er machte keine Versprechungen und war sich sicher, außer ein paar romantischen Mädchenträumen nicht viel zerstört zu haben.

Die junge Frau, die ihm an diesem Tag so interessiert in die Augen blickte, berührte jedoch etwas in ihm, das er noch nicht kannte. Sie schien nämlich nicht von seinem Aussehen in Bann gezogen zu sein, sondern tatsächlich vom Gehalt seiner Worte. Er wusste nicht, ob er Enttäuschung oder Freude darüber verspürte. Konzentriert schrieb sie jeden Satz mit, kniff die Augen zusammen, wenn sie über etwas nachdachte, nickte zustimmend und hob die Augenbrauen, wenn er die erstaunlicheren Fakten präsentierte. Sie schien seine Vorlesung geradezu zu inhalieren und Luke gab sein Bestes für sie. Nach der Vorlesung machte sie keine Anstalten aufzustehen, stattdessen schrieb sie völlig absorbiert weiter und kaute hin und wieder auf ihrem Bleistift. Von ihren Kommilitonen hatte sich niemand getraut, Fragen zu stellen, die meisten hatten es eilig, den großen Hörsaal zu verlassen, um sich in der Cafeteria entspannenderen Aktivitäten zu widmen.

Luke nickte ein paar Studentinnen zu, die ihn kokett anlächelten, zögerte seinen Abgang aber hinaus, indem er sich viel Zeit damit ließ, die Tafel abzuwischen, seine Papiere zu ordnen, noch etwas in einem Buch nachzuschlagen, um sich schließlich, als Luxa noch immer ausgiebig in ihrem Block schrieb, zu räuspern. Sie schrak auf und stieß hastig hervor: »Oh Entschuldigung, ich muss wohl den Saal räumen. Ich hab nur …«

Luke unterbrach sie: »Sie können hier bleiben so lange Sie wollen, und wenn Sie noch Fragen haben, stehe ich Ihnen gerne zur Verfügung. Ich hab heute keine Vorlesung mehr.« Er schenkte ihr sein charmantestes Lächeln.

»Oh«, war alles was Luxa herausbrachte und ärgerte sich über sich selbst. Als Professor Robson den Hörsaal betreten hatte, hatte sie kaum ihren Augen getraut. So etwas war ihr an der Humboldt Universität in Berlin nicht geboten worden. »Sexy, was?«, flüsterte ihr die Studentin neben ihr zu und lächelte dabei wissend. Luxa musste ihr Recht geben. Doch im gleichen Moment erinnerte sie sich daran, dass sie nicht deswegen ans andere Ende der Welt geflogen war.

In Berlin hatte sie viele Nächte in einer Szenekneipe gejobbt, um sich den Flug nach Australien leisten zu können. Das einjährige Stipendium deckte zwar ihre Studienkosten und die Miete für das Zimmer im Wohnheim, aber nicht die Reisekosten. Sie hatte ihr Studium in Deutschland bereits abgeschlossen und wollte nun für ihre Doktorarbeit forschen. Sie nahm an einem Austauschprogramm zwischen der Humboldt Universität und der University of Sydney teil und zwei Monate, nachdem sie sich für das Stipendium beworben hatte, saß sie bereits im Flugzeug.

Auf Australien war sie gekommen, weil die dort lebenden Aborigines die älteste noch existierende Kultur der Erde darstellten. Ihr Vater war entsetzt über ihre Pläne gewesen und sie konnte ihn sogar verstehen. Schließlich würde sie sich auf der anderen Seite des Erdballs befinden und er hatte sonst niemanden. Doch sie hatte nicht damit gerechnet, Panik in seinen Augen zu sehen. Er hatte sie lange Zeit wortlos angestarrt. Dann wich das Entsetzen einem fragenden Ausdruck und schließlich wandte er sich kopfschüttelnd von ihr ab. Sie hörte nur, wie er immer wieder »Australien« murmelte.

Nach dem Tod ihrer Mutter war Luxas Vater nicht mehr derselbe gewesen. Er saß stundenlang in seinem Schaukelstuhl und betrachtete Fotografien seiner verstorbenen Frau. Luxa hatte immer wieder versucht, ihn zu trösten, konnte jedoch nie wirklich zu ihm durchdringen. Franz Lander war mit seinen fünfundfünfzig

Jahren über Nacht zu einem alten Mann geworden, der Luxa oft abwesend wie einem kleinen Kind über das Haar strich. Sie hatte ein schlechtes Gewissen, ihn allein zurückzulassen, gleichzeitig hatte sie den Eindruck, dass es für ihn keinen Unterschied machte, ob sie blieb oder ging. Und so hatte sie ihre Schuldgefühle beiseite geschoben und war abgereist.

»Es gibt ein kleines italienisches Café hier um die Ecke, das den besten Kaffee in ganz Sydney macht. Darf ich Sie einladen?«, fragte Luke nun.

Das Café war gerammelt voll mit Studenten, die offensichtlich keine Vorlesung hatten oder schwänzten. Als Luxa und Luke eintraten, drehten sich viele nach ihnen um und das Getuschel hier und da machte Luxa verlegen. Luke schien sich dagegen überhaupt nicht daran zu stören. Er bestellte für sie beide und sie setzten sich an einen kleinen Tisch für zwei.

Sie hatten sich schon unterwegs unterhalten und inzwischen kannte Luke bereits Luxas halbe Lebensgeschichte. Sie hatte ihm gestanden, dass sie so gut wie nichts über die Aborigines wusste, über ihre Lebensweise, Kultur, Spiritualität und vor allem die Probleme, die er in seiner Vorlesung kurz angesprochen hatte. Nun fragte sie, was es eigentlich mit dem »Dreaming« auf sich hatte, was die Totems bedeuteten und welche Muttersprache die Ureinwohner hatten.

Luxa schämte sich etwas für ihre Ignoranz. Während des Studiums war sie nur einige Male über die Aborigines Australiens gestolpert und sie konnte sich nur an die sozialen Probleme erinnern, wie etwa den Alkoholismus.

»Liebe Luxa«, entgegnete ihr Luke kopfschüttelnd, »denken Sie wirklich, dass ich Ihnen die Geschichte der Aborigines in ihrer ganzen Komplexität mal eben hier in einem Café bei einer Tasse Kaffee erzählen kann?«

»Sie könnten es zumindest versuchen«, drängte sie ihn. »Ich weiß ja nicht, wie es mit Ihnen steht, aber ich habe viel Zeit«, fügte sie etwas keck hinzu.

Luke grinste. Er betrachtete die junge deutsche Frau, die vor ihm saß und fragte sich, was ihn so an ihr reizte. Sie hatte ein interessantes, ja vielleicht sogar schönes Gesicht, aber er kannte viele gutaussehende Frauen. Sie war intelligent und amüsant. Aber auch das war in Universitätskreisen nicht allzu selten zu finden. Nein, da war noch etwas anderes, etwas, das er nicht beschreiben konnte. Wenn sie lachte, schien sie das mit ihrem ganzen Körper zu tun. Wenn sie die Stirn runzelte und nachdachte, wirkte sie wie entrückt. Was auch immer sie tat, welche Stimmungen sie überkamen, immer folgte sie ganz, tauchte hinab bis zum Grund. Er war fasziniert von dieser Tiefe, von der Intensität, die sich in ihren klaren Augen spiegelte. Sie vermochte scheinbar zu jeder Zeit ganz sie selbst zu sein. Luke hatte eine Ahnung, dass sie seine Zukunft stark beeinflussen könnte.

»Also gut, Fräulein Lander, dann bekommst du eben deine Privatvorlesung. Ich darf doch ›du‹ sagen, oder?«, lenkte er spielerisch ein. Und als Luxa nickte, begann er seinen Vortrag: »Lass mich am Anfang beginnen. Zunächst musst du verstehen, dass es nicht einfach um *die* Aborigenes geht. Vor der Invasion der Weißen – man muss es so sagen – gab es an die fünfhundert bis siebenhundert verschiedene Volksgruppen. Sie unterhielten sich in zweihundert unterschiedlichen Sprachen. Ihre Geschichte erstreckt sich über einige Zehntausend Jahre, vielleicht sogar Hunderttausende von Jahren. Dass dieses Land Ende des 18. Jahrhunderts sogenanntes ›terra nullius‹, also unbewohntes Land gewesen sein soll, ist eine schamlose Lüge, mit der die Kolonialisten und die australische Regierung noch bis 1992 den Diebstahl des roten Kontinents von seinen Ureinwohnern rechtfertigten. Man schätzt, dass allein in dem Gebiet um Sydney herum beim

Eintreffen Captain Cooks eine Million Aborigines lebten! In den australischen Geschichtsbüchern findet sich natürlich immer noch nicht viel von ihnen. Den Kindern wird in der Schule beigebracht, dass Australien von weißen Seefahrern entdeckt und dann von mutigen weißen Pionieren erkundet wurde. Dabei wird ausgelassen, wer ihnen das Gepäck getragen und sie geführt hat. Ebenso verschwiegen werden die Gründe dafür, dass es heute nur noch etwa zweihundertfünfzigtausend Aborigines in ganz Australien gibt.« Seine Stimme hatte einen verächtlichen Ton angenommen, der Luxa irgendwie beunruhigte.

»Das Wort Massaker hört die Regierung nicht gern. Und von der gestohlenen Generation redet auch keiner. Aber lass mich nicht schon am Anfang meiner Geschichte in Bitterkeit zerfließen«, sagte Luke entschuldigend und lächelte Luxa aufmunternd zu, so dass sie sich wieder ein wenig entspannte.

»Wenn du also eine uralte Kultur, wie die der Aborigines mit der zwei- bis viertausendjährigen Geschichte der westlichen Religionen vergleichst, kannst du dir vorstellen, was dieser Kontinent und seine Ureinwohner im Gegensatz zu uns für eine Tiefe an kollektiver Erinnerung haben. Die Legenden, Riten und Anschauungen decken sich zum Teil, aber es gibt gewaltige Unterschiede zwischen den einzelnen Clans. Allen gemein ist allerdings das ›Dreaming‹, das *Tjukurpa* und die totemische Struktur.«

Luke wusste, dass er auf dem richtigen Weg zum Herzen dieser Frau war. Den Kopf auf die Ellbogen gestützt, lauschte sie gebannt seinen Worten.

»Das ›Dreaming‹ hat nichts mit Träumen, wie wir sie verstehen zu tun, wir haben in unseren unzureichenden Sprachen kein entsprechendes Wort dafür, womit sich bereits erklärt, dass wir dieses Konzept oder diese Realität, wenn du so willst, nicht wirklich verstehen. Für die Aborigines ist damit die Zeit gemeint, in der ihre ›Ancestors‹, also ihre mythischen

Vorfahren auf die Erde kamen und das Land, wie es heute existiert, formten. Sie lebten wie die Aborigines, jagten, sammelten Nahrung, kämpften, liebten sich und gestalteten durch dieses Tun ihre Umgebung. Während die Aborigines jedoch strikten Gesetzen folgten, schienen diese Ancestors sich noch nicht an Regeln zu halten und keine Moral zu besitzen. Das geht aus den vielen Mythen hervor, die die Aborigines von Generation zu Generation tradierten und die dazu dienten, einen Verhaltenskodex festzuschreiben, der für das Überleben der Clans sorgen sollte. Die Ancestors träumten sozusagen – ich kann es leider nicht besser ausdrücken – Pflanzen, Tiere, Menschen, Himmelsgestirne und so weiter und so fort in ihre Existenz. Denk nur an den kosmischen Tanz Shivas, mit dem die Hindus es ausdrücken, oder die sogenannte Chaostheorie, mit der wir Atheisten es zu erklären versuchen. Auf ihren Reisen und Abenteuern durchliefen sie mehrere Metamorphosen. Einmal waren sie Mensch, dann Tier, dann Pflanze, dann wieder eine Landformation. Als diese kreativen mythischen Vorfahren nun endlich, nach getaner Arbeit müde wurden, zogen sie sich in die Erde, den Himmel, das Meer oder wohin auch immer zurück, wo sie verbleiben und bis heute ihre Lebenskraft, oder wenn du so willst, Energie ausstrahlen. Verstehst du was ich meine?« Er sah Luxa, die ihre Stirn ein wenig gerunzelt hatte, fragend an.

»Nicht ganz«, gab sie zu. »Heißt das, dass die Ancestors immer noch am Leben sind?«

»Genau das heißt es! Lass mich dir eine Geschichte der Aborigines erzählen, dann wird es vielleicht etwas klarer: In dieser Zeit, in der die Ancestors die Erde beschritten, gab es einen Mann, der Lunkana hieß und der halb Eidechse, halb Mensch war. Sein Zuhause war der heutige Uluru, der auch noch immer Ayers Rock genannt wird. Lunkana widersetzte sich dem Gesetz und teilte seine Beute nie mit den anderen Clanmitgliedern, sondern aß sie allein auf. Irgendwann hatten die sogenannten Schlangenleute, die Kuniya, genug davon und töteten ihn im Schlaf, indem sie ihn bei lebendigem Leib verbrannten. Seinen Schlafplatz kann man bis heute sehen, er verwandelte sich nämlich in eine Höhle und Lunkanas Körper ist der untere Felsen des Uluru. Verstehst du das Konzept damit etwas besser?«

»Haben alle Felsen in Australien so eine Geschichte?«, fragte Luxa nach einer kurzen Denkpause.

»Alle Felsen und alle Flüsse und alles, was auf diesem Kontinent und über ihm und unter ihm existiert. Das gesamte Land ist eine lange, lange Geschichte mit vielen Versen. Kein Fleckchen bleibt unerwähnt.«

Luxa staunte und war begierig, noch mehr zu erfahren. Luke willigte unter der Bedingung ein, dass sie noch einen Kaffee tranken. Nachdem die dampfenden Tassen vor ihnen standen und er sich nachdenklich eine weitere Zigarette zwischen die Lippen steckte, fuhr er fort: »Die Ancestors haben sich also sozusagen zur Ruhe begeben und der Job der nachfolgenden Generationen ist es, die Geschichten, Rituale, Symbole, Gesetze weiterleben zu lassen, wie es das ›Dreaming‹ bestimmt, um durch Zeremonien und bestimmte Aktivitäten, die die Lebensweise der Clans bestimmen, das Land so zu erhalten, wie es von den Vorfahren empfangen wurde. Alles existiert in völliger Perfektion, Harmonie und Balance. Das ist wirklich der springende Punkt, Luxa. Es gibt so viele Leute – und nicht nur ungebildete –, die sagen, die Aborigines hätten es zu nichts gebracht, seien in der Steinzeit steckengeblieben, seien primitiv oder wunderbar kurios anzuschauende Wilde, die man vermarkten kann. Und genau das machen wir so hoch geachteten Wissenschaftler ja auch. Aber wenn du siehst, was das Land für sie bedeutet, dass ihnen mit ihrem Land der Sinn ihres Lebens geraubt wurde, weil das Land sie selbst sind, wird dir klar, warum ein Großteil der jungen Männer, mit denen die Gefängnisse Australiens überfüllt sind, Selbstmord begehen, Benzin schnüffeln, dem Alkohol verfallen. Sie spüren den Zusammenhang zwischen dem Zerfall der inneren Landschaft und der äußeren noch. Wir scheinen diesen Faden abgeschnitten zu haben und lassen uns mit materiellem Spielzeug darüber hinwegtrösten, dass unsere Spiritualität verkümmert. Im Grunde sind Aborigines noch aus Fleisch und Blut, während wir wie Zombies herumgeistern.«

»Ist das nicht ein wenig krass ausgedrückt?«, hakte Luxa stirnrunzelnd nach.

»Krass, meinst du? Wenn man bedenkt, wie wir die Erde in den letzten paar hundert Jahren zugerichtet haben, uns selbst das Wasser abgraben und das dann noch Fortschritt nennen, frage ich mich, wie man es weniger krass ausdrücken kann.«

Luxa war verblüfft über die Härte und Verachtung, die aus seinen Worten sprach, gleichzeitig musste sie ihm im Großen und Ganzen Recht geben. Obwohl die Menschen der westlichen Welt in einer einzigen großen Depression versanken, und ihr Leben in stummer Verzweiflung und mit Hilfe von Prozac lebten, schien man den eingeschlagenen Weg fortsetzen zu wollen. Warum? Schließlich nickte sie zustimmend und bedeutete ihm, weiterzuerzählen.

»Der ganze australische Kontinent ist überzogen mit sogenannten ›Songlines‹«, fuhr Luke in einem verschwörerischen Raunen fort, während er den Rauch seiner dritten Zigarette seitlich aus dem Mund strömen ließ. »Das sind die Wege, die die Vorfahren auf ihren Reisen beschritten. Du kannst sie dir wie riesige Highways vorstellen, auf denen statt Autos spezielle Energien zirkulieren. Jede Gruppe von Aborigines ist verantwortlich für ein Stück dieser Pfade. Bestimmte Abschnitte der Songlines sind sogenannte heilige Stätten, an denen genau vorgeschriebene Zeremonien und Rituale, die manchmal mehrere Wochen dauern, durchgeführt werden müssen, damit der Lebenszyklus nicht unterbrochen wird. Das könnte den ganzen Kosmos in Gefahr bringen. Durch das Singen von bestimmten Liedern, kann der Verlauf dieser Linien nachvollzogen werden, so wie in einer Wegbeschreibung: ›Erst gehst du der aufgehenden Sonne entgegen, und wenn du zu dem großen Felsen kommst, der aussieht wie ein Eidechsenkopf, biegst du nach Norden ab‹, ... oder so ähnlich.« Luke lachte. Er hatte keine Ahnung, warum er Luxa von diesen Dingen erzählte. Wollte er sie zu seiner Komplizin machen? Irgendetwas schien ihn zum Weitersprechen zu drängen. »Vieles davon ist streng geheimes Wissen, das nur Initiierten bekannt ist und von ihnen weitergegeben werden darf. Jedes Clanmitglied hat ein Lied und zusammen ergeben sie einen ganzen Liederzyklus. Genauso ist es mit den Tänzen. Alle haben ihre spezielle Bedeutung. Ein Aborigine hat mir das einmal so erklärt: Wenn du einen Tanz beobachtest oder ein Lied hörst, dann ist das, als ob du ein Buch liest. Die Seiten, die Kapitel, die Zeilen sind alle vorhanden. Aber sie sind verschlüsselt. Du musst nur wissen, wie du es lesen musst, das Alphabet der Bewegungen, der Töne erkennen und verstehen. Geheimes Wissen kann auch aufgeteilt sein, sich gleichzeitig in verschiedenen Kunstformen verstecken, etwa in einem Tanz, einem Lied und einem Gemälde. Nur zusammen ergeben sie die vollständige Nachricht.«

»Und was für eine Nachricht soll das sein, was hat es mit diesen Songlines auf sich?«

»Gute Frage. Wenn ich das genau wüsste, wäre ich wahrscheinlich entweder ein reicher oder aber ein toter Mann. Ich tippe eher auf das zweite.«

Luxa runzelte die Stirn und nahm sich jetzt auch eine Zigarette aus Lukes Packung. Sie konnte ihm nicht mehr ganz folgen, obwohl sie sich konzentrierte. Worauf wollte er hinaus? Was hatte diese Anspielung zu bedeuten? Er kam ihr zuvor und gab ihr Feuer.

»Siehst du, es kommt darauf an, ob du eher dem Materialismus oder der Metaphysik verbunden bist. Beides spielt hier eine Rolle. Wenn ich jetzt mal mein lächerliches geophysikalisches Wissen anbringen darf, kann ich es vielleicht so erklären: Der Geophysik zufolge ist der ganze Globus von einem Netz elektromagnetischer Linien überzogen, die sich fast linear ihren Weg bahnen. Das ist kein neues Wissen, die meisten alten Zivilisationen gaben diesen Linien Namen, zum Beispiel Drachenlinien oder Fairypaths, die Chinesen nannten sie lung mei. Die Physiker heute nennen sie tellurische Ströme. Wenn sich zwei dieser Ströme treffen, wird angeblich ein Punkt starker elektromagnetischer Ausstrahlung geschaffen. Und jetzt denk mal nach, warum die Pyramiden, die gotischen Kathedralen oder Hitlers Parteitagsgelände dort platziert sind, wo sich noch heute solche Punkte befinden. Bestimmt nicht wegen der schönen Aussicht.« Luke wusste, dass er damit bereits zu viel gesagt hatte. Er konnte Luxa nicht noch mehr erzählen. Was war nur mit ihm los?

»Und was hat es mit diesen Strömen auf sich, dass Pharaos und Hitler sie gleichermaßen verehren?« Luxas Neugierde war geweckt.

»Fragen über Fragen, meine Liebe. Tja irgendwelche Auswirkungen müssen sie schon haben. Vielleicht können uns die Bradshaws darüber Auskunft geben. Aber einem Agnostiker wie mir bleibt die Tiefe dieses Wissens wohl auf ewig verborgen. Auf alle Fälle weiß ich, dass es Leute gibt, die großen finanziellen und zeitlichen Aufwand betreiben, um diesen Geheimnissen auf die Spur zu kommen. Ich möchte behaupten, dass so mancher Universitätsprofessor Autos fährt und Häuser besitzt, die er nicht von dem gekauft hat, was ihm die Uni bezahlt.« Und nach einer kurzen Pause fügte er hinzu: »Ich hoffe du verrätst mich nicht. Das könnte mich meinen Kopf kosten.«

Luke grinste Luxa an und zwinkerte ihr verschwörerisch

zu. Er hatte gerade noch die Kurve gekriegt, indem er das Ganze ins Lächerliche zog. Luxa lachte mit ihm, wusste allerdings nicht, was sie von alldem halten sollte. Hatte er nur gescherzt, oder meinte er das, was er ihr gesagt hatte, ernst? Was waren die Bradshaws, die er erwähnt hatte?

Luke nutzte Luxas kurzzeitige Verunsicherung dazu, ihre Hand zu ergreifen. Als diese jedoch merkte, was er tat, zog sie sie rasch zurück, um den letzten Schluck ihres kalten Kaffees zu trinken.

»Und was hat es mit den Totems auf sich?«, fragte sie in ihr beiderseitiges verlegenes Schweigen hinein. Das Café hatte sich inzwischen geleert.

»Willst du wirklich heute noch mehr hören?«

Als Luxa energisch nickte, streckte Luke die Arme in einer Geste der Kapitulation in die Höhe.

»Na gut, na gut, aber ich glaube, wir sollten uns einen anderen Ort für die Fortsetzung meines Vortrages suchen. Wie wäre es mit meiner Wohnung?«, fragte er, um auf Luxas skeptischen Gesichtsausdruck schnell hinzuzufügen: »Keine Angst, ich koche uns was und erzähle dir nebenbei ein bisschen mehr. Außerdem habe ich sehr interessantes Material, das du dir zum besseren Verständnis anschauen kannst.«

»Und eine Briefmarkensammlung haben Sie wohl auch, Doktor Robson?«, zog ihn Luxa grinsend auf.

Er lachte laut auf und entgegnete verschmitzt: »Wann du dir die anschauen willst, bleibt ganz allein dir überlassen.«

Luxa überlegte ganze zehn Sekunden und fragte dann, was es zu essen gäbe. Die Aussicht, statt einer aufgewärmten Dosensuppe im Wohnheim eine ordentliche Mahlzeit zu bekommen, schien recht verlockend. Er sah außerdem nicht wie der Typ aus, der über sie herfallen würde. Und sie war neugierig auf das Material, das er ihr zeigen wollte.

Lukes Appartement war gemütlich, wenn auch nüchtern-modern eingerichtet. Es hatte einen großen Wohn- und Essbereich, in dem sich auch die Küche befand. Ganz im Gegensatz zu ihrem Wohnheimzimmer schien hier alles seine Ordnung zu haben und nichts lag herum. Vom Sofa aus hatte man einen Blick über den Hafen Sydneys und Luxa vermutete, dass die Wohnung ein kleines Vermögen wert war. An einer Wand hingen moderne Drucke, die anderen Wände waren mit Bücherregalen gefüllt, die sich unter ihrer Last bogen.

Bei ihrem Eintreten bot Luke Luxa an, es sich bequem zu machen und deutete auf das Sofa, während er das anliegende Zimmer betrat. Durch den geöffneten Türspalt konnte sie sehen, wie er sich die Anzugjacke und das weiße Hemd vom Körper streifte. Gebannt betrachtete sie seinen nackten Oberkörper und musste zugeben, dass es ihr schwer fiel, den Blick abzuwenden.

Um sich auf andere Gedanken zu bringen, wandte Luxa ihre Aufmerksamkeit wieder dem Raum zu. Auf dem Schreibtisch lagen Papierstapel, aufgeschlagene Bücher und kleinere Artefakte. Ihr Blick blieb an einer Pinnwand hängen, die mit Zetteln, Fotos und Zeitungsausschnitten übersät war. Eine Abbildung zog sie magisch an und sie konnte nicht anders, als sie sich genauer anzusehen. Sie zeigte Figuren, einige seltsam verrenkt, andere schienen zu schweben. Sie trugen ungewöhnliche Kopfbedeckungen und Schmuckornamente. Luxa war fasziniert. Noch nie hatte sie etwas Derartiges gesehen.

»Bradshaws«, sagte eine Stimme hinter ihr und Luxa fühlte sich ertappt. »Das Brisanteste was Australien zu bieten hat.«

Luke stand frisch geduscht mit nassen Haaren in Jeans und einem offenen schwarzen Leinenhemd vor ihr und strahlte sie an. Luxa musste schlucken.

Wenig später saß sie mit einem Glas australischem Rotwein

auf seiner Küchentheke und sah ihm beim Gemüseschnippeln zu. Es gab Thaicurry. Sie fragte sich, was dieser Mann noch alles auf Lager hatte. Er hatte eine kleine Schüssel mit glänzendschwarzen Oliven vor ihr platziert und der Geschmack der bitteren Früchte, der sich mit dem des schweren Weines mischte, machte Luxa ein wenig melancholisch.

»Die Totemstruktur also«, setzte Luke seinen Vortrag vom Nachmittag fort. Nun wollte er das Thema so schnell wie möglich beenden. Er hatte Luxa im Café mehr erzählt, als beabsichtigt und hoffte darauf, dass es ihr nicht auffiel, wenn er die Songlines nicht mehr erwähnte. Er wollte möglichst bald zum gemütlicheren Teil des Abends übergehen.

»Du musst dir das so vorstellen. Die Vorfahren waren also hier und sie haben allem Lebenskraft eingehaucht, jedem Ding oder Wesen, jeder Pflanze jedem Stein, dem gesamten Kosmos haben sie Individualität gegeben, jedem seine Aufgabe. Aborigines haben zumindest jeweils ein Totem, das sie mit der Natur und den Ancestors verbindet, ihnen ganz persönliche Aufgaben stellt und sie in das komplexe Beziehungsgeflecht der ureingesessenen Gesellschaft einbindet. Die meisten Männer und Frauen haben mehrere Totems, was alles noch komplizierter macht. Tiere, Pflanzen oder sogar Naturkräfte können als Totems fungieren. Du kannst also ein Dingo oder ein Känguru sein, ein roter Eukalyptusbaum oder ein Wirbelsturm; um nur ein paar Beispiele zu nennen. Was denkst du wohl, wäre dein Totem?«, leitete er plötzlich in eine Frage über. Er hatte sie eher nebenbei gestellt, aber Luxa dachte angestrengt darüber nach. Schließlich schüttelte sie den Kopf und leerte ihr Glas Wein in einem Zug.

»Ich weiß nicht, was denkst du?«

Luke überlegte einen Moment, bevor er sagte: »Wie wäre es mit dem der Bushbanane?«

Luxa gab ihm einen Hieb in die Seite und er schenkte ihr grinsend Wein nach. »Wenn das Totem, sagen wir mal, ein Känguru ist, ist es dem Totemträger nicht oder nur an bestimmten Tagen erlaubt, vom Fleisch des Totems zu essen. Auf diese Weise wirkt sich das auch zum Schutz des jeweiligen Totems aus und garantiert, dass es verehrt wird und ihm immer wieder neues Leben und Energie eingehaucht werden. Wäre das nicht ein schönes Konzept, wenn sich jeder für etwas in der Natur ganz und gar verantwortlich fühlen würde? Vielleicht hätten die Europäer dann noch Bären und Wölfe in ihren sterbenden Wäldern. Aber jetzt bin ich schon wieder dabei, zu romantisieren.«

»Was meinst du mit romantisieren?«, fragte Luxa.

»Ach ich meine nur, dass wir in einer so extrem materialistischen, naturfernen Gesellschaft leben, und damit schließe ich mich voll und ganz ein«, antwortete Luke und machte eine ausladende Geste, die alles um ihn herum einzuschließen schien. »Und das macht es leicht, die sogenannten Naturvölker zu idealisieren. Das Leben in einem Aborigine-Clan war und ist sicherlich kein Zuckerlecken. Das Gesetz musste zum Schutz aller strengstens befolgt werden. Moskitos, Sandfliegen, Hunger, Verletzungen, extreme Kälte und sengende Hitze waren an der Tagesordnung, ganz zu schweigen von Initiationsritualen, von denen ich dir aber heute nicht mehr erzählen werde, auch wenn du mich auf Knien darum anbettelst.«

Luxa lächelte. »Hört sich alles um einiges intelligenter an, als das Motto ›Macht euch die Erde untertan‹«, murmelte sie eher zu sich selbst.

Luke hatte ihren Kommentar nicht gehört und fuhr fort: »Wirklich, im Grunde haben wir überhaupt keine Ahnung, womit wir es hier zu tun haben. Wenn du eine Anfängerin wärst, würde ich dir das sicher nicht erzählen und dir den ganzen Enthusiasmus nehmen. Aber wirklich, wer denken wir eigentlich, wer wir sind? Drängen uns den Aborigines auf, stecken unsere neugierigen Nasen in schwarze Angelegenheiten und schreiben unsere Zahlen und Fakten in kleine Büchlein, um sie dann den lieben Kollegen zu präsentieren und uns einen weiteren Titel zu ergattern. Den Kosmos des Denkens der Ureinwohner können wir, die wir jegliche Form von Wunder aus unserem Leben gedrängt haben, nicht einmal erahnen.«

Lukes verbitterte Worte brachten Luxa ins Grübeln. Sie selbst hatte auch schon oft am eigentlichen Sinn der westlichen Wissenschaft gezweifelt. Und doch schwang noch etwas anderes in Lukes Worten mit, von dem sie nicht genau wusste, was es war.

»Hast du Hunger?«, fragte Luke sie schließlich, wieder so gutgelaunt wie eh.

»Und wie«, gab Luxa zu. Der Geruch von Kokosmilch, Ingwer, Kardamom, Chili und Knoblauch ließ ihr das Wasser im Munde zusammenlaufen. Sie hatte seit dem Frühstück nichts mehr gegessen und nun war ihr von dem schweren Wein, den sie auf leeren Magen getrunken hatte, sogar ein wenig schwindelig.

Luke deckte den Tisch, legte eine Chet-Baker-CD ein, dämpfte das Licht und zündete zwei Kerzen an. Er hoffte, dass damit seine Absichten nicht allzu offensichtlich wären, doch er hoffte vergebens. Luxa amüsierte sich insgeheim. Als sie mit dem Essen fertig waren und Luke es kategorisch abgelehnt hatte, irgendwelche Fragen zu beantworten, die auch nur das geringste mit seiner Arbeit zu tun hatten, ging er in die Küche, um Espresso zu machen.

Luxa erinnerte sich an die Bradshaws, wie Luke sie genannt hatte, und sie drehte sich um, um sie sich noch einmal zu betrachten. Irgendetwas berührte sie an den Höhlenmalereien und es lag nicht nur an ihrer ungewöhnlichen Schönheit. Sie starrte die Bilder an. Sie schienen in ihr Innerstes einzudringen und ihr etwas mitteilen zu wollen. Am meisten faszinierte sie ein Foto, das eine Gruppe scheinbar schwebender Körper darstellte. Schwerelos hingen sie in der Luft. Gerne hätte sie Luke gefragt, was es mit diesen Zeichnungen auf sich hatte, woher sie kamen, wie alt sie waren, aber er hatte alle wissenschaftlichen Fragen abgelehnt und sie wusste, dass sie heute Abend nichts mehr von ihm erfahren würde.

Luke servierte den Espresso auf dem Couchtisch und bot Luxa dazu Bitterschokolade an. Sie musste über seine Verführungskünste schmunzeln. Dieser Mann wusste offensichtlich, womit Frauen zu beeindrucken waren. Als er nun zum Sprechen ansetzte, vermutete sie, dass er ihr ein Kompliment machen würde, wahrscheinlich zu ihren Haaren oder Augen. Das war es, was meistens an dieser Stelle kam. Doch sie ließ in gar nicht erst zu Wort kommen, beugte sich vor und küsste ihn. Damit hatte Luke nicht gerechnet. Er brauchte eine ganze Weile, um den Kuss zu erwidern. Und als er sich gerade entspannte und Luxa an sich ziehen wollte, flüsterte sie ihm ins Ohr, dass sie nun aber wirklich nach Hause müsse.

Nachdem Luke Luxa vor ihrem Wohnheim abgesetzt hatte, blieb er noch eine ganze Weile in seinem Auto sitzen. Was war das nur gewesen? Hatte er sie nun erobert oder sie ihn? Oder konnte man von Eroberung hier überhaupt nicht sprechen? Das schien das erste Mal in seinem Leben, dass er sich diese Frage stellen musste. Luke schüttelte den Kopf und machte sich auf den Heimweg.

Luxa hatte den Nachmittag und Abend mit Luke genossen. Alle ihre Sinne waren angeregt worden. Luke war sicherlich einer der interessantesten Männer, den sie bisher getroffen hatte und sah dazu extrem gut aus. Was für eine Kombination! Sie musste lächeln, als sie an ihren Abschied dachte. War Luke verärgert gewesen? Hatte ihn das abgeschreckt, oder würde er ihr auf den Fersen bleiben? Sie würde einfach abwarten. In Liebesangelegenheiten schienen die gleichen Regeln zu gelten wie bei einem Kartenspiel. Es kam nur auf das Pokerface und gute Nerven an.

In den folgenden Tagen stand Lukes Welt Kopf. So sehr er es auch versuchte, der Gedanke an diese Frau ließ ihn nicht mehr los. Wenn er abends im Bett lag, sah er sie vor sich. Nachts träumte er von ihr und morgens wachte er mit dem Gedanken an sie auf. Als er es gar nicht mehr aushielt, fuhr er schließlich zu ihrem Wohnheim, um nach ihr zu suchen. Dort erfuhr er jedoch nur, dass sich Luxa auf einer Exkursion befand und nicht vor Ende der Woche zurückkommen würde.

Luke zählte die Tage bis zur nächsten Vorlesung. Es schien eine Ewigkeit zu dauern. Als es endlich soweit war und er den vollen Hörsaal betrat, konnte er Luxa nirgendwo sehen. Am liebsten hätte er den Saal gleich wieder verlassen, aber dann ging plötzlich die Tür auf und Luxa trat ein. Sie entschuldigte sich mit ihrem strahlendsten Lächeln bei ihm, um sich auf einem Platz in der vordersten Reihe niederzulassen.

Lukes Vorlesung war so brillant wie eh und je, nur das leichte Zittern seiner Hände verriet seine Nervosität. Luxa verwarf den Gedanken, dass dies irgendetwas mit ihr zu tun haben könnte. Am Ende der Vorlesung blieb sie sitzen und ging ihre Notizen noch einmal durch. Mit ihr waren noch zwei weitere Studenten im Hörsaal verblieben. Luke konnte sich jedoch nicht mehr beherrschen und er ging auf Luxa zu, nahm sie an der Hand und zog sie vor den überraschten Augen der anderen Studenten aus dem Saal. Luxa kicherte – dieses Pokerspiel hatte zweifellos sie gewonnen.

Von da an sahen sich Luke und Luxa häufig. Nach ein paar Wochen war sie mehr oder weniger in sein Appartement eingezogen. Luke war als Liebhaber ebenso gut, wie als Dozent. Luxa genoss den Sex mit ihm im selben Maße wie die Gespräche, in denen er ihr von seiner Arbeit erzählte. Die Bradshaws erwähnte er dabei jedoch nie wieder. Bei ihrem zweiten Besuch waren die Fotos von der Pinnwand verschwunden und Luke gab ihr nur ausweichende Antworten, wenn sie ihn danach fragte. Irgendwann gab sie auf und fühlte sich geschmeichelt, als er die Höhlenmalereien mit Fotos von ihr ersetzte.

Luke musste sich schon nach den ersten Treffen eingestehen, dass er sich Hals über Kopf in diese Frau verliebt hatte. Sie hatte etwas an sich, das ihm fremd war und das er nicht verstand, doch er fühlte sich dermaßen von ihr angezogen, dass er sie vermisste, sobald sie nicht in seiner Nähe war. Das war ihm noch nie zuvor passiert.

Wenn Luxa in seinen Vorlesungen saß, machte ihn das einerseits nervös, andererseits erregte es ihn. Er stellte sich vor, dass sie in wenigen Stunden nackt in seinem Bett liegen würde. Aber es ging nicht so sehr darum, dass sie mit ihm schlief. Er liebte ihre Gesellschaft, ihr ungehemmtes Lachen, ihr Stirnrunzeln und so vieles mehr an ihr. Mit jedem Tag fühlte er sich stärker zu ihr hingezogen.

Luke hätte niemals wahrhaben wollen, dass er Luxa umso mehr begehrte, je stärker er spürte, dass sie ihn letztendlich auf Distanz hielt. Im Gegensatz zu den Frauen, mit denen er vor ihr zu tun gehabt hatte, schien sie sich immer schon einen Schritt von ihm zu entfernen, wenn er sie halten wollte. Mit der Zeit machte ihn das verrückt. Er besaß Luxas Körper, er besaß ihre Gedanken. Er teilte ihre Gesellschaft und einen Großteil ihrer Zeit. Aber etwas blieb ihm immer verschlossen und er wusste, dass dahinter die wahre Luxa steckte, auf die er keinerlei Einfluss hatte. Nichts begehrte er so sehr wie in ihrem Herzen zu sein. Und nichts schien so unmöglich. Auf seine Liebeserklärungen antwortete sie meist nur mit einem Lächeln. Nie kamen ihr die drei Worte über die Lippen, die er so verzweifelt hören wollte.

Nachdem sie etwa neun Monate zusammen waren, beschloss Luke, Luxa einen Verlobungsring zu kaufen. Er hatte über sich selbst den Kopf geschüttelt, aber er wollte diese Frau auf keinen Fall mehr gehen lassen. Sie war in der kurzen Zeit zum Zentrum seines Lebens geworden und er musste sicherstellen, dass das auch so blieb. Luxa nahm kurz vor Weihnachten an einer einwöchigen Exkursion teil und er wollte ihr den Ring am Abend ihrer Rückkehr in ihrem Lieblingsrestaurant präsentieren. Er würde ihre Hand nehmen und sie bitten, seine Frau zu werden.

Luxa wusste, dass Luke ein Mann war, bei dem die meisten Frauen weiche Knie bekamen. Sie genoss das Zusammensein mit ihm, vielleicht mehr als sie es je mit einem anderen Mann genossen hatte. Aber irgendwo in ihrem Innern gab es eine kleine Stimme, die sie nicht zur Ruhe kommen ließ. Wenn er sie ansah, sie berührte, spürte sie nicht das, was die kleine Stimme ihr zuflüsterte. Es war nicht seine Schuld und wahrscheinlich ebenso wenig ihre. Es war einfach wie es war. Und dann kam auch noch der Brief. Luxa verabschiedete sich von Luke mit einem langen Kuss. Sie kam nicht mehr zu ihm zurück.

15

Die Sonne stand hoch am Himmel und es war Zeit, sich um Feuerholz zu kümmern. Der Sturm hatte einen längst abgestorbenen roten Eukalyptusbaum in der Nähe des Hauses umgeweht und Matt begann, den trockenen Stumpf mit einer Kettensäge zu zerteilen, um das Holz später mit der Axt klein zu hacken. Es würde nicht einfach sein, die Sonne hatte dem Holz eine stählerne Härte verliehen, doch Matt genoss die körperliche Arbeit, die ihm einen klaren Kopf verschaffte.

Wenn er an die letzten Stunden dachte, konnte er nicht beschreiben, was genau in ihm vorgegangen war. Am frühen Morgen hatte er Luxa, so hieß sie, nach Hause gefahren. Sie schien sich gut erholt zu haben und es gab keinen wirklichen Grund, sie noch länger bei sich zu behalten. Sie wirkte verletzlich und er konnte sich kaum davon abhalten, sie in seine Arme zu ziehen. Im Auto waren sie beide lange Zeit still gewesen. Er spürte ihre Blicke auf sich. Was ging in ihr vor? Immer noch wusste er kaum etwas über diese Frau, die ihm so vertraut erschien. Woher kam diese Vertrautheit? Sie kam aus einem Land, das er noch nie gesehen hatte, einem Kontinent, der auf der anderen Seite der Erde lag. Wenn bei ihm die Sonne im Meer versunken war, dann ging sie für Luxa gerade auf. Sie hatte die meiste Zeit ihres Lebens in Büchern verbracht, er in der Weite des Outbacks. Was also konnte sie verbinden?

Matt schlug mit der Axt einen gewaltigen Holzscheit entzwei, die beiden Teile krachten weit voneinander entfernt zu Boden. Bedächtig hob er sie auf und schichtete sie auf die anderen Scheite, die er bereits gespalten hatte.

Luxa saß bei einer Tasse Kaffee am wuchtigen Küchentisch des Strandhauses und schrieb einen Brief an Lena. Sie musste irgend jemandem ihre Gefühle mitteilen. Matt hatte sie in seiner Ute, die noch den roten Sand des Outbacks trug, nach Hause gefahren. Sie konnte nicht anders, und hatte vom Beifahrersitz aus immer wieder verstohlene Blicke auf ihn geworfen. Dieser Mann war zweifellos sexy. Wenn sie ehrlich war, war ihr noch nie zuvor jemand begegnet, den sie dermaßen unwiderstehlich fand. Matt hatte etwas Ungehobeltes, das sie unglaublich anzog. Sein braungebranntes Gesicht war unrasiert, die Haare unfrisiert und von der Sonne gebleicht. Er war nicht der Typ für Aftershave oder Anzug. Keiner, der sich in einen Bürojob zwängen ließ, der abends vor dem Fernseher saß oder Cocktailbars besuchte. Fasziniert hatte sie auf Matts alte olivfarbene Moleskinjeans gestarrt, die seine Oberschenkel umspannte.

»Tut mir leid, die anderen Jeans, die ich besitze, sehen noch schlimmer aus«, hatte er entschuldigend gesagt, so dass sie sich ertappt fühlte und errötete.

»In Berlin könntest du sie für ein kleines Vermögen verkaufen«, hatte sie erwidert, um ihre Verlegenheit zu verbergen. Matt hatte gelacht und sie wusste nicht, ob ihn ihre Worte oder die Röte in ihrem Gesicht amüsierten. Dabei hatten seine tiefblauen Augen sie für einen Moment zu lange angesehen. Fühlte er das Gleiche wie sie? Was fühlte sie? Nichts war wirklich zwischen ihnen passiert. Er hatte sie am Tag zuvor lange im Arm gehalten. Doch gerade als sie dachte, dass er sie küssen würde, war er aufgestanden, um Abendessen zu machen. Warum hatte er sie nicht geküsst? Später hatten sie schweigend gegessen, Worte schienen unangebracht.

Sie kannten sich nicht, hatten keinerlei gemeinsame Vergangenheit und doch hatte Luxa das Gefühl, sie seien bereits eine lange Zeit zusammen gereist. Wie sollte sie Lena das erklären? In ihrer Lebensauffassung ergab das alles keinen Sinn. Liebe auf den ersten Blick? Mit Äußerlichkeiten hatte dies wenig zu tun. Es war nicht nur sein Körper, sein schönes Gesicht, sein jungenhaftes Grinsen. Da war noch etwas anderes.

Bei anderen Männern schien am Anfang immer ein Spiel zu stehen. Ein Balztanz, bei dem es bestimmte Verhaltensregeln gab, die Schutz boten, da sich keiner der Beteiligten zu weit öffnen musste. Es gab immer einen Weg zurück. Man konnte die Situation von oben beobachten, musste nicht gleich alle Karten auf den Tisch legen. Mit Matt dagegen war alles anders. Er war ganz er selbst. Er spielte ihr nichts vor, versuchte nicht jemand zu sein, der er nicht war. Diese Ehrlichkeit faszinierten Luxa. Seine Gegenwart jedoch forderte dasselbe von ihr. Sie hatte keine Ausweichmöglichkeit, keinen Notausgang, nichts, hinter dem sie sich verstecken konnte. Sie hatte nur eine Chance, nämlich sie selbst zu sein. Aber wer war sie selbst? Um das herauszufinden, war sie schließlich nach Australien gekommen. Nicht, um sich zu verlieben. Es war nicht der richtige Zeitpunkt für eine Lovestory. Und Matt fühlte sicherlich das Gleiche, warum hatte er sie sonst nicht geküsst?

Luxa gab es auf, den Brief an Lena fertig zu schreiben und beschloss, einen kleinen Spaziergang am Strand zu machen, um ihre Gedanken zu ordnen und sich vom Wind die romantischen Gefühle aus dem Gehirn pusten zu lassen.

Ruhiger und angenehm müde machte sie sich kurz vor Sonnenuntergang auf den Rückweg. Sie wollte vor dem Zubettgehen noch ein wenig lesen, doch nachdem sie zum dritten Mal erfolglos versucht hatte, über die erste Seite hinwegzukommen, gab sie auf und genoss stattdessen den Anblick der untergehenden Sonne. Bald darauf war sie auch schon eingeschlafen und ein wohlbekannter Traum wartete bereits auf sie. Wie jedes Mal lief sie durch eine Höhle, die einem langen dunklen Tunnel glich und deren diamantenbesetzte Wände golden glühten. Sie hörte ein Geräusch hinter sich und fing an zu laufen. Das Geräusch kam näher und sie stürzte. Sie stand wieder auf und lief weiter so schnell sie konnte. Als das Geräusch sie fast eingeholt hatte, erreichte sie schließlich einen Teil der Höhle, der mit den bizarrsten Malereien versehen war. Fasziniert blieb Luxa vor ihnen stehen, um sie näher zu betrachten. Die Malereien hoben sich nach und nach von ihrem Hintergrund ab und begannen, sich vor ihren Augen neu zu ordnen. Plötzlich ergaben sie einen Sinn. Die Bilder wirkten derart auf Luxa, dass sie singen musste. Sie sang und sang und konnte nicht aufhören, bis sich ihr Gesang in einen Schrei verwandelte. Sie presste die Hände vor die Augen und beruhigte sich langsam. Eine Hand berührte sie leicht und führte sie in einen anderen Raum der Höhle. Mit einem Mal fühlte sie sich zu Hause. Das Geräusch hinter ihr war verstummt. Sie legte ihre gesamte Kleidung ab und begann zu tanzen. Schließlich sank sie erschöpft zu Boden und wurde von jemandem aufgefangen.

Als Luxa von ihrem Traum erwachte, graute bereits der Morgen und die Nachttischlampe brannte immer noch. Sie hätte gerne noch eine Runde geschlummert, doch es war vergebens, die Bilder des Traums kamen immer wieder in ihr hoch. Teile davon verstand sie, während sie sich auf andere keinen Reim machen konnte. Bei diesem immer wiederkehrenden Traum gab es Variationen, aber es ging jedes Mal um die Höhlenmalereien und Verfolgung. Luxa kannte den Traum bereits aus ihrer Kindheit. Ihre Mutter hatte sie oft aufgeweckt und ihren schweißgebadeten Körper gehalten. »Es ist nur ein Traum, alles ist wieder gut«, hatte sie ihr zugeflüstert und sie wieder in den Schlaf gewiegt. Wenn Luxa allerdings versucht hatte, ihrer Mutter von den Träumen zu erzählen, hatte ihre Mutter dies ungewöhnlich streng abgewehrt und ihr zu verstehen gegeben, dass Träume nichts weiter bedeuteten. Damals hatte Luxa nicht verstanden, warum ihre Mutter so harsch reagierte.

16 Wenn sie daran dachte, bald eines der leckeren Gebäckstücke aus Marys Ofen im Mund zu haben, trat sie noch schneller in die Pedale. Luxa hatte nur kurz geduscht und beschlossen, im Café ihrer Freundin zu frühstücken. Als sie es betrat, sah sie wie üblich Marys Mutter mit ihrer Stickerei an einem der noch leeren Tische sitzen. Freundlich nickte sie ihr zu und wollte gerade in die Backstube gehen, um Mary einen guten Morgen zu wünschen, als die alte Frau sie mit einer verschwörerischen Handbewegung zu sich heranwinkte. Luxa ging lächelnd auf sie zu und blickte in ein Gesicht, dessen hunderte von Fältchen vom Leben dieser Frau erzählten. Mit einem seltsamen Lächeln, nahm sie Luxas Hand und studierte die Linien.

»Können Sie aus der Hand lesen?«, fragte Luxa ein wenig irritiert. Marys Mutter antwortete ihr nicht und strich ihr stattdessen mit gichtigen Fingern leicht über die Handflächen. Als sie ihr nach einer ganzen Weile das Gesicht zuwandte, bemerkte Luxa erst, dass die Frau fast blind war und durch sie hindurchzusehen schien.

»Faites attention, Mademoiselle!«, murmelte sie dann und Luxa lief dabei ein kalter Schauer über den Rücken. Wovor sollte sie sich in Acht nehmen?

»De quoi?«, fragte sie in rostigem Französisch.

Marys Mutter setzte gerade zum Sprechen an, als eine Stimme sie unterbrach.

»Oh, Maman«, sagte Mary, die gerade mit einem Blech dampfender Croissants aus der Backstube kam. »Mach bitte meiner Freundin hier keine Angst.« Damit gab sie ihrer Mutter einen Kuss auf die Wange und flüsterte Luxa augenzwinkernd zu: »Wir haben angeblich eine lange Tradition des Wahrsagens in der Familie, die bis zu den ägyptischen Pharaonen zurückreicht.«

Die alte Frau erhob sich lächelnd von ihrem Stuhl, zuckte mit den Schultern und schlurfte langsam hinaus. »Quelque chose de blanc vous suit«, murmelte sie im Hinausgehen. Mary schüttelte nur den Kopf.

Luxa tunkte ein warmes Croissant in ihren Milchkaffee und blätterte gedankenverloren im *Time Magazine*. Sie fasste die Geschehnisse der letzten Tage noch einmal zusammen: Erst wäre sie fast umgekommen, dann verliebte sie sich in ihren Retter und jetzt wurde sie von einer alten Wahrsagerin vor etwas Weißem gewarnt, das sie verfolgte. Was sollte sie von alldem halten? Vor ein paar Wochen war ihr Leben noch in geregelten Bahnen verlaufen. Nicht besonders spannend, aber zumindest wusste sie, was sie zu erwarten hatte. Seit ihrem Treffen mit Luke stand ihre Welt jedoch Kopf. Ihre Entscheidung, nach Australien zu kommen, schien eine Lawine von Ereignissen in Gang gesetzt zu haben. Sie glaubte nicht an den Zufall, sondern daran, dass sich das Schicksal einem präsentierte und man es annehmen oder ablehnen konnte, ihm jedoch letztendlich nicht aus dem Weg gehen konnte.

»Ist hier noch frei?«, riss sie eine Stimme sanft aus ihren Gedanken.

Luxa blickte auf und direkt in Matts Gesicht, das sie schmunzelnd ansah. Ohne eine Antwort abzuwarten zog Matt schließlich einen Stuhl heran und setzte sich ihr gegenüber. Er hatte noch feuchte Haare vom Duschen und schien sich sogar rasiert zu haben. Für einen kurzen Moment konnte Luxa kaum der Versuchung widerstehen, sein Kinn zu berühren und ihm mit den Fingern durchs Haar zu fahren. Doch sie beherrschte sich, wandte den Blick ab und sah zu Mary hinüber, die sie amüsiert musterte und ihr verschwörerisch zuzwinkerte.

»Ich glaub, ich bin diesem Cowboy noch einen Kaffee schuldig«, rief Luxa ihr betont locker zu.

»Hallo Matt«, begrüßte Mary den neuen Gast, »schön dich wiederzusehen«, und Matt grüßte mit einem freundlichen Nicken zurück. Sie kam an ihren Tisch, erkundigte sich kurz nach Matts Arbeit und zog sich dann diskret zurück, jedoch nicht ohne Luxa noch einmal zuzuzwinkern. Als sie in der Backstube verschwand, hoffte Luxa, dass Matt nichts von alldem bemerkt hatte.

»Die Arme scheint was im Auge zu haben!«, meinte Matt grinsend und wieder fühlte sich Luxa ertappt. »Ich hab dich am Fenster sitzen sehen und mir gedacht, dass wir uns ja auch mal unter harmloseren Umständen begegnen können.«

Luxa musste über Matts Worte lachen und spürte plötzlich seine Hand, die sanft ihr Gesicht streichelte. Seine Berührung löste ein dermaßen intensives Gefühl in ihr aus, dass ihr der Atem stockte.

»Nur ein Krümel«, lachte er, als er Luxas Reaktion bemerkte. »Ich wollte gestern bei dir vorbeifahren, um zu sehen, ob du okay bist, aber ich habe gedacht, dass du Ruhe brauchst.« Matt musterte sie liebevoll.

»Es ... es geht mir schon wieder viel besser«, stotterte Luxa, während er sie weiterhin intensiv betrachtete. »Du bist also ein echter Cowboy, hm?«, sagte sie schließlich, um von sich abzulenken, aber auch, weil sie mehr über ihn wissen wollte.

Matt setzte eine fragende Miene auf, sah an sich hinab, tat so, als suche er nach seinem durchlöcherten Akubra, den er schließlich auf seinem Kopf fand und zuckte grinsend mit den Schultern.

»Wie kommt man zu einem so aufregenden Beruf?«, bohrte Luxa weiter, was Matt erneut mit einem Lachen quittierte, das seine Grübchen hervortreten ließ.

»Stell dir vor, da sitze ich doch eines Tages in einem Meeting. Meine Seidenkrawatte kneift und das Handy klingelt wie verrückt in meiner Jackentasche. Da zeigt mir ein Kollege diese Annonce im *Sydney Morning Herald*: ›Cowboy gesucht‹ und ich weiß, dass ich genau danach gesucht habe. Ich reiße mir also die Krawatte vom Hals, springe auf den Tisch und …«

Luxa hatte die Geschichte bis zu einem gewissen Punkt geglaubt, doch nun hielt sie Matt die Hand vor den Mund, um ihn am Weitersprechen zu hindern und sah ihn mit gespielter Strenge an.

»Schon gut, schon gut. Ich will mir ja nicht wieder deinen Zorn einhandeln«, sagte Matt beschwichtigend. »Ich erzähle dir, wie es wirklich gewesen ist. Ich bin auf einer sogenannten Station im Nordwesten Australiens aufgewachsen, einem ziemlich abgelegenen Stückchen Erde. Mein Vater hat dort Land gekauft, als es noch für ein Butterbrot zu haben war und ist mit meiner Mutter von Südaustralien in die Kimberleys gezogen. Dort bin ich geboren. Die Arbeit im Sattel war und ist unser täglich Brot. Mein Vater hat mit ein paar hundert Rindern angefangen und hat seine Herde seitdem um einiges vergrößert.«

Als Matt diesmal lachte, klang es ein wenig bitter und Luxa vermutete, dass das Verhältnis zu seinem Vater nicht ungetrübt war.

»Er ist ein wunderbarer und sehr charmanter Mann«, fuhr Matt eher an sich selbst gewandt fort, »aber er erwartet absoluten Gehorsam. Wir hatten viele Auseinandersetzungen und nach einem größeren Streit habe ich mich entschlossen, die Station endgültig zu verlassen. Das Haus in Lillapanga, das mir meine Großmutter vererbt hat, ist jetzt mein Zuhause. Die Saison über arbeite ich auf den verschiedensten Stations, meist im Norden.«

Luxa hatte ihm bei seiner kleinen Rede aufmerksam zugehört und ihn dabei genau beobachtet. Seine meerblauen Augen waren von den ersten feinen Fältchen umgeben, er musste also ungefähr so alt wie sie selbst sein, vielleicht etwas jünger. Seine kräftigen Hände spielten abwesend mit dem Salzstreuer und Luxa bemerkte, dass sie von harter körperlicher Arbeit gezeichnet waren. Alles in allem war dieser Mann der fleischgewordene Traum vieler Frauen und bei dem Gedanken machte sich ein kribbelndes Gefühl in Luxas Magengrube breit.

Matt schien ihre Gedanken erraten zu haben, als er mit den Fingerspitzen leicht über Luxas Handrücken fuhr. Er sah sie forschend an und wirkte plötzlich ernst. Luxa sah, dass die Muskeln seines Kiefers angespannt waren.

»Hast du Lust, heute Abend bei mir zu essen?«, hörte sich Luxa auf einmal sagen und hoffte, damit nicht zu direkt zu erscheinen.

»Um wie viel Uhr?«, fragte Matt ohne zu zögern.

»Wie wär's mit acht Uhr, aber erwarte nicht zu viel von meiner Kochkunst.«

Matts Grinsen schien zu sagen, dass es nicht das Essen war, das ihn wirklich interessierte. Schließlich erhob er sich, nickte Luxa und Mary zu und verließ das Café.

»Sieht ja nicht so aus, als ob du dir die Männer wirklich abgewöhnt hast, meine Liebe«, zog Mary sie auf. »Aber Matt ist eine gute Wahl, muss ich sagen. Wenn ich zehn Jahre jünger wäre, dann hättest du nicht so leichtes Spiel mit ihm, das kann ich dir schriftlich geben.«

»Leichtes Spiel? Wovon redest du eigentlich? Wir haben uns nur nett unterhalten, schließlich sind wir beinahe Nachbarn in Lillapanga«, sagte Luxa mit einem nicht ganz ernsten Gesichtsausdruck.

»Sieht mir mehr nach Vom *Winde verweht* aus, wenn du mich fragst.« Beide Frauen lachten herzhaft.

17

Mit zitternden Händen fischte er die letzte Zigarette aus der Packung. Das Zimmer war rauchgeschwängert und der Aschenbecher so voll, dass einige Stummel bereits auf dem Schreibtisch gelandet waren. Lukes Augen brannten, doch er achtete nicht weiter darauf und zog kräftig an der neuen Zigarette. Er hatte seit Tagen weder geschlafen noch gegessen und die dunklen Ringe, die sich unter seinen Augen gebildet hatte, ließen ihn älter wirken. Was war los? Luxa hatte sich immer noch nicht bei ihm gemeldet. Zuerst hatte er gedacht, dass sie nur ein wenig Zeit brauchte, um sich wieder an ihre gemeinsame Vergangenheit zu erinnern. Warum hätte sie mit ihm geschlafen, wenn sie seine Gefühle nicht erwidern würde? Wenn er an ihr Wiedersehen dachte, begannen seine Hände zu zittern. Seine Finger umkrallten das leere Whiskeyglas, als ob er es zwischen ihnen zerdrücken wollte.

Luke war sich nicht sicher gewesen, ob er noch immer dasselbe für sie empfinden würde und hatte sich gefragt, ob er seit Jahren einem Phantom nachgejagt war. Als er sie jedoch auf dem Podium des Hörsaals gesehen hatte, war jeder Zweifel verschwunden. Es war, als ob die Zeit spurlos an ihnen vorbeigegangen wäre, als ob all die Jahre dazwischen nicht gewesen wären. Vor ihm stand die Frau, die ihm einmal alles bedeutet hatte und daran hatte sich nichts geändert. Er hatte in diesem Augenblick gewusst, dass er es niemals zulassen würde, dass sie wieder von ihm ging.

Er hatte sich vorgenommen, den verständnisvollen Liebhaber zu spielen, der sie nicht einengte. Die paar Wochen der Trennung würde er ertragen, da er wusste, dass Luxa danach auf immer die Seine sein würde. Er war sich sicher gewesen, dass sie ihn nach kurzer Zeit aus Australien anrufen würde, um ihm zu sagen, dass sie ihn vermisste. Als sie sich nicht sofort bei ihm meldete, versuchte er es sich damit zu erklären, dass sie von ihrer Ankunft in Australien zweifellos aufgewühlt war. Als sie ihn Tage später dann endlich anrief, war ihm bereits klar, dass er dabei war, sie wieder zu verlieren. Ihre Stimme klang distanziert, gespielt heiter und als er vorschlug, sie zu besuchen, reagierte sie so abwehrend, dass es ihm schwer fiel, sie nicht am Telefon anzuschreien.

Sechs Jahre hatte er auf sie gewartet, sechs lange Jahre war der Gedanke an diese Frau wie ein Stachel in seinem Fleisch gewesen. Sechs Jahre hatte er sich ihr Wiedersehen in allen Variationen ausgemalt, ihr Gesicht in seinen Träumen gesehen, erfolglos nach ihrem Geruch gesucht, in allen Parfums der Welt und auf der nackten Haut anderer Frauen. Und schließlich hatte er, nur um sie wiederzusehen, seine Seele an den Teufel verkauft.

Mit einer Hand fuhr sich Luke über das müde Gesicht, mit der anderen drückte er abwesend die letzte Zigarette auf dem Schreibtisch aus. Seine Augen starrten blind aus dem Fenster. Wenn er nicht bald Erfolge aufzuweisen hatte, würde ihm Leblanc Druck machen. Das konnte er unter keinen Umständen zulassen. Er wusste, dass er sie dann nie wieder sehen würde. Schließlich war es seine Schuld, dass man ihr auf den Fersen war. Warum hatte sie ihn angelogen? Wusste sie mehr? Mehr als er und Leblanc vermuteten? Aber wie sollte das möglich sein? Sie schien nichts über die Bradshaws zu wissen, nichts über ihre eigene Verbindung mit ihnen. Ihm selbst war erst vor ein paar Monaten aufgegangen, dass es diese Verbindung gab.

Die Erinnerung war eine nicht zu unterschätzende Kraft und Luxa war eine hochintelligente Frau, die Zusammenhänge erkennen konnte. Andererseits schien ihr ihre Intelligenz den Weg zu ihrem Unterbewusstsein zu versperren. Sie hielt sich zu sehr unter Kontrolle. Nur in ihren Träumen verlor sie die Kontrolle und musste sich ihrer Vergangenheit beugen.

Luke trank noch einen großzügigen Schluck des exquisiten Whiskeys und das Zittern seiner Hände ließ nach. Mit dem zweiten Schluck leerte er das Glas und auf seinem Gesicht breitete sich ein Lächeln aus. Er musste Leblanc irgendwie hinhalten, koste es was es wolle. Die Arme hinter dem Kopf verschränkt, lehnte er sich in seinen schwarzen Ledersessel zurück und griff zum Telefonhörer. Sein Entschluss war gefasst.

18

Luxa konnte nichts gegen das Gefühl in ihrem Bauch tun. Es war eine Mischung aus Aufregung, Spannung und Hals-über-Kopf-Verliebtsein mit einer guten Prise Glücksgefühl. Zweifelnde Gedanken ließ sie gar nicht erst aufkommen. Obwohl es mit ihren Kochkünsten nicht zum Besten stand, wollte sie für den Abend ein kleines Festmahl vorbereiten. Als Vorspeise sollte es *Pappadams*, und zwei verschiedene Dips geben, für die Hauptspeise kaufte sie frischen Fisch und knackigen grünen Salat. Zum krönenden Abschluss würde es in Schokolade getauchte, prallrote Erdbeeren geben. Alles in allem war sie sehr zufrieden mit ihrer Auswahl für ein romantisches Abendessen und allzu viel konnte dabei auch nicht schief gehen. Sie hatte sogar noch ein paar Kerzen und eine Flasche australischen Champagner besorgt.

Auf dem Heimweg vom Markt überlegte Luxa, was sie anziehen sollte. Matt hatte sie bis jetzt immer nur in ihren alten Jeans gesehen. Sollte sie sich heute Abend hübsch machen? Oder wäre das zu offensichtlich? Make-up? Sie kam sich wie ein Teenager bei der ersten Verabredung vor.

Den Nachmittag verbrachte sie damit, das Essen vorzubereiten, das Cottage auf Hochglanz zu bringen und sich immer wieder kopfschüttelnd mit einem anderen Outfit vor den

Schlafzimmerspiegel zu stellen. Um halb acht hatte sie sich endlich entschieden. Rasch legte sie noch eine CD von Carol King ein, zündete die Kerzen an und ließ sich ein Bad mit Neroliöl einlaufen. Viertel vor acht stieg sie aus dem Wasser, trocknete sich ab und zog sich ein einfaches Leinenkleid über, das sie noch nie getragen hatte. Darüber streifte sie einen braunen Mohairpulli und legte dezentes Make-up auf. Ihr langes Haar steckte sie lose hoch und ein letzter prüfender Blick in den Spiegel ließ sie zufrieden nicken.

Punkt acht klopfte es an der Tür und Luxa öffnete mit leichtem Herzklopfen. Matt stand mit seinem typischen Grinsen und zwei Flaschen Wein in der Hand an den Türrahmen gelehnt. Die Cottagetür war zu niedrig für ihn und er musste sich ducken, um eintreten zu können. Er trug ein legeres weißes Baumwollhemd, schwarze Moleskinjeans und hatte sich den Akubra in den Nacken geschoben. Als er sie von oben bis unten betrachtete, entfuhr ihm ein verblüfftes »Wow«.

»Wow«, gab Luxa zurück und beide mussten lachen.

Matt stellte den Wein auf den bereits gedeckten Tisch und begab sich wie selbstverständlich in die Küche, um einen Korkenzieher und zwei Gläser zu holen. Nachdem er die Flasche geöffnet und Luxa ein Glas gereicht hatte, prostete ihr mit einem amüsierten Lächeln zu.

»Ich bin kein großer Weinkenner, aber ich hoffe, der Wein schmeckt dir. Er ist von einem kleinen Weingut hier in der Nähe.«

Für Luxa hätte es in diesem Moment auch Erdöl sein können, das sie da trank. Sie wäre davon überzeugt gewesen, dass es sich um den besten Schluck ihres Lebens handelte. Sie spürte Matts Blicke auf sich und fragte sich, wie sie auch nur einen Bissen hinunterbekommen sollte.

»Wunderbar«, lobte sie die Qualität des Weines, »aber jetzt muss ich mich noch ein bisschen ums Essen kümmern.«

Sie kam sich etwas ungeschickt vor, als sie sich an Matt vorbeidrängte, um in die Küche zu kommen. Er wich ihr eine Spur zu langsam aus und ihre Körper streiften einander.

Luxa war im Stillen heilfroh, dass sie den Großteil des Essens bereits vor Matts Eintreffen vorbereitet hatte. In seinem Beisein konnte sie sich nur schwer auf das Kochen konzentrieren.

»Kann ich dir helfen? Ich bin ein guter Koch«, fragte Matt, der sie beobachtet hatte.

»Nein, ich ... du weißt schon: zu viele Köche ... Mach es dir gemütlich. Es dauert nur noch eine Minute.«

Matt sah sich interessiert in dem kleinen Cottage um und stöberte im Bücherregal, das vor allem archäologische und anthropologische Fachbücher enthielt. Er schmökerte gerade in einem von Luxa verfassten Buch, in dem es um das rituelle Einbinden des Schädels ging, als sie plötzlich aufschrie. Sie hatte sich in den Finger geschnitten. Matt was sofort an ihrer Seite.

»Ich sollte dich keine Minute mehr allein lassen«, sagte er lächelnd, nahm ihre Hand und begutachtete den verletzten Finger. »Du hast gute Überlebenschancen «, stellte er nüchtern fest. »Hast du ein Heftpflaster?«

Luxa schüttelte den Kopf und wollte ihre Hand zurückziehen, doch Matt hielt sie weiter fest, führte ihre Hand an seinen Mund und begann, an ihrem Finger zu saugen. Als die Blutung gestillt war und er sie endlich wieder losließ, fragte Luxa scherzhafter, als ihr zumute war: »Sind wir jetzt Blutsbrüder?«

Matt lächelte nicht, als er sie nun ansah. Sein Blick war so intensiv, dass Luxa davon fast schwindelig wurde. Sie war sich sicher, dass er sie jeden Moment küssen würde. Doch stattdessen wandte er sich ab und sah sich in der Küche um.

»Setz dich, ich mach das Essen fertig und du erholst dich von dem Schreck.«

»Ich, äh …«, wollte Luxa protestieren. Erstens hatte er sie nicht geküsst und zweitens, war sie doch die Gastgeberin.

»Keine Widerrede, du wirst sehen, ich enttäusche dich nicht.«

Mit ihrem Glas Wein setzte sich Luxa widerwillig an den gedeckten Tisch und sah Matt beim Kochen zu. Geschickt briet er den Fisch, fand die Zutaten für die Salatsoße im Küchenschrank und warf die kleinen Pappadams in das heiße Olivenöl. Luxa beobachtete jede seiner Bewegungen.

»Du scheinst eine Begabung fürs Kochen zu haben. Deine Mutter hat dich gut erzogen.«

Als sie sich daraufhin den noch leicht schmerzenden Finger in den Mund steckte, wurde ihr bewusst, dass er sich kurz zuvor zwischen Matts Lippen befunden hatte. Es schien ihr fast wie ein Kuss. Matt lächelte vor sich hin und Luxa wusste nicht, ob er gerade dasselbe dachte.

»Da hast du recht. Ich habe meiner Mutter viel zu verdanken. Du wirst sie mögen.«

Das ließ Luxa aufhorchen. Sie war sich nicht sicher, ob sie ihn richtig verstanden hatte. Hatte er *würdest* oder wirklich *wirst sie mögen* gesagt?

Das Essen schmeckte hervorragend und Luxa musste zugeben, dass Matt den Fisch perfekt zubereitet hatte. Während des Essens hatte sich die Spannung zwischen ihnen ein wenig gelegt und sie konnten sich gelassen unterhalten. Der schwere Wein, der Luxa paradoxerweise ein Gefühl von Leichtigkeit gab, trug auch dazu bei.

»Was macht eine Anthropologin außer Bücher zu schreiben und sich in Lebensgefahr zu begeben?«, fragte Matt.

Luxa blickte in ihr Weinglas und überlegte einen Moment, bevor die Worte aus ihr heraussprudelten: »Sie steckt ihre Nase in die Angelegenheiten wildfremder Leute, deren Sitten und

Gebräuche sie nicht kennt, nur um diese dann wahrscheinlich völlig falsch zu interpretieren und ihre Informationen an den Rest der westlichen Welt weiterzugeben, die dann wiederum Verbesserungsvorschläge für die Lebensweise dieser Völker hat. Dabei wird natürlich niemals zugegeben, dass sich die Lebensumstände dieser Völker erst durch den Einfluss der westlichen Welt so dermaßen verschlechtert haben.«

Der Alkohol hatte ihre Gedanken beschleunigt und sie sarkastischer klingen lassen, als sie es in nüchternem Zustand gewagt hätte. Doch sie hatte eigentlich nicht die Stimmung verderben wollen und gab die Frage an Matt zurück: »Und was macht ein Cowboy eigentlich? Bestimmt romantischere Dinge!«

»Nur, wenn ihm schöne Anthropologinnen über den Weg laufen und er sie vor gewaltigen Stürmen retten muss und dabei riskiert, später die Augen ausgekratzt zu kriegen. Hört sich das romantisch genug an?«

»Wie wäre es, wenn du den letzten Teil zu ›und von der beschwipsten Anthropologin zu einem köstlichen Essen eingeladen wird‹ änderst!?«, scherzte Luxa zurück, konnte dabei jedoch seinem Blick nicht standhalten und starrte in ihr Weinglas. Sie wusste, dass Matt sie noch immer beobachtete.

Er sah ihre leicht geröteten Wangen, die sie wie ein junges Mädchen erschienen ließen. Ihre Augen leuchteten im warmen Schein des Kerzenlichts und er streckte unwillkürlich die Hand aus, um ihr eine Haarsträhne aus dem Gesicht zu streichen, was Luxa zusammenzucken ließ.

»Manche Dinge lassen einem keine Wahl«, sagte Matt voller Zärtlichkeit und Luxa wusste sofort, was er damit meinte. Als sie Matt zum Essen eingeladen hatte, hatte sie nicht an die Konsequenzen gedacht. Jetzt war er hier und ihr wurde bewusst, worauf sie sich eigentlich eingelassen hatte. Jedes Mal, wenn sie sich ansahen, wurde ihr innerer Widerstand, die Angst vor dem Kontrollverlust geringer. Und bald, wenn sie es nicht willentlich unterband, würde sie sich diesem Gefühl völlig hingeben müssen. Sie konnte hier aufhören und sich entscheiden, Matt nie wiederzusehen, oder sie konnte die Luft anhalten und hineintauchen, ohne zu wissen, ob sie je wieder auftauchen würde.

»Wollen wir tanzen?«, fragte Matt plötzlich und nahm ihre Hand.

»Was, hier?«, erwiderte Luxa erstaunt.

»Warum nicht?« Matts Gesichtsausdruck ließ keinen Widerspruch zu und er zog sie sanft, aber bestimmt an sich.

Luxa dachte noch, dass sie eigentlich nie tanzte. Wenn überhaupt, dann geschah es auf langweiligen Hochzeiten mit übergewichtigen Großonkeln. Doch nun ließ sie sich von Matt zum Kamin führen, in dem das Feuer freundlich knisterte. Carol King sang leise »Will you still love me tomorrow?« und im Schein des Feuers bewegten sich ihre Körper zum Rhythmus der Musik. Luxa sog Matts Geruch tief in ihre Lungen. Seine Finger fuhren sanft ihren Rücken entlang und als er ihren Nacken berührte, schloss sie die Augen. Schließlich berührte sein Mund ihre Schläfen und als Luxa ihm das Gesicht zuwandte, küsste er sie. Matt schien dabei keinerlei Eile zu haben, kostete jede Sekunde aus und erkundete Luxa Zentimeter für Zentimeter, als ob er sie für immer in seinem Gedächtnis abspeichern wolle.

Sie wurden jäh unterbrochen, als das Haus von grellem Licht durchflutet wurde. Scheinwerferlicht drang in das kleine Zimmer und Luxa und Matt hörten, wie ein Fahrzeug vor dem Cottage zum Stillstand kam. Sie brauchten eine Weile, bis sie merkten, dass es an der Tür klopfte und Luxa öffnete widerwillig. Bevor sie sich versah, wurde sie von einem Mann in die Arme gezogen.

»Luxa, Darling, ich dachte schon, du wärst zu Bett gegangen – und das ohne mich«, rief Luke mit gespielt heiterer Stimme. Erst dann schien er den anderen Mann im Raum zu bemerken. Er zeigte jedoch nicht die geringste Spur von Überraschung, streckte Matt lächelnd die Hand entgegen und stellte sich vor: »Luke Robson, Professor für Archäologie und Luxas Verlobter.«

19

»Vielen Dank für das hervorragende Essen, Miss Lander. Ich will Sie nun nicht weiter aufhalten. Ich hoffe, ich konnte Ihnen behilflich sein.«

»Matt … bitte …« Luxa sah ihn flehend an, aber Matt hatte sich bereits abgewandt. Im Hinausgehen nickte er Luke knapp zu und wenig später hörte sie, wie er den Motor seines Wagens anließ und davonfuhr. Sie hatte seine Worte wie aus weiter Ferne vernommen und war sich nicht sicher, ob er sie ironisch gemeint haben könnte, doch wahrscheinlich wollte er sie nicht in Schwierigkeiten bringen. Obwohl die Situation mehr oder weniger eindeutig gewesen war.

»Na komm schon, Luxa. Ein kleiner Urlaubsflirt ist doch kein Drama«, sagte Luke nun und legte seinen Arm um Luxas Schultern.

»Was um Himmels willen machst du hier? Wir hatten doch abgemacht, dass du mir Zeit zum Nachdenken gibst?«, erwiderte Luxa mit zitternder Stimme. Sie sah Luke vorwurfsvoll an und löste sich hastig aus seiner Umarmung.

»Nach Nachdenken sah mir das eben aber nicht gerade aus. Eigentlich hätte ich mir auch eine nettere Begrüßung vorgestellt«, sagte Luke in heiterem Ton, doch seine Verbitterung war ihm anzumerken.

»Du meinst so, wie man seinen Verlobten begrüßt?«

Luke antwortete ihr nur mit einem Grinsen.

»Hör mir gut zu Luke. Ich bin weder deine Verlobte, noch werde ich es jemals sein und das habe ich dir niemals verheimlicht.«

»Aber du kannst mich doch nicht all die Jahre nach dir suchen lassen, nur um dann wieder abzuhauen!«, sagte Luke sichtlich entsetzt. Er wollte nicht wahrhaben, was sie ihm sagte und begann langsam, die Fassung zu verlieren.

»Ich weiß, dass ich dir wehgetan habe, Luke, aber als ich damals Australien verließ, habe ich dir in meinem Brief erklärt, dass ich unsere Beziehung nicht fortsetzen will. Du hattest überhaupt keinen Grund, nach mir zu suchen.«

»Dann war das, was sich in Berlin zwischen uns abgespielt hat, nur pure Wiedersehensfreude, oder was?«

»Ich weiß nicht, was es war, aber nicht das, was du daraus machen willst.«

Luxa sah Luke an, der nun deutlich verärgert wirkte. Plötzlich huschte ein Ausdruck über sein Gesicht, der ihr Angst machte. Luke hatte sich jedoch schnell wieder unter Kontrolle und kam langsam auf sie zu. Als er dicht vor ihr stand, begann er mit leiser und kehliger Stimme zu sprechen.

»Luxa, hör mir zu. Ich liebe dich! Ich habe keine Frau vor dir geliebt und keine, nachdem du mich verlassen hast. Du bist alles, was ich will. Ich würde alles für dich tun, verstehst du das? ALLES! Ich kann nicht mehr ohne dich leben … Lass uns den Cowboy vergessen, er ist nicht der Rede wert. Wir können an allem arbeiten. Du kannst lernen, mich zu lieben. Du wirst sehen …«

»Hör auf Luke«, unterbrach ihn Luxa und sah Luke scharf an. »Du liebst mich nicht! Du willst mich besitzen! Merkst du nicht, dass darin ein großer Unterschied besteht? Ich war die erste Herausforderung, die dir in deinem Leben begegnet ist, die erste Frau, die sich nicht völlig in deinem schönen Gesicht und deinem Charme verloren hat. Das ist es, was du nicht ertragen kannst. Ich bin wie ein Spielzeug, das dir versagt bleibt. Nach deinen Spielregeln hast du mich nicht wirklich erobert. Sobald du dir sicher wärst, dass ich dich liebe, würdest du mich fallen lassen, wie eine heiße Kartoffel. Ich habe dieses Spiel vor langer Zeit zu spielen aufgehört, Luke.«

Luke vermied es, sie anzusehen und Luxa war sich nicht sicher, ob er ihre Worte wirklich gehört hatte. Sie hatte plötzlich das starke Verlangen, ihn in die Arme zu nehmen, aber sie fürchtete, dass er es falsch verstehen würde und unterließ es. Sie beobachtete, wie er mechanisch ein Päckchen Zigaretten aus seiner Jackentasche zog und sich eine anzündete. Dann wandte er sich langsam von Luxa ab und ging auf das Fenster zu, um in die mondklare Nacht hinauszublicken.

Luxa wartete darauf, dass Luke etwas sagte. Er blieb jedoch stumm und starrte hinaus, während die Zigarette ungeraucht zwischen seinen Fingern abbrannte. Er schien völlig abwesend.

»Luke«, sagte Luxa behutsam. »Luke, hörst du mich?« Ihre Stimme wurde dringlicher.

Als Luke sich langsam zu ihr umdrehte, schienen seine Augen sie gar nicht zu sehen und Luxa fröstelte dabei. Nach einer Weile sagte er leise: »Du hast nicht die geringste Chance, Luxa … Sie kriegen dich!«

Von plötzlicher Panik ergriffen, lief Luxa aus dem Cottage. Sie musste fort von hier, weg von Luke. Als sie das Fahrrad aus dem Schuppen holen wollte, musste sie feststellen, dass ein Reifen fast völlig platt war. In der Dunkelheit tastete sie nach der Luftpumpe und sah sich dabei immer wieder um. Würde er ihr etwas antun? War er dazu imstande? Luke schien nicht mehr ganz bei sich zu sein. Was hatte er bloß mit seinen letzten Worten gemeint?

Luxa pumpte mit aller Kraft, sprang hastig auf das Rad und trat so schnell sie konnte in die Pedale. Sie sah sich nicht um, glaubte aber hinter sich den Motor eines Autos zu hören, woraufhin ihr Herz wild zu schlagen begann. Doch als sie sich weit genug vom Cottage entfernt hatte, stellte sie zu ihrer Erleichterung fest, dass es nur das Rauschen des Meeres war, das ihr Angst eingejagt hatte.

20

»Ist ja gut, ich komm ja schon«, brummte Mary, schaltete den Fernseher aus und zog sich rasch ihren Bademantel über, um nachzusehen, wer um diese Zeit noch an ihre Tür klopfte. Draußen stand Luxa, fröstelnd und verstört, und Mary zog sie schnell ins Haus. Als Luxa zitternd zu einer Erklärung ansetzten wollte, schnitt ihr Mary das Wort ab: »Jetzt setz dich erst mal vors Feuer und wärm dich auf und ich mach dir eine Tasse Tee mit Rum.«

»Ohne Rum bitte, mein Kopf zerspringt gleich.«

Mary schüttelte beim Anblick der jungen Frau den Kopf und schlurfte in die Küche. Die Wärme des Feuers verfehlte ihre Wirkung nicht und Luxa entspannte sich nach und nach. Sie fragte sich, was Matt wohl machte. Könnte er wirklich denken, dass sie sich nur einen kleinen Flirt mit ihm erlaubt hatte? Als er das Haus verlassen hatte, wäre sie ihm am liebsten nachgelaufen, aber sie wusste, dass es keinen Zweck gehabt hätte. Wie hätte sie ihm das alles erklären sollen? Es war ja längst nicht so einfach, wie es sich auf den ersten Blich darstellte. Hätte er sie verstanden? Er wusste ja kaum etwas von ihr. Sie waren gerade erst dabei, sich kennen zu lernen. Und jetzt hatte sie ihn vielleicht schon verloren, bevor sie sich überhaupt nahe gekommen waren.

Als Mary zurückkam, liefen Luxa die Tränen über die Wangen.

»Aber, aber. Jetzt trink erst mal den Tee und dann erzählst du mir, was passiert ist«, sagte Mary beschwichtigend.

Plötzlich brach alles aus Luxa heraus und sie erzählte Mary die Geschichte von Anfang bis Ende, von ihrer Ankunft in Australien vor sechs Jahren bis zu Lukes letzten Worten. Mary hörte ihr aufmerksam zu und unterbrach sie nicht. Schließlich nahm sie Luxa in den Arm.

»Ach, das ist ja alles fast noch aufregender als in *Vom Winde verweht*«, sagte sie zur Aufheiterung, doch Luxa schüttelte nur den Kopf. In ernsterem Ton fügte sie hinzu: »Weißt du was, morgen nimmst du mein Auto und fährst zu Matt. Dann erklärst du ihm die Situation. Ich bin mir sicher, dass er dich nicht im Regen stehen lässt. Und was deinen Ex betrifft ... Der wird dich hier nicht finden. Und zur Not gibt es noch das Luftgewehr ...«

Marys pragmatischer Rat beruhigte Luxa zwar, doch ihr Bauchgefühl sagte ihr, dass die Lösung ihrer Probleme wahrscheinlich nicht ganz so einfach sein würde. Wenig später lag sie mit einer Wärmflasche unter der flauschigen, rosafarbenen Bettdecke des Queen-Anne-Bettes im Gästezimmer und atmete den beruhigenden Duft eines Lavendelkissens ein, das Mary ihr unter den Nacken geschoben hatte.

»Morgen ist auch noch ein Tag«, sagte Mary schmunzelnd zu ihr, bevor sie sich in ihr eigenes Schlafzimmer zurückzog.

21

Es war noch dunkel, als Matt sein Auto belud. Zuletzt befestigte er den Swag auf der Ladefläche seiner Ute, dann schwang er sich in den Fahrersitz und ließ den Motor an. Er würde Lillapanga für ungewisse Zeit verlassen. Die Reise, die er vor sich hatte, würde ihn viertausendfünfhundert Kilometer quer durch das Herz Australiens führen.

Für Matt waren die endlosen Trips durch die Spinifex-Steppe fast schon Routine. Sobald er hinter Port Augusta den roten Sand erreichte und die letzten Vororthäuser an ihm vorbeigezogen waren, begann er sich zu entspannen. Das Tor zum anderen Teil des Kontinents, das Tor zum Outback hatte sich wieder einmal vor ihm geöffnet. Und wie jedes Mal staunte er über das Spiel des Lichtes und der Farben, das die Landschaft unwirklich und fantastisch erscheinen ließ. Menschen waren im trockensten Teil des trockensten Kontinents der Erde die Ausnahme, doch Pflanzen und Tiere hatten einen Weg gefunden, ihr Überleben zu garantieren. Anders als den Aborigines, die hier ebenso ihre Existenz zu sichern wussten, war dieser Landstrich den britischen Kolonialisten wie eine Hölle auf Erden erschienen. Sie waren an Regen und Schnee gewohnt, an eine gezähmte Natur, an kleine Häuschen mit grünen Gärtchen, die ihnen Schutz boten, ihrem Weltbild Grenzen setzten. Die Weite dieses Landes versetzte sie in Schrecken. Seine Unbezwingbarkeit lachte jedem Zähmungsversuch ins Gesicht und forderte absoluten Respekt.

Matt spürte seine Verbundenheit mit dem Outback in jedem Sandkorn. Die Weite, die sich vor ihm erstreckte, ließ seiner Seele Raum, gab seinem Herzen Grenzenlosigkeit. Nur hier fühlte er sich wirklich frei. Wie immer überkam ihn ein Gefühl tiefer Liebe für das Land, auch wenn er diesmal auch Trauer und Schmerz in sich trug.

Matt hatte trotz der Kälte der Nachtluft das Seitenfenster

heruntergekurbelt und hielt seinen Kopf in den Fahrtwind. Er war kaum zwei Wochen in Lillapanga gewesen, doch alles schien verändert. Zum ersten Mal in seinem Leben wäre er bereit gewesen, sein rastloses Leben aufzugeben, sich niederzulassen und die bittersüße Einsamkeit gegen etwas anderes einzutauschen. Etwas, das ihm Angst machte, das ihn aber auch unwiderstehlich anzog. Das Schicksal hatte es jedoch nicht zugelassen.

Matt presste die Lippen aufeinander, so dass sich die Muskeln seines Kiefers anspannten. Er wusste nicht, was er von dem, was geschehen war, halten sollte. Luxa war die erste Frau, die ihm mehr zu bedeuten schien. Er hatte sich zum ersten Mal in seinem Leben ganz gefühlt. Etwas in seinem Inneren hatte begonnen, sich zu öffnen und er merkte selbst, wie die Härte, die er sich ein Leben lang aufgebaut hatte, zu bröckeln begann. Und nun stellte sich heraus, dass sie die Frau – oder zumindest beinahe – eines anderen Mannes war. Hatte sie nur mit ihm gespielt? Er war sich fast sicher, dass das nicht sein konnte. Er hatte in ihren Augen lesen können, dass sie seine Gefühle erwiderte. Während der Fahrt von ihrem Cottage zu seinem Haus, hatte er sich überlegt, ob er nicht umkehren und die Sache bereinigen sollte. Gerne hätte er Luxa in die Augen gesehen und von ihr erfahren, dass alles ganz anders war. Dann hätte er ihre Hand genommen und sie gefragt, ob sie mit ihm gehen wolle. Er hätte sich mit Luke unterhalten, während sie ihre Sachen packte. Im schlimmsten Fall hätte er zumindest aus ihrem eigenen Mund gehört, dass sie ihr Leben tatsächlich mit einem anderen Mann teilen wollte. Er entschied sich jedoch anders. Er konnte ihr Leben nicht einfach auf den Kopf stellen. Bevor sie ihn traf, hatte sie offensichtlich vorgehabt, zu heiraten. Sie musste diesen Mann lieben und der schien auch viel besser in ihr Leben zu passen als er selbst. Er war ein Professor, sie hatte einen Doktortitel. Was sollte sie mit einem Cowboy anfangen?

Matt fuhr sich mit der Hand durchs Haar und rieb sich die Augen. Er hatte keinen Zweifel an seinen Gefühlen für Luxa, aber könnte sie tatsächlich mit ihm leben? Wie würde die Realität, der Alltag aussehen? Er könnte niemals in einer Stadt leben, dort würde seine Seele verkrüppeln. Und könnte sie sich ein Leben weit weg von Universitäten und der sogenannten zivilisierten Welt vorstellen? Sie hatte ihre Geschichte, er seine. Sie war Europäerin, ihr Zuhause war die Großstadt und er nannte das Outback und den Ozean seine Heimat. Matt brauchte den offenen Himmel und die sternenklare Nacht, den Geruch der Eukalyptusbäume und den rauschenden Gesang der heranrollenden Wellen. Er konnte es nicht ertragen, wenn er nicht bis zum Horizont sehen konnte.

Matt wusste, dass er diese Dinge nicht ändern konnte und ebenso wenig konnte er Luxa aus ihrem Leben reißen und verlangen, dass sie Teil seines Lebens wurde, so sehr er sie auch liebte, oder gerade deswegen. Irgendwann würde sie ihm das zum Vorwurf machen und damit könnte er nicht leben.

Als die Sonne am Horizont aufging, fragte sich Matt, ob Luxa bereits wach war. Den Gedanken, dass sie in Lukes Armen liegen könnte, versuchte er mit aller Kraft zu verdrängen. Er war seit acht Stunden unterwegs und hatte noch eine Stunde bis Coober Pedy vor sich. Seine Augen brannten von der langen Fahrt, doch er hatte keine Absicht, länger in dieser Stadt der Opalminen und hohen Temperaturen zu verweilen. Er hatte hier vor Jahren einmal in einer Mine gearbeitet, aber schnell das Interesse an diesem rauen Ort verloren. Hierher schienen vor allem Männer zu kommen, die nach dem schnellen Reichtum suchten, oder Grund hatten, unterzutauchen. Sie hofften jeden Tag auf den perfekten Opal, der ihr Schicksal wenden würde. Für die wenigsten kam dieser Tag und so trösteten sie sich mit Alkohol über ihre Enttäuschung hinweg. Matt beschloss, in die nächste unbefestigte Straße einzubiegen und sich eine Stunde Schlaf im Auto zu gönnen. Er wollte die Kimberleys so schnell wie möglich erreichen. Seine Mutter hatte ihn in ihrem letzten Brief darum gebeten, bald nach Hause zu kommen, um seinen Vater noch ein letztes Mal zu sehen. Eigentlich hatte er Luxa fragen wollen, ob sie mit ihm käme, doch jetzt war alles anders.

22

Luxa erwachte schweißgebadet. Die Sonne war noch nicht aufgegangen und ihre Glieder schmerzten. Es dauerte eine Weile, bis sie sich wieder an die Ereignisse der letzten Nacht erinnern konnte. Als ihr einfiel, was am Vorabend passiert war, beschleunigte sich ihr Pulsschlag. Sie musste zu Matt! Mit einer Entschlossenheit, die sie selbst erstaunte, stürzte sie aus dem Bett und über den Flur, um Mary zu wecken. Ihr zweites Klopfen wurde damit beantwortet, dass etwas gegen die Tür flog. Einer von Marys Plüschpantoffeln, wie Luxa vermutete.

»Luxa, geh sofort zurück ins Bett. Es ist noch stockdunkel«, knurrte Mary auf der anderen Seite der Tür in ihr Kopfkissen. Als Luxa auf die Uhr sah, musste sie zugeben, dass Marys Reaktion nicht ganz unangebracht war, es war zehn vor fünf. Sie wandte sich bereits zum Gehen ab, als sich die Tür einen Spalt öffnete und Mary ihr schlaftrunken die Autoschlüssel vor die Nase hielt. Luxa gab ihr erleichtert einen Kuss auf die Wange, was zunächst mit einem Grunzen und dann mit einem Lächeln beantwortet wurde.

»Sisterhood is powerful«, rief Mary Luxa nach, während diese bereits die Treppe zum Auto hinunterlief.

In weniger als fünfzehn Minuten hatte Luxa das schwere Hoftor vor Matts Grundstück erreicht. Je näher sie dem Haus kam, desto aufgeregter wurde sie. Was, wenn er ihr die Tür vor der Nase zuschlug? Oder ihr gar nicht erst öffnete? Mit klopfendem Herzen parkte sie Marys kleines Auto vor dem Cottage und erinnerte sich daran, wie sie dort unten am Strand fast an Unterkühlung gestorben wäre, wenn Matt sie nicht gehört hätte. Das Schicksal hatte sie unter dramatischen Umständen zusammengeführt, ihre Geschichte konnte hier nicht einfach enden. Sie atmete tief ein und klopfte an die Tür. Das Herz schlug ihr bis zum Hals und ihre Hände zitterten leicht. Sie klopfte noch einmal, doch niemand öffnete. Nach einer Weile lief sie um das Haus herum, um an Matts Schlafzimmerfenster zu klopfen, aber auch hier hatte sie keinen Erfolg. Vorsichtig hielt sie die Hände an die Scheibe und spähte durch das kleine Fenster. Das Bett war leer, von Matt keine Spur. Da kam ihr ein schrecklicher Gedanke und sie lief so schnell sie konnte zu dem alten Schuppen vorm Haus, der Matt als Garage diente. Er war ebenfalls leer und Luxa fluchte leise vor sich hin. Dann rief sie immer wieder seinen Namen, obwohl sie wusste, dass er sie nicht hören konnte. Was sollte sie jetzt nur tun?

Die Sonne ging schon fast wieder unter und mit ihr sank Luxas Hoffnung, dass Matt zurückkommen würde. Sie saß noch immer vor seinem Haus, die Arme um ihre Knie geschlungen, den Kopf darauf abgelegt. Ausdruckslos starrten ihre Augen in die Ferne. Als die letzten Strahlen der Sonne auch die Wärme des Tages mit sich nahmen, stand Luxa auf und machte sich auf den Rückweg. Ihre Verzweiflung hatte sich in Entschlossenheit verwandelt. Sie würde Matt finden, koste es, was es wolle.

»Ich muss ihn finden!«, sagte Luxa entschieden, als sie wieder bei Mary am Küchentisch saß. Der Ausdruck in ihren Augen machte deutlich, wie ernst es ihr war.

»Mmh«, murmelte Mary, »das ist hier in Australien wirklich nicht so einfach. Er könnte bereits über tausend Kilometer von hier entfernt irgendwo im Outback sein.« Nachdenklich zog sie die Stirn in Falten und kratzte sich am Hinterkopf. »Was machen wir da nur?«

»Kennst du niemanden, der etwas über ihn wissen könnte? Einen Freund oder einen Verwandten?«, fragte Luxa hoffnungsvoll.

Mary schüttelte erst den Kopf, doch dann schien ihr etwas einzufallen.

»Warte mal, Matt hatte zwar keinen sehr engen Kontakt zu den Leuten hier, aber ich kann mich daran erinnern, dass er einmal einen gewissen Jim erwähnt hat. Und ich bin mir ziemlich sicher, dass er damit Crazy Jim gemeint hat. So wird er jedenfalls hier genannt.«

Mit einem Mal war sie aufgesprungen, nahm das Telefon zur Hand und wählte eine Nummer. Gespannt lauschte Luxa ihren Worten.

»Ja, Ethel, ich hab gehört, dass er nicht alle Tassen im Schrank haben soll, ... Nein Ethel, ich werde nicht allein zu ihm fahren. Ja, ich erzähl dir ein andermal, worum es genau geht, ich muss mich jetzt dem Essen widmen, es kocht gleich über. Gibst du mir jetzt bitte die Adresse?« Mary sah Luxa an und verdrehte grinsend die Augen. Mit ihrer freien Hand schrieb sie die Nummer auf ein Stück Papier, um dann mit einem »Vielen Dank Ethel« schnell aufzulegen.

»Ist nur zehn Kilometer von hier«, sagte Mary und wedelte triumphierend mit dem Zettel vor Luxas Nase herum. »Ich bring dich morgen hin. Heute ist es schon zu spät«, setzte sie hinzu und versuchte dabei, Luxas Blick auszuweichen. »Sieh mich nicht so an, Luxa. Der Typ heißt nicht umsonst Crazy Jim. Es ist schon sieben und ich will nicht im Dunkeln bei einem Halbverrückten aufkreuzen. Kommt gar nicht in Frage.«

Zehn Minuten später waren sie unterwegs zu Crazy Jim. Mary hatte es sich zumindest nicht nehmen lassen, ihr verrostetes

Luftgewehr in den Kofferraum zu packen. »Für alle Fälle«, hatte sie gesagt und Luxa musste laut lachen und nahm sie in den Arm. In der kurzen Zeit in der sie sich kannten, war ihr Mary zu einer lieben Freundin geworden. Luxa genoss ihre spröde, etwas verschrobene Art und ihr trockener Humor erinnerte sie an Lena.

»Na, hoffentlich weiß dieser Verrückte auch, wo Matt sich aufhält«, grummelte Mary, während Luxa angespannt schwieg. Sie war sich bewusst, dass Crazy Jim ihre einzige Chance war, Matt zu finden. Wenn er ihr nicht weiterhelfen konnte, war sie bereits am Ende ihrer Suche angekommen.

Jims Farm zu finden, war schwieriger als vermutet. Wie die meisten ländlichen Straßen war auch diese völlig unbeleuchtet und zusätzlich war der Nachthimmel so verhangen, dass ihnen der Mond keine Hilfe sein konnte. Einige Male mussten sie am Seitenrand halten, um mit den Scheinwerfern die kleinen Zahlenschilder an den Seitenstraßen anzuleuchten und sich zu orientieren. Dann sprang ihnen ein Känguru genau vor das Auto und Mary konnte mit quietschenden Reifen gerade noch anhalten. Vom Licht der Scheinwerfer geblendet, blieb es einfach mitten auf der Straße stehen und starrte sie erschreckt an. Die Frauen atmeten erleichtert auf, als es unverletzt im Gebüsch verschwand. Ein Stück weiter tauchte in der Ferne endlich Licht auf.

»Was ist das für ein Licht?«, fragte Mary verwundert. »Nach einem Haus sieht mir das nicht aus.«

Beide starrten konzentriert auf die Lichtquelle, bis Mary plötzlich ausrief: »Um Himmels willen, Feuer! Dieser Verrückte brennt den Bush ab.«

Erschrocken sah nun auch Luxa genauer hin und erkannte in einiger Entfernung die lodernden Flammen.

»Nichts wie weg hier«, keuchte Mary.

»Warte«, murmelte Luxa beschwichtigend. »Nach einem Bushfeuer sieht mir das nicht aus ...« Und als sie näher kamen:

»Das sind Fackeln! Vielleicht veranstaltet er ja eine Gartenparty …«

Mary schien alles andere als beruhigt zu sein und Luxa musste zugeben, dass ihr die Situation auch nicht ganz geheuer war.

Es war kein Haus zu sehen. Im Schritttempo fuhren sie dem Licht entgegen. Plötzlich hörten sie ein dumpfes Geräusch, als ob etwas auf der Motorhaube gelandet war. Bevor sie sich von dem Schreck erholen konnten, tauchte neben dem Auto eine dunkle Gestalt auf, was Mary dazu veranlasste, den Sicherheitsknopf an ihrer Wagentür hinunterzudrücken. Der fremde Mann sagte etwas und Luxa überwand sich, zaghaft das Autofenster herunterzukurbeln und ihn mit einem fragenden »Hallo?« zu begrüßen. Sie sah ihn näher kommen, als sie plötzlich einen dumpfen Schlag in der Magengrube spürte. Luxa zuckte zusammen, während Mary voller Panik schrie.

»Yolanda, komm sofort hierher. So begrüßt man doch keine Gäste. Entschuldigen Sie bitte«, brachte Crazy Jim sichtlich besorgt hervor.

Luxa war schon dabei, der schnurrenden Katze den Rücken zu kraulen. Sie war erleichtert, dass es nur eine Katze gewesen war, die ihr auf den Schoß gesprungen war. Dann wandte sie sich lächelnd dem Gesicht zu, das sie durch das Autofenster ansah.

»Willkommen, die Damen, wie sagt man doch gleich, je später der Abend, desto …«

»Entschuldigen Sie, dass wir Sie so spät stören«, unterbrach ihn Mary etwas schroff, »aber diese junge Dame hier ist auf der Suche nach Matt Richardson und ich dachte, dass Sie ihr vielleicht helfen könnten.«

»Aha«, antwortete Jim schmunzelnd, »Sie sind also der Grund für seinen hastigen Aufbruch! Aber wie wär's denn, wenn Sie erst einmal aussteigen?«, sagte Jim unbeirrt.

»Ja, natürlich. Ich bin übrigens Luxa Lander und das ist meine Freundin Mary Jones«, stellte Luxa sie beide vor. »Ich komme aus Berlin und Matt und ich sind sozusagen … gut befreundet. Ich muss ihm dringend etwas sagen. Wissen Sie, wo er sein könnte?«

Jim nahm lächelnd ihre ausgestreckte Hand und gab ihr einen Handkuss. »Enchanté Madame, James Cross, auch Crazy Jim genannt.«

Luxa war von dieser Geste völlig entgeistert. In einunddreißig Jahren hatte ihr noch nie jemand die Hand geküsst und in einem Abstand von zwei Wochen passierte dies nun schon zum zweiten Mal. Erst Olivier Leblanc und jetzt Crazy Jim. Sie beobachtete, wie Mary, die äußerst zögerlich ausgestiegen war, die Augen verdrehte und die Hände steif hinter ihrem Rücken hielt. Jim tat lächelnd so, als hätte er es nicht bemerkt.

»Kommen Sie doch ins Licht. Sie sind gerade im richtigen Moment gekommen. Ich habe eine Bouillabaisse zubereitet und mich ein bisschen in der Menge vertan. Ich hoffe, Sie haben noch nicht zu Abend gegessen.«

»Wir wollen Sie wirklich nicht lange stören«, wandte Mary abwehrend ein.

»Wo denken Sie nur hin? Wie könnte eine schöne Dame wie Sie mich jemals stören?«, antwortete Jim charmant und Luxa glaubte ein Zwinkern in seinen Augen zu sehen.

»Komm schon, Mary«, drängte sie, »er scheint keine Widerrede zu dulden.«

Mary machte noch eine Bewegung in Richtung Kofferraum, doch Luxa zog sie energisch weg.

»Wundert mich nicht, dass sie ihm diesen Namen gegeben haben«, flüsterte Mary und Luxa wusste, dass sie auf den bunten Kaftan anspielte, den Jim trug. Für australische Männer, die sich noch für echte Männer hielten, musste Jims Erscheinung eine Provokation darstellen.

Jim führte die beiden Frauen an einen Tisch, der unter freiem Himmel stand und an dessen beiden Seiten sich jeweils ein großer gusseiserner Kessel befand. Als Luxa näher kam, spürte sie die Wärme, die sie abgaben. Rundherum brannten Fackeln und versetzten die Szene in ein goldenes Licht, das sie wehmütig an den gestrigen Abend denken ließ.

»Ich muss Matt finden. Wissen Sie, wo er ist?«, brach es plötzlich aus ihr hervor. Warum spannte er sie so lange auf die Folter?

Jim drehte sich zu ihr um und entgegnete ihr in völliger Gelassenheit: »Junge Dame, ich bin ganz Ihrer Meinung, aber heute können Sie Ihre weite Reise ohnehin nicht mehr beginnen und es ist besser, wenn Sie sich gründlich stärken und dann ausruhen. Sie haben einiges vor sich, glauben Sie mir!«

Als Luxa »lange Reise« hörte, schnürte es ihr den Hals zu. Die Vermutung, dass Matt aufgebrochen und mittlerweile schon viele Meilen von ihr entfernt war, war also richtig gewesen. Nun gut, sie würde tun, was getan werden musste und der Gedanke, dass Jim zumindest etwas über Matts Aufenthalt wusste, war tröstlich. Sie musste sich nur ein wenig gedulden.

Beim Geruch der Fischsuppe, knurrte Luxas Magen und ihr fiel ein, dass sie den ganzen Tag noch nichts gegessen hatte. Mary schnupperte misstrauisch und fragte Jim, woher er denn das Rezept habe.

»Von der Großmutter einer lieben Freundin, Sie kennen sie vielleicht, sie ist eine französische Schauspielerin«, erklärte Jim und nannte den Namen der Frau. Luxa musste beim Anblick von Marys schockiertem Gesicht kichern.

»Bitte setzen Sie sich doch, meine Damen, ich hole nur noch ein paar Kleinigkeiten aus meinem Schlafgemach«, sagte Jim, rückte ihre Stühle zurecht und verschwand in seinen Bus.

»Und das müssen wohl die Burgmauern des Schlafgemachs

sein«, flüsterte Mary, zeigte auf den alten Bus und tippte sich an die Stirn. Luxa zuckte mit den Schultern. Sie musste sich eingestehen, dass sie Jim sehr sympathisch fand.

Als Jim wieder auftauchte, hatte er außer einer Flasche Wein eine weiße Damasttischdecke, Leinenservietten und altes Silberbesteck dabei, womit er sorgfältig den Tisch deckte. Dann verschwand er erneut, diesmal in den Garten, um mit einer weißen Rose zurückzukommen, die er in einer Bleikristallvase in die Mitte des Tisches stellte. Kerzen gab es bereits und Luxa fühlte sich, als ob sie in einem Fünf-Sterne-Restaurant dinierte. Mary hatte es scheinbar die Sprache verschlagen und Luxa vermutete, dass ihre Freundin erwartete, vergiftet zu werden.

Die Bouillabaisse schmeckte hervorragend. Als Jim ihnen anschließend ein Gläschen Portwein und eine hausgemachte Crèmebrulée anbot, lächelte Mary ihn schon wesentlich gefälliger an. Und Jim lächelte sehr gefällig zurück. Luxa wusste nicht, was sie von dem sich vor ihrer Nase anbahnenden Flirt halten sollte und ihr war zwischen lachen und weinen zumute. Jim schien Luxas Stimmung aufgefangen zu haben und er wandte sich mit einem warmherzigen Lächeln an sie.

»Ich weiß, dass ich Sie nun nicht länger auf die Folter spannen kann«, sagte er bedächtig und Luxa schlug das Herz plötzlich bis zum Hals. »Ich habe heute morgen eine Nachricht von Matt gefunden. Er muss gestern noch sehr spät vorbeigekommen sein. Hier, lesen Sie selbst.« Damit hielt ihr Jim einen Zettel entgegen, den Luxa mit zitternden Fingern entgegennahm und las.

Lieber Jim, es tut mir leid, dass ich mich nicht persönlich von Dir verabschiede. Du hast mir bei unserem letzten Gespräch gesagt, dass ich Dir etwas wirklich Persönliches erzählt habe, beispielsweise über mein Liebesleben. Tatsache ist, dass es dabei nie etwas Nennenswertes zu berichten gab. Bis vor kurzem. Und Du hattest recht: Ich habe mich verliebt und die Frau, für die ich diese Gefühle empfinde, gleich wieder verloren. Es ist Zeit, zu gehen. Vor zwei Tagen habe ich einen Brief meiner Mutter erhalten, in dem sie mich bat, nach Hause zu kommen. Wenn Du diese Nachricht liest, bin ich bereits auf dem Weg in die Kimberleys. Mach es gut. Matt.

Luxa hielt den Zettel lange schweigend in der Hand. Nur mit Mühe konnte sie die aufwallenden Tränen unterdrücken. »In die Kimberleys?«, murmelte sie schließlich. Mary hatte ihr beim Lesen über die Schulter gesehen und legte nun fürsorglich den Arm um sie. Als Luxa aufsah, spiegelte sich ihr sorgenvoller Blick in Marys Gesicht. Sie wusste von den Kimberleys, dass das Gebiet der Größe Dänemarks entsprach und als der unzugänglichste Teil Australiens galt.

»Ja, tatsächlich in die Kimberleys«, sagte Jim nun und räusperte sich.

»Wie soll ich ihn jemals dort finden?«, platzte Luxa in ihrer Verzweiflung heraus.

Jim schien einige Minuten zu überlegen, bevor er ihr antwortete. »Es gibt einige unbefestigte Straßen, die ursprünglich für den Umtrieb der Rinder benutzt wurden. Die Station seines Vaters ist darüber zu erreichen. Ich kann Ihnen vielleicht noch ein paar mehr Hinweise geben. Diese Station ist nämlich nicht irgendeine Station, es handelt sich hier um eine der größten Australiens mit um die zweihunderttausend Hektar. Matts Vater ist kein armer Mann, zumindest nicht, was das Finanzielle betrifft«, sagte er mit einem schiefen Lächeln. »Die Station heißt Onda oder Ionda, glaube ich, und sie liegt ganz im Norden der Kimberleys.«

Luxa hatte ihn bei seiner Beschreibung weiterhin angstvoll angesehen.

»Ich kann Ihr Entsetzen ganz und gar verstehen, meine Liebe. Haben Sie es schon einmal mit der echten Wildnis zu tun gehabt? Völliger Einsamkeit? Krokodilen?«

Luxa schüttelte bei allen drei Fragen den Kopf. Ihre Outbackerfahrung war wirklich nicht der Rede wert und sie war den sagenumwobenen Kimberleys in keiner Weise gewachsen. »The last frontier« wurde dieses Land genannt, die letzte Grenze zur Wildnis. Hier herrschten die gewaltigsten Gezeiten des Planeten, Krokodile, Horden durstiger Moskitos und Monsunstürme. Es gab riesige Schluchten, die in das Herz der Erde führten, Felswände, die sich vertikal dem Himmel entgegenreckten und undurchdringliche Mangrovensümpfe. Trockene Grassavannen wurden von den dröhnenden Kaskaden mächtiger Wasserfälle abgelöst. Nicht zu unterschätzen war die schwüle Hitze des australischen Nordens, die einem das Gehirn versengen konnte.

Jim schien Luxas Gedanken lesen zu können und fügte hinzu: »Vergessen Sie nicht, dass es sich auch um einen der *magischsten* Teile dieses Planeten handelt.« Seine Augen leuchteten, als er fortfuhr: »Nur aufgrund ihrer Unzugänglichkeit hat sich diese Landschaft erhalten, wie sie seit Millionen von Jahren bestanden hat. Außer den Aborigines hat dieses Gebiet kaum jemand betreten und so wird das auch bleiben. Seine Schönheit ist atemberaubend und mit nichts auf der Welt zu vergleichen. Sie haben Glück, die Zeit ist auf Ihrer Seite, der Monsun beginnt nicht vor November.«

Mary und Luxa sahen Jim erstaunt an. Er sprach von den Kimberleys, als ob es sich um seine Geliebte handelte. Schön und geheimnisvoll zugleich, und unendlich faszinierend. Eine Femme fatale. Jim räusperte sich etwas verlegen, als er den Blick der beiden Frauen bemerkte. Dann fügte er wie zur Erklärung hinzu: »Ich selbst kenne mich ein wenig dort oben aus. Ich habe einige Jahre lang als ... äh ... Berater in den Kimberleys gearbeitet. Sie wissen schon, für den Handel mit Diamanten und Gold. Das Übliche.« Er zuckte leicht mit den Schultern.

Mary und Luxa staunten nicht schlecht. Für einen Geschäftsmann hatten sie Jim nun wirklich nicht gehalten. Er ähnelte eher einem verwirrten Professor, der in Bibliotheken den Staub von alten Büchern bläst, um in ihnen nach längst vergessenen Geheimnissen zu suchen. Luxa musste bei der Erwähnung von Gold und Diamanten wieder an Olivier Leblanc denken und kaschierte ihre Irritation schnell mit etwas Smalltalk.

»Ich habe auf meinem Flug hierher einen sehr interessanten Mann kennen gelernt, der beruflich etwas Ähnliches wie Sie zu tun hatte. Vielleicht kennen Sie ihn ja, sein Name war Leblanc ... Olivier Leblanc.«

Jims Augen weiteten sich schlagartig. Für einen kurzen Moment schien er die Fassung zu verlieren und sah sie ungläubig an. Dann wandte er den Blick von ihr ab, schüttelte den Kopf und lächelte höflich.

»Wie schmeckt Ihnen denn mein Nachtisch?«, wandte Jim sich an Mary, die selig lächelte und nichts von der Interaktion bemerkt zu haben schien. Die Erwähnung von Luxas Flughafenbekanntschaft hatte Jim verstört, soviel stand fest. Aber warum?

Jim warf Luxa später noch hin und wieder unergründliche Blicke zu, doch am Ende des Abends verabschiedeten sich die beiden Frauen herzlich von ihrem Gastgeber und dankten ihm für das köstliche Mahl. Als Jim nun beiden die Hand küsste, sagte er beiläufig zu Luxa: »Kommen Sie doch morgen früh bei mir vorbei. Ich habe sehr gute Karten von der Region dort oben und kann Ihnen vielleicht ein bisschen weiterhelfen.«

Luxa hörte die Dringlichkeit in seiner Stimme und fragte sich, ob sie nicht besser ablehnen sollte. Der Mann war vielleicht doch etwas wunderlich. Schließlich siegte jedoch ihre Neugier und sie sagte zu.

»Ist es okay, wenn ich so früh wie möglich komme? Ich will mich in Adelaide nach Flügen erkundigen.«

»Wie wäre es mit acht Uhr, ich werde mit einem köstlichen Frühstück auf Sie warten«, antwortete Jim und Luxa nickte.

»Sonderbarer Typ, muss vielleicht schon etwas verkalkt sein. Wie nennen Sie das heutzutage? Alzheimer oder so«, kommentierte Mary im Auto den Abend.

»Du hast ihn doch am Ende ganz sympathisch gefunden«, gab Luxa zurück und puffte sie leicht in die Seite. Mary gab ihr lachend einen Klaps und sie kicherten wie Teenager. Luxa vermied es, Jims seltsames Verhalten bei der Erwähnung von Olivier Leblanc anzusprechen. Warum, war ihr nicht ganz klar.

Luxa hatte nicht die geringste Lust, an diesem Abend zu Lukes Strandhaus zurückzufahren und nahm erleichtert Marys Einladung an, noch eine weitere Nacht in ihrem Gästezimmer zu verbringen. Vor dem Schlafengehen bereitete ihr Mary noch ein beruhigendes Lavendelölbad und brühte Kräutertee auf. Luxa wusste, dass sie all ihre Kräfte für die Suche nach Matt brauchen würde und als sie sich schließlich erschöpft in das bequeme Bett sinken ließ, fiel sie sofort in einen tiefen traumlosen Schlaf.

Früh am nächsten Morgen machten sich die beiden Frauen auf den Weg zum Strandhaus. Zuerst wollte Luxa Marys Angebot, sie zu begleiten, ablehnen, aber als sie sich an Lukes letzte Worte erinnerte, besann sie sich. Mary fuhr langsam an dem Haus vorbei, um nach Luke Ausschau zu halten. Luxa hatte inständig gehofft, ihn nicht anzutreffen und sie schien erhört worden zu sein. Noch einmal dachte sie daran, wie sehr sich Luke verändert hatte. Er war nicht mehr er selbst gewesen. Hing diese Verwandlung allein mit ihr zusammen? *Du hast nicht die geringste Chance! Sie kriegen dich!* Was hatte er mit diesen Worten gemeint?

Als sie das Haus betrat, versuchte Luxa so ruhig wie möglich zu bleiben und ihre Nervosität hinunterzuschlucken. Mary wartete vor der Tür und würde hupen, wenn sich ein Auto näherte. Hastig brachte Luxa alles in Ordnung und packte ihre Sachen zusammen. Sie hatte das bestimmte Gefühl, dass sie das kleine Cottage, das sie in den letzten Tagen so liebgewonnen hatte, so schnell wie möglich verlassen sollte. Trotzdem wollte sie es so zurücklassen, wie sie es vorgefunden hatte. Es war relativ zeitaufwändig, das Bett wieder kunstvoll mit all seinen Kissen und Decken zu dekorieren und Luxa musste sich zur Ruhe zwingen. Als sie den Bettüberwurf hastig glatt strich, stieß sie mit ihrem Ellbogen versehentlich gegen die kleine Blumenvase, die auf dem Nachttisch stand. Sie fluchte, als die Vase aus Wedgewoodporzellan, die sicher Lukes Großmutter gehört hatte, auf dem Boden zerschellte. Beim Aufsammeln der Scherben entdeckte sie ein kleines schwarzes Kügelchen, das sich in der Vase befunden haben musste. Sie betrachtet es eine Weile und rollte es zwischen den Fingern hin und her. Das Ding war nicht größer, als ihr Fingernagel. Ein politisch etwas zu aktiver Freund hatte ihr einmal gezeigt, wie ein Telefonwanze aussah und Luxa hätte schwören können, dass es sich hier um eine Art Mikrofon handelte. Wofür war das gedacht? Hatte Luke sichergehen wollen, dass sie ihn nicht betrog oder war es gar nicht für sie bestimmt gewesen?

Schließlich warf Luxa alles in den Müll. Auf dem Weg hinaus strich sie liebevoll über den Tisch, an dem sie mit Matt gegessen hatte, warf einen letzten Blick auf die Bucht und winkte dem Cottage zu. Dabei wurde sie das Gefühl nicht los, beobachtet zu werden.

23

Jims Garten sah bei Tageslicht genauso bezaubernd aus, wie im Schein der Fackeln. Luxa bewunderte die Farbenpracht der Blumen und die Üppigkeit der Obstbäume und Gemüsepflanzen. Dichte Büsche purpurfarbener Bougainvilleas, orangefarbene Strelizien und die zartweißen Blüten der Obstbäume strahlten in der Sonne. In der Luft hing der Geruch von Neroli, Frangipani und Jasmin.

Jim trug einen frischen Kaftan und begrüßte Luxa freundlich. »Schön, dass Sie gekommen sind«

»Guten Morgen, Jim. Danke für die Einladung und auch noch für gestern. Das war ein wundervolles Abendessen«, erwiderte Luxa.

»Es war mir ein Vergnügen«, sagte er mit einem gutmütigen Lächeln. Als er weitersprach, wurde sein Gesichtsausdruck jedoch schnell ernst. »Es tut mir leid wegen gestern, Sie haben sicher bemerkt, dass irgendetwas nicht stimmte.« Plötzlich wirkte Jim gar nicht mehr wie der verstaubte Professor, sondern tatsächlich wie ein Geschäftsmann. Luxa wusste, dass er auf seine Reaktion auf Olivier Leblanc anspielte und sah ihn fragend an. »Sehen Sie, ich mache das nicht gerne, aber nach dem gestrigen Abend muss ich Sie warnen«, sagte er nun mit besorgt klingender Stimme.

»Wovor?«, fragte Luxa und hob die Augenbrauen. Schon wieder warnte sie jemand. Erst Marys Mutter und nun dieser Mann.

Bevor Jim weitersprach, führte er Luxa an den großen Tisch und brachte eine Kanne mit dampfendem Kaffee, frisch gebackenes Brot, Ziegenkäse, Butter und Orangenmarmelade. Während er alles sorgfältig arrangierte, dachte Luxa, dass er einen gewissen Hang zur Dramatik besaß. Diese Pausen, bevor er zur Sache kam, machten sie nervös. Als er sich endlich ihr gegenüber hingesetzt hatte, ergriff er wieder das Wort.

»Sie haben gestern einen Namen erwähnt, der mich aufhorchen ließ. Wie und wo haben Sie denn diesen Monsieur Leblanc getroffen?«

Luxa erzählte ihm die Geschichte vom Flughafen in Singapur, verschwieg jedoch den Kuss.

»Sie haben sich also nur harmlos unterhalten? Eine Zufallsbekanntschaft sozusagen?« Luxa nickte. »Und er hat nicht nach etwas bestimmten gefragt?«

»Nein, nicht dass ich wüsste.«

Nach einer langen Pause, in der Jim die richtigen Worte zu suchen schien, sah er Luxa wieder mit ernster Miene an. Dann fuhr er fort: »Sie hatten Recht zu vermuten, dass ich Herrn Leblanc kenne. Ich kenne ihn leider zu gut. Wir haben vor vielen Jahren für die gleichen Auftraggeber gearbeitet. Seine Arbeitsweise war allerdings etwas skrupelloser und damit erfolgreicher als meine und er ist in diesem ... äh ... Geschäft schnell aufgestiegen.« Jim sah verächtlich drein, als er dies sagte. »Heute arbeitet er für die reichsten und mächtigsten Leute der Welt. Und ich spreche nicht von Politikern, meine Liebe. Ich meine damit die Leute, die die Regierungen eines jeden Landes dieser Erde nach ihrer Pfeife tanzen lassen. Diese Leute bestimmen, was Sie in den Nachrichten sehen, welche Medikamente Sie schlucken und welches Land zu einem gegebenen Zeitpunkt mit einem anderen Krieg führt.«

Luxa schluckte. War dieser Mann eine multiple Persönlichkeit und hielt sich einmal für Einstein und dann wieder für James Bond? Gleichzeitig war er auch ein Freund von Matt und Matt musste ihm vertrauen. Jim schien ihre Gedanken erraten zu haben.

»Keine Angst Luxa, ich leide nicht an Schizophrenie oder zumindest nicht mehr als wir alle. Obwohl mich ein Nervenspezialist tatsächlich für geistesgestört erklärt hat. Dafür musste ich ihn allerdings mit einem Vermögen bestechen, sonst wäre ich aus diesem schmutzigen Geschäft nicht lebend rausgekommen. Für Leblanc und seinesgleichen bin ich nicht mehr gefährlich und ich erweise meinem Namen Crazy Jim auch alle Ehre. Ich muss zugeben, mir macht es sogar Spaß, als ein bisschen verrückt zu gelten. Es verleiht dem Leben eine gewisse ... Leichtigkeit.« Er lächelte, wurde aber sofort wieder ernst. »Sehen Sie Luxa, ich erzähle Ihnen das nur, weil man einem Mann wie Leblanc nicht einfach zufällig in einer Flughafenbar begegnet. Er überlässt *nichts* dem Zufall. Was er von Ihnen will, können nur Sie allein wissen. Eines jedoch ist sicher, Luxa, Sie sind in äußerster Gefahr!« Er machte eine Pause und sah sie eindringlich an. »Ich habe Ihnen das gestern nicht gesagt, weil Sie in Begleitung waren und ... von jetzt an können Sie nichts und niemandem mehr trauen.«

Was um Himmels willen war mit ihrem Leben los? Von einem Moment auf den anderen schien sich alles verrückter und verrückter zu gestalten. Ein unglaubliches Ereignis reihte sich an das nächste. Luxa hatte nicht die geringste Ahnung, was dieser angebliche Bösewicht Leblanc von ihr wollte. So wie Jim von ihm sprach, hätte er der Teufel persönlich sein können. Leblanc, der Weiße klang dagegen recht harmlos. Der Weiße? Der Gedanke traf Luxa wie ein Blitz. Der Weiße! Genau davor hatte Marys Mutter sie gewarnt, vor etwas Weißem. Hatte sie Leblanc gemeint? Warnten Jim und die alte Frau sie vor dem gleichen Mann? Die Erkenntnis schnürte ihr die Kehle zu.

»Sind Sie okay, Luxa?«, fragte Jim, als er sah, dass ihr die Farbe aus dem Gesicht gewichen war.

Sie atmete tief ein, bevor sie ihm ungewohnt scharf antwortete: »Darth Vader lädt mich zum Cocktailtrinken ein, Big Brother ist mir auf den Fersen. Und irgendjemand pflanzt mir ein Mikrofon ins Schlafzimmer. Was in aller Welt ist denn hier los? Ich bin eine harmlose Anthropologin, keine Mata Hari!« Sie sah Jim geradewegs in die Augen, als sie fortfuhr: »Eine Warnung allein nützt mir nichts, wenn ich nicht weiß, womit ich es zu tun habe!«

Jim rieb sich am Kinn und legte die Stirn in Falten. Er schien sorgfältig abzuwägen, wie viel er ihr erzählen konnte. Als er schließlich zu sprechen begann, wirkte er mit einem Mal sehr müde.

»Vor langer Zeit begannen meine damaligen Auftraggeber und Olivier Leblanc ihre ›Forschungen‹ – nennen wir sie einmal so – auf Australien zu konzentrieren. Dafür gab es zwei Gründe. Der erste hat seinen Ursprung in der Geophysik dieses Planeten. Wir wissen seit langem, dass die südliche Welthalbkugel im Gegensatz zur nördlichen Hemisphäre unter dem Einfluss andersartiger elektromagnetischer Strahlung steht.« Luxa hob fragend die Augenbrauen. »Denken sie nur an die Korioliskraft, wenn das Wasser in entgegengesetzter Richtung den Abfluss hinunterwirbelt. Diese Erscheinung ist ein relativ schwaches Beispiel für die immensen Auswirkungen dieses Phänomens. Die Aborigines wissen alles darüber und geben wohlweislich nichts davon preis. Das Wissen um die Songlines ist um einiges brisanter, als die meisten Leute ahnen und liegt nur in verschlüsselter Form vor. Es ist so ähnlich wie bei diesen ›magischen‹ Bildern, die zunächst als verschwommene Muster erscheinen und plötzlich einen Sinn ergeben, wenn man sie auf unkonventionelle Weise, sozusagen mit anderen Augen betrachtet.« Luxa nickte. »Wir wissen immer noch nicht ganz genau, mit welchen Augen wir die Kunst, die Lieder oder die Tänze der Aborigines betrachten sollen, um auf den Grund ihres Wissens zu kommen.« Luxa runzelte die Stirn. Jim sprach hier von geheimem Wissen, das nur für die Initiierten bestimmt war. »Ich weiß, ich weiß Luxa, ich spreche hier von einem Tabu, von der Ausbeutung der Kultur dieser Menschen und deshalb bin ich auch ausgestiegen. Sehen Sie, ich war ein junger, ehrgeiziger Wissenschaftler und bekam ein Angebot, das ich nicht ausschlagen konnte. Erst als ich bereits mittendrin steckte und es keinen Ausweg mehr gab, zumindest keinen, bei dem ich mit dem Leben davongekommen wäre, wurde mit klar, um was für ein schmutziges Geschäft es sich eigentlich handelte«, erklärte Jim und fügte dann eindringlich hinzu: »Aber es geht hier nicht um mich, sondern um Sie!« Er sah Luxa lange und ernst an und sie erinnerte sich an Luke, der ihr damals als erster von den Songlines erzählt hatte. Auch er hatte Wissenschaftler erwähnt, die für viel Geld an der Entschlüsselung des geheimen Wissens arbeiteten. Seine Worte waren also keine Hirngespinste gewesen, um sich bei einer naiven Studentin interessant zu machen. Ihre Neugierde war wieder geweckt.

»Und was genau hat es mit diesen elektromagnetischen Strahlungen auf sich?«

»Eine ganze Menge, Luxa. Verschiedene Menschen sind aus unterschiedlichen Gründen an ihnen interessiert. Die tellurischen Ströme, wie man sie auch nennt, sind mit den Meridianen aus der chinesischen Medizin vergleichbar. Demzufolge ist unser ganzer Körper von Kanälen durchzogen, in denen *chi* verläuft, das wir mehr schlecht als recht mit Energie übersetzen. Interessanterweise habe ich von einem Experiment gelesen, bei dem ein koreanischer Professor herauszufinden versucht hat, ab welchem Zeitpunkt in unserer Entwicklung diese Meridiane vorhanden sind.«

»Und?«, fragte Luxa gespannt.

»Er konnte sie in Hühnerembryos bereits ein paar Tage nach deren Befruchtung nachweisen!«

»Das heißt, dass diese Meridiane vorhanden sind, bevor das Lebewesen seine eigentliche Form annimmt!«, staunte Luxa und Jim nickte.

»Ich würde sogar noch weiter gehen, meine Liebe. Sie sind die eigentliche Kraft, die hinter der Formation des Lebewesens steckt. Keine Meridiane, kein Leben.«

Luxa war fasziniert, aber was hatte das alles mit ihr zu tun?

»Im Endeffekt heißt das, dass die grobstoffliche Form, also die Materie, die wir mit unseren fünf konkreten Sinnen erfassen können, der feinstofflichen Form nachfolgt und von ihr kontrolliert wird, wobei wir diese nur mit unserem verwitterten sechsten Sinn ausmachen können. Wenn man es dramatisch ausdrücken möchte, ist unser Körper Sklave der Energie, die ihn und alles andere geschaffen hat. Ein Energieblock in diesen Meridianen hat also immer eine Störung im eigentlichen Körper zur Folge.«

»Heißt das, dass eine Störung im Fluss der elektromagnetischen Energie der Erde auch eine Störung in ihrer physikalischen Form mit sich bringt?«, fragte Luxa aufgeregt.

»Genau das wird vermutet. Und zudem eine Störung in allem, was damit verbunden ist, uns eingeschlossen.«

Luxa war beeindruckt von Jims kleinem Vortrag. Und was macht Australien so einzigartig im Hinblick auf diese Ströme?«, fragte sie weiter.

»Wie ich schon erwähnt habe, die Ströme verlaufen hier anders, man nimmt an, dass sie sich näher an der Erdkruste befinden und deshalb stärkere Auswirkungen auf die Erde und alles was sich darauf befindet, Mensch, Tier, Pflanzen haben. Außerdem sind sie dadurch leichter zugänglich, als in anderen Teilen der Erde. Und nicht zuletzt sind sie auf diesem Kontinent bis vor lächerlichen 200 Jahren nicht gestört worden. Die Aborigines haben die Erde in ihrer Weisheit weder auf feinstofflicher noch auf grobstofflicher Basis verschmutzt. Der größte Teil dieses Kontinents, nämlich das Outback ist noch so, wie vor Millionen von Jahren. In zahllosen Zeremonien haben die verschiedenen Clans sichergestellt, dass die tellurischen Ströme frei fließen können. Sie wissen, dass jegliche Störung auch ihr eigenes Überlebens gefährdet, sei es durch Naturkatastrophen oder das Ausbleiben von Wild und anderer Nahrung. Sehen Sie Luxa, Cyclone Tracy zum Beispiel, der Wirbelsturm, der halb Darwin zerstört hat, wird von den Aborigines als direkte Folge der Uranmine im Herzen des Kakadu Nationalparks gesehen, denn dort befindet sich eine ihrer heiligen Stätten.«

»Ist das nicht eine Art Aberglaube?«, fragte Luxa skeptisch.

Jim lachte auf. »Wenn ich Ihnen sage, dass aufgrund der elektromagnetischen Strahlung, die durch Solarstürme verursacht wird, Satelliten und andere sensible Geräte nicht mehr funktionieren, Telefonverbindungen unterbrochen werden, ist das dann wissenschaftlicher? Oder die Quantentheorie? Alles ist mit allem zu jeder Zeit verbunden? Hört sich doch ein bisschen esoterisch an, oder? Die meisten Leute haben immer noch keine Ahnung wie und warum ihr Telefon funktioniert, aber sie nehmen die Kommunikation mit Leuten, die sie weder sehen noch in ihrer Nähe wissen als völlig normal hin. Vor ein paar hundert Jahren wäre man für den Glauben an das Telefon noch auf dem Scheiterhaufen verbrannt worden. Luxa, denken Sie wirklich, dass wir heutzutage alle Rätsel, die Wunder dieser Erde alle entdeckt haben und erklären können? Das haben die Inquisitoren zu Galileos Zeiten auch gedacht und waren fest davon überzeugt, dass sich die Sonne um die Erde dreht.« Er machte eine lange Pause, bevor er weitersprach: »Nein, nein meine Liebe, so gerne wir es uns auch vormachen, wir haben auf die wirklich wichtigen Dinge des Lebens keine Antworten. Wir kleben kleine Heftpflaster auf offene Geschwüre.«

»Und Olivier Leblanc? Wonach genau sucht er?« Luxas schwirrte der Kopf und sie hatte noch immer nicht verstanden, worauf Jim eigentlich hinauswollte.

»Nach den Akupunkturpunkten dieses Planeten«, erwiderte

Jim knapp. »Sehen Sie, die tellurischen Ströme können beeinflusst werden, genau wie die Meridiane des Körpers mit Akupunkturnadeln oder Laser beeinflusst werden können. In vielen Regionen der Erde hat man das mit Bauten an bestimmten Orten versucht, denken Sie nur an die gotischen Kathedralen oder die Pyramiden, die uns noch immer in Staunen versetzten. Sie fungieren als eine Art Nadel, mit der die Erdenergien manipuliert werden können. Auch die alten Druiden haben sich dieser Energien bedient. Stonehenge, Dolmen und Menhire sind nichts anderes als Hilfsmittel, um die tellurischen Ströme zu kontrollieren – mit guten oder weniger guten Absichten. Die Alten wussten, was sie zu tun hatten. Irgendwie ist uns dieses Wissen, das die Aborigines noch immer besitzen, verloren gegangen. Die frei umherziehenden Nomaden, die wir *alle* noch bis vor lächerlichen zehntausend Jahren waren, haben einen Weg gefunden, diese Energie anzuzapfen. Als sie mit dem Ackerbau sesshaft wurden, ahnten sie nicht, dass sie damit bereits begannen, die Natur aus dem Gleichgewicht zu bringen. Die katastrophalen Auswirkungen, die diese harmlose Entwicklung hatte, können Sie heute überall in der Welt sehen.«

»Sie denken also, dass die Manipulation dieser Energien sich auf die Erde und auch auf uns schädlich auswirkt? Und dass der Ursprung bereits in der Aufgabe des Nomadentums liegt?« Diese Gedanken waren für Luxa völlig neu, doch sie leuchteten ihr auch ein.

»Genau, das denke ich. Es mag radikal klingen, aber mit jeder Manipulation, sei sie noch so klein, ändern wir das ursprüngliche Gleichgewicht der Erde . Meiner Meinung nach gibt es auf diesem Planeten nur zwei Kulturen. Eine verehrt die Erde, hält sie durch Rituale intakt, identifiziert sich mit ihr und belässt sie so, wie sie uns gegeben worden ist. Die andere Kultur missachtet die Natur und manipuliert sie zu eigenen Gunsten. Dazu gehören natürlich wir sogenannten Westler, aber meiner

Meinung nach auch die alten Hochkulturen, wie etwa die Mayas oder die alten Ägypter. Ich schließe eigentlich alle Nicht-Nomaden in diese Gruppe ein.«

Als ob er mehr gesagt hatte, als er eigentlich wollte, stand Jim auf, um Wasser für frischen Kaffee aufzusetzen. Luxas Neugierde war jedoch noch nicht gestillt.

»Und was macht eine Stelle zu einem Akupunkturpunkt?«

Jim schien ihre Frage nicht gehört zu haben, doch als Luxa begann, sie zu wiederholen, schnitt er ihr das Wort ab. »Mehrere Faktoren, auf die ich hier nicht alle eingehen will. Der wichtigste davon ist jedoch der folgende: Wie auch in unserem Körper kreuzen sich die Ströme an bestimmten Stellen. Diese Stellen sind von größter Bedeutung. Je mehr Ströme sich an einem Punkt kreuzen, desto gewaltiger ist die Energie dort und wir wissen mit Sicherheit, dass Uluru, Ayers Rock, eine dieser Kreuzungen darstellt. Wenn Sie schon einmal dort waren, werden Sie mir sicherlich recht geben. In der Akupunktur gibt es die sechs sogenannten Kommandopunkte, die Gao Wu in der Ming Dynastie erstmals beschrieben hat. An diesen sechs Punkten konzentriert sich derart viel Energie, dass jemand, der genau weiß, wie sie zu handhaben sind, den ganzen Körper kontrollieren kann. In seiner Beschreibung hat Gao Wu davor gewarnt, dass sie nicht leichthin von Untrainierten benützt werden dürfen. Olivier Leblanc und seine Auftraggeber wollen herausfinden, wo sich die entsprechenden Punkte der Erde befinden.«

»Ich muss zugeben, das alles hört sich ein bisschen nach Science-Fiction für mich an. Wenn es das ist, wonach er sucht, ist er bei mir an der falschen Adresse, ich habe ganz sicher keine Ahnung davon, wo diese Kommandopunkte der Erde sind«, erklärte Luxa irritiert.

»Science-Fiction oder nicht Luxa, denken Sie gut nach, Sie müssen irgendetwas besitzen oder wissen, das für ihn von Nutzen ist. Da er sich schon die Mühe gemacht hat, Sie selbst zu treffen, muss es von großer Bedeutung sein. Und glauben Sie mir, er wird alles daran setzen, es zu bekommen. So oder so.« .

Als sie bereits auf dem Weg zum Auto waren, fragte Jim beiläufig: »Sagen Sie meine Liebe, wo sind Sie eigentlich geboren?« Luxa zuckte unwillkürlich zusammen. Was wusste er über sie? Doch dann beruhigte sie sich schnell wieder. Niemand wusste etwas von ihrer Vergangenheit, im Grunde genommen noch nicht einmal sie selbst. »In Berlin«, log sie mit einem unschuldigen Lächeln. Jim nickte, sah sie dabei jedoch forschend an.

Sie hatte sich schon von Jim verabschiedet und den Motor angelassen, als ihr etwas einfiel. Sie ließ das Wagenfenster noch einmal herunter und rief ihm nach: »Worum handelt es sich bei dem zweiten?«

Jim drehte sich um, als ob er ihre Frage erwartet hatte und hob fragend die Augenbrauen.

»Dem zweiten Grund für das Interesse Olivier Leblancs an Australien, wir haben nur über die tellurischen Ströme gesprochen«, erklärte Luxa.

Auf Jims Gesicht breitete sich ein Lächeln aus. »Sie sind eine gute Zuhörerin, Luxa. Ich hatte gehofft, Sie hätten vergessen, dass ich einen zweiten Grund erwähnte.«

Sobald Luxa verschwunden war, startete Jim hastig seinen Laptop und loggte sich in einen Chatroom ein.

24

»Eine Nachricht für Sie, Monsieur Leblanc.«

Davide betrat das Büro seines Chefs mit dem Papierausdruck einer E-Mail. Leblanc hasste es, am Computer zu sitzen und beschäftigte eine Reihe von Angestellten, die ihm diese und andere Notwendigkeiten abnahmen.

»Danke Davide. Sie können den Tee in einer halben Stunde im Salon servieren. Und haben Sie sich erkundigt, wie der Premierminister seinen Tee zu sich nimmt?«

Davide nickte ohne seine Mimik zu verändern und verließ lautlos den Raum. Olivier hatte sich bereits in die Nachricht vertieft. Er runzelte die Stirn, als er las, dass Dr. Luxa Lander sich bereits auf dem Weg nach Darwin befand. Luke, dieser Versager, hatte sie also nicht halten können. Luke Robson war ein ausgezeichneter Wissenschaftler, einer der besten, die je für ihn gearbeitet hatten. Er war es, der einen Zusammenhang zwischen den Bradshaws und Mu hergestellt hatte. In Liebesdingen schien er jedoch ein Verlierer zu sein. Olivier bedauerte, dass er sich auf Lukes Vorschlag in Bezug auf Dr. Lander eingelassen hatte. Sicherlich wäre es die einfachste Lösung gewesen, aber er hätte sich denken können, dass die wichtigsten Dinge eben ihren Preis hatten. Vor allem, wenn dabei eine Frau wie Luxa Lander eine Rolle spielte. Nein, er korrigierte sich: Dr. Lander spielte die *Hauptrolle* in diesem Spiel, das der Höhepunkt seiner steilen Karriere werden sollte.

Olivier Leblanc kniff den Mund zusammen und überlegte. Sie musste mehr wissen, als sie vermutet hatten. Gut, dass er es gewesen war, der sie in Singapur getroffen hatte. So wusste er wenigstens genau, mit wem er es hier zu tun hatte. Luxa Lander war noch attraktiver als die Fotos von ihr vermuten ließen. Sein Typ war sie freilich nicht, ihn störte ein gewisser Ausdruck in ihrem Gesicht, eine Mischung aus Entschlossenheit und Intelligenz. Beides schätzte er an Frauen nicht. Und doch hatte er nicht widerstehen können, sie zu küssen. Er hatte es aber eher getan, um herauszufinden, was unter der schönen Haut lag. Zu seinem Erstaunen hatte sie ihn zurückgeküsst. Sie war offensichtlich eine Frau, bei der er mit allem rechnen musste.

Von jetzt an würde er nichts dem Zufall oder einer Niete wie

Luke Robson überlassen. Sein Instinkt sagte ihm, dass es sich bei ihrer Reise nach Darwin nicht um eine Urlaubsreise handelte. Er musste annehmen, dass sie etwas über die Bradshaws wusste und dabei war, mehr herauszufinden. Wenn er richtig lag, wusste sie vielleicht sogar etwas über das Lied. Er würde seine Taktik ändern müssen. Die Sache durfte auf keinen Fall an die Öffentlichkeit gelangen, vor allem nicht, da sie so nah am Ziel waren.

Leblanc trommelte gedankenverloren mit den Fingern auf den ebenhölzernen Schreibtisch. Er nahm sein Etui aus der Jackentasche und zündete sich eine Zigarette an. Nach dem ersten Zug lächelte er genüsslich und lehnte sich entspannt in seinem schwarzen Ledersessel zurück. Seine manikürten Hände mit den ungewöhnlich langen Nägeln wählten eine Nummer.

»Jackson«, meldete sich jemand am anderen Ende.

25

Am Nachmittag begleitete Luxa Mary nach Adelaide. Mary belieferte dort mehrere Cafés mit Croissants und setzte Luxa vor einem etwas zwielichtig aussehenden Motel ab. Es war das einzige, das sich in der Nähe des Flughafens befand und noch ein Zimmer frei hatte. Die Frauen verabschiedeten sich mit einer langen Umarmung.

»Viel Glück und melde dich bald bei mir«, sagte Mary und wischte sich dabei eine Träne aus den Augen.

Luxa hatte Mary nichts von dem Gespräch mit Jim erzählt und schämte sich ein bisschen für ihre Vorsicht. Wie könnte sie dieser Frau, die ihr in den letzten Wochen so sehr geholfen hatte, misstrauen? Doch sie hatte noch immer Jims Worte im Ohr: *Von jetzt an können Sie nichts und niemandem mehr trauen.*

Jim hatte ihr geraten, von Adelaide nach Darwin zu fliegen, sich dort ein Auto zu besorgen und sich auf den Weg nach

Kununarra im Herzen der Kimberleys zu machen. In dieser kleinen Stadt würde sie bestimmt jemanden finden, der ihr Auskunft geben konnte, wo sich die Station von Matts Familie befand. In einem so spärlich besiedelten Gebiet wie den Kimberleys kannte man sich, auch wenn die Nachbarn oft hunderte von Kilometern entfernt lebten. »Ich würde Ihnen gerne meine Hilfe anbieten«, hatte Jim gesagt, »aber ich fürchte, ich könnte Sie in noch mehr Gefahr bringen.« Er hatte ihr Landkarten, einen Kompass und ein UHF Radio mitgegeben und sie gefragt, ob sie Übung im Geländefahren hätte. »Das ist wildes Land«, hatte er sie gewarnt. »Es gibt nur unbefestigte Straßen und die haben oft riesige Löcher.«

Luxa hatte auf ihren Studienexkursionen ab und zu einen Geländewagen mit Allradantrieb gefahren und machte sich darüber jetzt keine allzu großen Sorgen. Sie fragte sich immer noch, ob man ihr wirklich auf den Fersen war. War sie tatsächlich in Gefahr? Sie hatte Leblanc vor mehr als zwei Wochen getroffen. Wenn er etwas von ihr wollte, hätte er sich doch sicherlich bei ihr gemeldet, oder ein paar Männer in schwarzen Anzügen vorbeigeschickt. Vielleicht hatte Jim ja wirklich eine Schraube locker. Als er ihr schließlich den zweiten Grund für Leblancs Interesse genannt hatte, war ihr dieser noch verrückter erschienen, als der erste. Er hatte von »Mu« gesprochen. Dann hatte er ihr versprochen, einen seiner ehemaligen Kollegen zu kontaktieren und Genaueres herauszufinden. Wenn sie sich in den nächsten Tagen bei ihm meldete, würde er ihr mehr sagen können.

Während sie im grellen Neonlicht an die Decke des Motelzimmers starrte, fragte sich Luxa, ob man sie vielleicht mit jemand anderem verwechselte. Aber würde ein Mann wie Leblanc einen solchen Fehler begehen? Das war eher unwahrscheinlich. Konnte es etwas mit ihrer Arbeit zu tun haben? Nein, eine Verbindung zwischen ihren Studien und dem, was Jim ihr erzählt hatte, war nicht herzustellen. Instinktiv wusste sie, dass der Schlüssel zu Leblancs Interesse an ihr in ihrer Kindheit zu finden war. Aber wie sollte sie ihn dort jemals finden? Sie war eine Fremde in ihrem eigenen Körper.

Als sie das Licht gelöscht hatte und versuchte, zu schlafen, überkam sie eine übermächtige Sehnsucht nach Matt. Sie wickelte sich in die Bettdecke und stellte sich vor, in Matts Armen zu liegen. Mit dem Gedanken an sein Gesicht schlief sie schließlich ein.

Luxa hatte einen Frühflug, einen sogenannten Red-Eye-Flug gebucht. Die Maschine würde um sechs Uhr starten und es war noch stockdunkel, als sie in das Taxi zum Flughafen stieg. Die morgendliche Kälte und der leichte Nieselregen entsprachen Luxas Stimmung.

Als sie am Flughafen in Adelaide ankam, war die Hälfte der Terminals noch nicht beleuchtet und auch das Café lag im Dunkeln. Sie würde ihr Gepäck aufgeben und sich dann einen Kaffee vom Automaten holen.

»Guten Morgen, Dr. Lander«, wurde sie freundlich von der blonden Qantas-Mitarbeiterin am Schalter begrüßt und Luxa gelang es, ihr fast ebenso freundlich zuzunicken.

»Darwin!«, rief die Blondine aus und schüttelte ihren perfekten Pferdeschwanz, »ich hoffe, Sie haben Ihren Bikini eingepackt. Hier ist Ihre Bordkarte, der Einstieg beginnt in zehn Minuten. Viel Spaß!«

Spaß?, daran hatte Luxa noch gar nicht gedacht. Sie stand schließlich am Beginn eines Abenteuers. Oder war sie bereits mittendrin? Vielleicht sollte sie es einfach genießen, wenn sie die Situation schon nicht ändern konnte. Der Kaffee schmeckte scheußlich, doch sie trank ihn trotzdem, um einen klaren Kopf zu bekommen.

Die Passagiere, die sich nach und nach am Flughafen

einfanden, hatten tatsächlich meist noch rote Augen und gähnten wie sie selbst. Die meisten waren Geschäftsleute, die am Abend wieder zurückfliegen würden. Mit der Zeitung in der einen und dem Aktenkoffer in der anderen Hand, gekleidet in von hellgrau bis schwarz changierenden Anzügen, schienen sie sich kaum voneinander zu unterscheiden. Auch ihre Frisuren glichen sich. Abenteuer schienen sie nur in der Auswahl ihrer Krawatten zu erleben. Punkte oder Streifen? Einige tippten geschäftig auf ihren Laptops, andere standen mit dem Mobiltelefon am Ohr vor den Glastüren. Die vereinzelten Touristen bildeten mit ihrer meist bunten Kleidung einen starken Kontrast dazu.

Als das Flugzeug startete war es immer noch dunkel, doch wenig später, als ihr eine weitere blonden Flugbegleiterin in Qantas-Uniform das Frühstück servierte, konnte sie von ihrem Fensterplatz den Sonnenaufgang beobachten. Langsam erwachte die rote Erde unter ihr.

Sie war auf dem Weg ins Herz dieses uralten Kontinents, nach Alice Springs. Von den Australiern wurde die Stadt liebevoll »The Alice« genannt. Die Oase in der Wüste tauchte nach eintausendfünfhundert Kilometern plötzlich wie aus dem Nichts im Outback auf. Gleich daneben befand sich Ayers Rock, mittlerweile Uluru genannt, sowie Katajuta, früher die Olgas. Die Touristen, die neben ihr im Flugzeug saßen, rieben sich aufgeregt die Augen. Für viele würde ein Aufstieg zum Uluru der Höhepunkt ihrer hastigen Urlaubsreise sein. Luxa konnte sich noch gut daran erinnern, als »The Rock« vor vielen Jahren vor ihr aufgetaucht war. Sie hatte zuvor hunderte von Bildern des Felsens gesehen und war überzeugt gewesen, dass der Anblick des Originals sie enttäuschen würde. Auf die Gefühle, die in ihr aufwallten, als sie ihn dann erblickte, war sie nicht vorbereitet gewesen. Sie hatte angefangen zu weinen. Die Gewaltigkeit und Präsenz des größten Monolithen der Erde waren einfach überwältigend. Lange hatte sie ihn in stiller Ehrfurcht bewundert. Sie wusste, dass er eine der heiligsten Stätten der Aborigines darstellte und sie war überzeugt, dass jeder noch so ignorante Tourist das respektieren würde. Damit hatte sie jedoch falsch gelegen. Als sie am Fuße Ulurus ankam, sah sie bereits eine Schlange von Touristen, die ihn besteigen wollte.

Luxa dachte an Jim, der Uluru als einen der wichtigsten Knotenpunkte im Fluss der sogenannten tellurischen Ströme beschrieben hatte. Sie konnte nicht bestreiten, dass der Felsen eine überwältigende Wirkung hatte und es hätte sie nicht gewundert, wenn diese Wirkung nicht nur in seiner physikalischen Gewaltigkeit lag, sondern noch einen subtileren Grund hatte. Zudem wusste Luxa, dass er aufgrund der Kontinentalverschiebung entstanden war. Er war eine Erinnerung an Gondwana, das große südliche Land, in dem Australien, Südamerika, Antarktika und Afrika einmal eine Einheit gebildet hatten.

Dieses Mal währte ihr Aufenthalt im Zentrum Australiens nur kurz. Sie hatte gerade genug Zeit, sich ein wenig in dem kleinen Flughafen umzusehen und einen Espresso zu bestellen. Mit geschlossenen Augen kostete sie das bittere Aroma des Kaffees aus, als sie irritiert bemerkte, dass sie beobachtet wurde. Ein Blick schien sich in ihren Nacken zu bohren. Als sie sich rasch umdrehte, um ihren Beobachter zu erspähen, stieß sie die Tasse mit extra heißem Espresso um, der auf ihrem Oberschenkel landete und sie schmerzerfüllt aufschreien ließ. Als der Schmerz nachließ und sie sich noch einmal umsah, war niemand mehr da. Aus dem Lautsprecher erklang eine näselnde Stimme, die sie aufforderte, die Maschine für den Weiterflug nach Darwin zu besteigen. Luxa fragte sich, ob sie sich alles nur eingebildet hatte.

Nach weiteren eintausenfünfhundert Kilometern veränderte sich das Land. Die tiefrote Erde machte einem saftigen Grün Platz. Luxa erkannte die türkisblaue, von Palmen eingerahmte

Küste Darwins. Unter ihr lag die Hauptstadt des tropischen australischen Nordens, nur einen Katzensprung von Indonesien entfernt. Feucht-schwüle Luft und 32 Grad im Schatten, 365 Tage im Jahr. Darwin hatte sich seit seiner Verwüstung durch den Wirbelsturm Tracy in den 80er Jahren zu einer modernen Großstadt entwickelt, die wegen ihres Klimas, ihrer Strände und der Ausflugsmöglichkeiten im Umland ein beliebtes Ziel für einheimische Touristen und Besucher aus dem Ausland war. Ein Backpackerhostel reihte sich an das nächste und es mangelte ebenso wenig an exklusiven Ferienanlagen. Das exotische Darwin hatte für jeden etwas zu bieten. Eine Hauptattraktion war der Kakadu National Park, ein spektakuläres Wildreservat mit gigantischen Wasserfällen und Höhlenmalereien im Stil von Röntgenbildern. Luxa nahm an, dass den Touristen nichts von der Uranmine im Herzen des Parks erzählt wurde. Gleich dahinter lag Arnhem Land, ein mehr oder weniger abgegrenztes Gebiet, in dem Aborigines lebten und das nur mit der Erlaubnis der Northern Land Verwaltung betreten werden durfte.

Die meisten Besucher kamen entweder von der Ostküste oder waren auf dem Weg dorthin. Luxas Ziel war hingegen der Westen, wo die mysteriösen Kimberleys lagen. Diese Richtung schlugen nur wenige Touristen ein und wenn, dann blieben sie meist auf der Straße, die direkt nach Broome führte. Das Herz der Kimberleys blieb den meisten verschlossen. Der größte Teil des Nordwestens war nur mit dem Boot oder mit dem Hubschrauber zu erreichen. An manche Orte gelangte man nur nach tagelangen Fußmärschen, an andere überhaupt nicht.

Als Luxa aus dem Flugzeug stieg und sich auf den Weg ins Flughafengebäude machte, nahm ihr die schwüle Hitze fast den Atem. Sie war bereits nach fünf Minuten schweißgebadet und dankbar, dass das Gebäude klimatisiert war. Das Fließband der Gepäckausgabe hatte gerade angefangen, die Gepäckstücke auszuspucken und sie erspähte ihren Koffer, der sich den Weg zu ihr bahnte. Nur mit Schwierigkeiten konnte sie ihn vom Laufband heben und ärgerte sich darüber, dass sie wieder einmal zuviel eingepackt hatte. Als sie sich zum Gehen wandte, bemerkte sie in etwa dreißig Meter Entfernung einen Mann, der sie von der anderen Seite des Rondells anstarrte. Er war überaus elegant gekleidet und musste in der ersten Klasse gereist sein, da sie ihn auf dem Flug nicht bemerkt hatte.

Luxas Herz begann schneller zu schlagen und sie erinnerte sich an Jims Warnungen. Hastig wandte sie den Blick ab und begab sich zum Aufzug. Der Mann folgte ihr. Als die Lifttür aufging, sprang Luxa hinein und drückte den nächstbesten Knopf, doch ihr Verfolger zwängte sich gerade noch durch die sich bereits schließende Tür und packte sie fest am Arm. Luxa schrie auf.

»Das ist meiner«, sagte er barsch und Luxa verstand nicht, was er von ihr wollte.

»Das ist mein Koffer«, wiederholte der Mann und zeigte verärgert auf das Gepäckstück neben Luxa. Ungläubig betrachtete sie den Koffer und bemerkte, dass er tatsächlich andere Schnallen hatte, als ihrer. Sie hatte versehentlich den Koffer dieses Mannes mitgenommen und wäre fast damit entkommen. Erleichtert darüber, dass ihr Verfolger kein Killer war, entschuldigte sie sich mit ihrem süßesten Lächeln bei ihm. Der Mann schüttelte nur den Kopf, nahm seinen Koffer und verließ den Aufzug.

Nachdem sie sich endlich im Besitz ihres eigenen Koffers befand, der bereits einige einsame Runden auf dem Fließband gedreht hatte, nahm sich Luxa ein Taxi.

»Zum Tropical Gardens Hotel, bitte«, wies sie den übergewichtigen Taxifahrer an, der sie gutmütig anlächelte und es sich nicht nehmen ließ, seiner aufgekratzten Passagierin seine

Lebensgeschichte zu erzählen. Und so erfuhr Luxa eher unfreiwillig, dass der Taxifahrer Craig sich niemals außerhalb von klimatisierten Räumen bewegte. Sein Haus war mit einer Klimaanlage ausgestattet, sein Auto, das Einkaufszentrum, die Pubs, die Banken und Restaurants, die er besuchte. »Nur so kann man es hier aushalten, das Klima ist reiner Selbstmord und ich will schließlich nicht *troppo* werden.« Bei diesen Worten tippte er sich eifrig an die Stirn. Trotz der Kühle im Innern des Wagens stand ihm der Schweiß auf der Stirn. Luxa nickte und lächelte ihm höflich zu, konnte sich aber nicht davon abhalten, sich alle paar Minuten nach möglichen Verfolgern umzusehen.

»Die Anzahl der eiskalten Biere, die in Darwin verkauft werden, ist größer, als in irgendeiner anderen Stadt auf dem Globus«, sagte der Fahrer mit ernster Miene, und Luxa belustigte die Dramatik, die er dabei an den Tag legte. Sie selbst hätte jetzt ein eiskaltes Bier gut gebrauchen können. Vor dem Hotel angekommen, gab Luxa dem Fahrer ein großzügiges Trinkgeld und lehnte sein Angebot ab, ihren Koffer zur Rezeption zu tragen. Sie wollte ihm einen Schweißausbruch ersparen.

Das Hotel machte seinem Namen alle Ehre. Es war umringt von Palmen und tropischen Pflanzen, die einen betörend süßen Geruch verströmten. Luxa machte die Augen zu und hätte schwören können, in Asien zu sein. Sie war fast ein wenig enttäuscht, dass die Luft nicht auch nach dem typischen Gemisch aus Räucherstäbchen und Latrinen roch, das sie von ihren Reisen nach Indien und Südostasien kannte. Nach den Gästen zu urteilen, schien das Hotel auch als Backpackerhostel zu fungieren. Vor ihr an der Rezeption warteten zwei junge blonde Mädchen mit schweren Rucksäcken, die sich auf deutsch über das Great Barrier Reef und die Whitsundays unterhielten.

Nach der Trägheit des Empfangsmitarbeiters zu urteilen, hatte man hier die Arbeitsgeschwindigkeit den klimatischen

Bedingungen angepasst. Die Klimaanlage schien entweder nicht zu funktionieren oder dem ständigen Auf und Zu der Türen nicht gewachsen zu sein. Luxas Kleidung klebte an ihrer Haut und sie dachte ungeduldig an den Pool, den sie schon von draußen gesehen hatte.

»In ein paar Tagen haben Sie sich daran gewöhnt.« Der junge Mann hinter ihr schien ihre Gedanken erraten zu haben. »Hi«, sagte er nun, »ich bin Jackson, der neue Animations-Chef des Hauses.«

Amüsiert musterte Luxa den Typen, der ihr ein wenig zu forsch erschien, vor allem, als er ihr und den beiden Mädchen nun auch noch zuzwinkerte. Er konnte höchstens fünfundzwanzig sein und hatte offensichtlich schon viel Zeit in der Sonne verbracht. Das blonde Haar hatte er mit Gel nach hinten gekämmt und um seinen Hals hingen mehrere Goldkettchen. Seine ausgestreckte Hand ignorierend, nickte Luxa ihm kurz zu und widmete sich dann wieder ihrem Reiseführer. Die Mädchen vor ihr konnten sich Jacksons Charme jedoch nicht so schnell entziehen und sahen ihn fasziniert an. Luxa musste sie darauf aufmerksam machen, dass sie an der Reihe waren. Der Mann an der Rezeption hatte ihnen bereits zweimal zugerufen.

»Ich stehe Ihnen *jederzeit* zur Verfügung!«, begann Jackson nochmals ein Gespräch und Luxa sah entgeistert auf. Sie fragte sich, was er wohl unter Animation verstand. So wie er »jederzeit« betonte, musste er wohl eher die Nachtstunden meinen. Luxa lächelte kühl und war dankbar, endlich selbst an der Reihe zu sein. Sie hatte keine Lust, sich noch länger mit dem Animations-Casanova auseinander zu setzen. Als sie ihren Zimmerschlüssel in der Hand hatte, konnte sie ihn zu ihrer Erleichterung nirgendwo entdecken. »Gottes Geschenk an die Frauen«, dachte sie schmunzelnd und nahm ihren Koffer. Das war das Letzte, was sie jetzt gebrauchen konnte!

Das Wasser der Dusche lief eiskalt an ihrem Körper hinab. Auf dem Seifenhalter hatte sie eine Flasche Foster's aus der Minibar stehen. Luxa hatte heute noch viel vor, damit sie wie geplant, vor Ende der Woche in Richtung Kununurra aufbrechen konnte. Zunächst brauchte sie ein Auto. Jim hatte ihr geraten, sich einen Toyota Landcruiser zu besorgen. Gut, dass sie auf ihrem Konto in Deutschland genügend Geld hatte, um sich vorerst kein Sorgen um finanzielle Dinge machen zu müssen.

Nach dem Duschen legte sie sich nackt aufs Bett. Im Nachtkästchen hatte sie die Bibel und ein Branchenverzeichnis gefunden, das sie sofort nach Autohändlern durchforstete. Zwei davon waren auf Geländewägen spezialisiert und sie notierte sich die Nummern.

Sie brauchte eine ganze Weile, um in ihrem Koffer etwas zum Anziehen zu finden, das dem Klima angemessen schien. Außer dem Leinenkleid, das sie am Abend mit Matt getragen hatte, konnte sie allerdings nichts finden Und sie streifte es mit gemischten Gefühlen über. Als sie mit noch nassem Haar ihr Zimmer verließ, sah sie sich vorsichtig nach allen Seiten um, um nicht zufällig Jackson in die Arme zu laufen.

Keine zehn Minuten später befand sie sich im Herzen von Darwin. Diese Stadt war anders. Anders als Adelaide oder auch Sydney. Hier konnte man beobachten, wie zwei Welten mit einem großen Knall aufeinander prallten. Hier konnte man den Aborigines nicht aus dem Weg gehen, wie dies in den meisten anderen Städten möglich war. Manche schienen völlig eingegliedert in das Stadtleben und spielten das Spiel, für das die Weißen die Regeln aufgestellt hatten – oder taten zumindest so. Viele versuchten das Image der »Wilden«, das ihnen aufgedrückt worden war, von sich abzustreifen und weißer, als weiß zu werden. Luxa vermutete, dass ihre Ablehnung der eigenen Traditionen vielen Aborigines als einziger Ausweg erschien, in einer Kultur zu überleben, die ihrer eigenen so widerstrebte. Sie schienen den Rassismus internalisiert zu haben, schämten sich für ihr Schwarzsein und wurden außen weiß und innen schwarz, aber nicht zu schwarz. Nicht allen schien die Assimilation zu gelingen. Auf Parkbänken und unter Bäumen sah Luxa eine andere Gruppe Aborigines, die mit der Zerstörung ihrer Kultur und ihres Landes nicht zurechtkamen. Manche von ihnen tranken Spiritus, der ihnen einen billigen Rausch verschaffte, andere schnüffelten Benzin aus der Tüte. Mit glasigen Augen und einem verlorenen Lächeln flohen sie vor der weißen Realität. Die Vorbeigehenden schüttelten entweder den Kopf, oder ignorierten sie völlig. Vielen Weißen waren sie ein Dorn im Auge und ihre Existenz wurde immer wieder als Argument für die Minderwertigkeit der Aborigines missbraucht.

Nach einer Viertelstunde hatte Luxa gefunden, wonach sie suchte – ein Campinggeschäft. Dort kaufte sie ein kleines Zelt, eine sich selbst aufblasende Luftmatratze, einen leichten Schlafsack, einen kleinen Gaskocher sowie Kochausrüstung, zwei Taschenlampen mit Batterien, mehrere Wasserbehälter, Eisboxen und Benzinkanister, drei Paar khakifarbene Shorts, fünf leichte T-Shirts und einen nagelneuen Akubra. Ihre Blundstones waren noch gut erhalten, so dass sie keine neuen Stiefel kaufen brauchte. An der Kasse bezahlte Luxa alles mit ihrer Kreditkarte und erklärte der Verkäuferin, dass sie die Sachen morgen früh abholen würde.

Draußen auf der belebten Einkaufsstraße fand sie schnell ein Taxi, von dem sie sich zum ersten Autogeschäft chauffieren ließ. Die Fahrzeuge, die vor und in dem Geschäft ausgestellt waren, hatten eine größere Ähnlichkeit mit Traktoren als mit Personenkraftwagen. Luxa erklärte dem Verkäufer, dass sie ein Fahrzeug für die Kimberleys brauche. Er sah sie nur von oben bis unten an und fing dann an, unverschämt zu grinsen. Eine

Frau im Leinenkleid schien er nicht ernst nehmen zu wollen. Luxa fühlte Wut in sich aufsteigen. Als er ihr dann auch noch ein Tour-Unternehmen aufschwatzen wollte, platzte ihr endgültig der Kragen und sie stürmte aus dem Laden. Der Verkäufer blieb mit offenem Mund stehen.

Das zweite Geschäft befand sich glücklicherweise gleich um die Ecke. Zu ihrer Erleichterung sah Luxa hier eine Frau inmitten der Autos stehen. Sie war gerade dabei, ein Pärchen auf Probefahrt zu schicken. Sie war rundlich, etwas älter, hatte ein ledergegerbtes Gesicht und einen Gang, der jeden o-beinigen Farmer vor Neid hätte erblassen lassen.

»G'day love«, begrüßte sie Luxa, nachdem sie ihr entgegengekommen war. »Ich bin Corky. Was kann ich für dich tun, meine Süße?« Corky steckte die Hände in die Hosentaschen und kaute in regelmäßigen Abständen auf ihrem Kaugummi.

Nachdem Luxa beschrieben hatte, was sie brauchte, erklärte ihr Corky alles, was es über diese Autos zu wissen gab. Luxa verstand nur etwa ein Viertel davon. Nach etwa zwei Stunden und mehreren Probefahrten entschied sie sich schließlich für einen gebrauchten Landcruiser.

»Gutes Auto, love«, beglückwünschte sie Corky zu ihrer Wahl und schlug Luxa auf die Schulter. »Die Karre hat einem Minen-Ingenieur gehört, der ist nur ein bisschen in der Uranmine damit rumgefahren, dann war's auch schon vorbei.« Sie spuckte auf den Boden. »Knochenkrebs«, brummte sie achselzuckend und Luxa begriff erst nach einer Weile, dass die Mine etwas damit zu tun hatte. Nach einer weiteren halben Stunde, in der ihr Corky noch einmal alles erklärte, was es über das Auto zu wissen gab, nahm sie ihre Kreditkarte und bezahlte 30 000 Australische Dollar dafür. Sie wusste, dass das Auto das letzte war, woran sie sparen sollte. Dieser Lancruiser war erst ein Jahr alt und hatte nur 150 000 Kilometer auf dem Zähler. Für ein

Auto, das noch mit zwei Millionen Kilometern tadellos laufen konnte, war dieses hier ein richtiges Baby. Es hatte einen robusten Dachträger, zwei Reservereifen und einen sogenannten Schnorchel. »Damit du es auch noch fahren kannst, wenn dir das Wasser bis zum Dach reicht«, erklärte ihr Corky lachend.

»Praktisch«, entgegnete Luxa ironisch und fragte sich, welchen Unwägbarkeiten sie wohl auf ihrer Reise begegnen würde.

Als sie mit dem Auto auf dem Rückweg zum Hotel war, bemerkte sie erst, wie sehr ihr schon der Magen knurrte. Sie wollte zuerst zum Nachtmarkt fahren, den ihr der Empfangschef zum Essen empfohlen hatte, entschied sich einfachheitshalber aber schließlich doch für das Hotel. Sie bestellte GadoGado und ein kaltes Bier an der Poolbar, um vor dem Essen noch eine Runde schwimmen zu können.

Als sie ihr Hotelzimmer betrat, um sich einen Badeanzug anzuziehen und ein Handtuch zu holen, fiel ihr etwas auf. Das Ende des Reißverschlusses ihres Koffers war auf der rechten Seite. Als Linkshänderin schloss sie ihn immer zur linken Seite hin. Etwas stimmte nicht. Sie wusste, dass sie den Reißverschluss nicht einmal in der größten Eile so zugemacht hätte. Jemand musste ihren Koffer in ihrer Abwesenheit geöffnet haben. Aber wer? Und warum?

Sie sah sich im Zimmer um, konnte allerdings keine weiteren Unstimmigkeiten entdecken. Der Raum war so, wie sie ihn verlassen hatte. Luxa konnte die aufkommende Panik nur schwer unter Kontrolle halten. Sie hatte Angst, dass der Koffer etwas Gefährliches enthielt und war überzeugt, dass er nicht geöffnet worden war, um etwas zu entwenden. Sie zwang sich zur Ruhe und zog langsam den Reißverschluss auf. Wie sie vermutet hatte, fehlte nichts. Eine dumpfe Ahnung ließ sie jedoch weitersuchen und sie inspizierte das Gepäckstück Zentimeter für Zentimeter. Nach wenigen Minuten fand sie, wonach sie gesucht hatte. Sie ertastete den kleinen Gegenstand unter dem Futter des Koffers und musste es etwas einreißen, um ihn herauszuholen.

Wenn sie nicht gewusst hätte, wonach sie suchen sollte, hätte sie das Mikrofon nie gefunden. Das Futter selbst war völlig intakt und wer auch immer das kleine Ding hier platziert hatte, war entweder ein Zauberer oder extrem geschickt. Luxa hatte keinen Zweifel daran, dass sie es hier mit Profis zu tun hatte. Sie spülte das kleine schwarze Kügelchen den Abguss hinunter und hoffte, dass ihren mysteriösen Zuhörern die Ohren platzten.

Sie legte sich auf das Bett und starrte an die weiße Decke. Dass man sie beobachtete und dass Jims Worte nicht bloßer Unsinn waren, daran bestand kein Zweifel mehr. Warum aber konfrontierte man sie nicht? Warum hielt man ihr nicht einfach eine Knarre vor die Nase und holte sich, was man von ihr wollte mit Gewalt? Sie hätte sicherlich keinerlei Information zurückgehalten. Und warum ein Abhörgerät? Ihre Verfolger mussten doch wissen, dass sie allein unterwegs war und sich mit niemandem unterhielt. Warum also machten sie sich die Mühe, ein Mikrophon zu installieren? Wollten sie sie unter der Dusche singen hören? Sie erstarrte. Warum hatte sie nicht früher daran gedacht? Das musste es sein. Singen! Sie wollten das Lied hören. Das war die einzige Erklärung für das Mikrofon.

Ihr war erst einige Zeit nachdem sie den Abschiedsbrief ihres Vaters gelesen hatte klargeworden, was es mit dem Lied auf sich hatte. Zumindest wusste sie nun, wo es seinen Ursprung nahm, seine Bedeutung blieb ihr immer noch verschlossen. Sie hatte also richtig gelegen. Der Grund für Leblancs Interesse an ihr lag in ihrer frühen Kindheit. Wusste er, wer sie war? Wie konnte er mehr über sie wissen, als sie selbst? Und warum war dieses Wissen für ihn von so großer Wichtigkeit?

Luxas Gedanken wurden von einem Klopfen unterbrochen.

Erschrocken starrte sie auf die Tür. Sie überlegte kurz, ob sie antworten sollte und entschied sich schließlich für ein knappes »Ja?«

»Hier ist Jackson, Dr. Lander. Ihr Essen ist bereits kalt und Ihr Bier warm.« Er lachte über seinen eigenen Wortwitz.

Luxa atmete erleichtert auf, es war nur der Möchtegern-Casanova von heute Vormittag.

»Soll ich beides zurückgehen lassen und Ihnen etwas Neues bestellen?«

»Das Essen ist okay, aber vielleicht könnten Sie mir ein neues Bier bestellen?«, sagte Luxa, als sie die Tür öffnete. An seinem Blick spürte sie, dass etwas nicht in Ordnung war. Luxa fluchte. In ihrer Verwirrung hatte sie nicht bemerkt, dass sie in ihrer Unterwäsche vor ihm stand. Jackson musterte sie unverschämt von oben bis unten und grinste bis über beide Ohren.

»Äh, ich komme gleich«, entschuldigte sie sich und schlug ihm die Tür vor der Nase zu. Als sie daran dachte, dass Jackson sie nun wohl gänzlich falsch einschätzen würde, brach sie in schallendes Gelächter aus und damit löste sich ihre innere Spannung etwas. Sie war nicht in Lebensgefahr, das stand fest. Zumindest noch nicht.

Auf dem Weg zum Pool überlegte sie, was sie tun sollte. Es war sicherlich das Beste, sich so normal wie möglich zu verhalten. Sie hätte ohnehin nicht zur Polizei gehen können, um mit einer Verschwörungstheorie aufzuwarten, die ein Mann namens Crazy Jim bezeugen konnte. So würde sie garantiert in einer Irrenanstalt landen.

Das Bier schmeckte vorzüglich, das GadoGado war dagegen fürchterlich. Die Erdnusssoße kam sicher aus der Dose und das Gemüse hatte auch schon bessere Zeiten gesehen. Nach und nach füllte sich der inzwischen beleuchtete Pool mit anderen Hotelgästen. Die Luft war am Abend kein bisschen abgekühlt und bei jeder Bewegung liefen Luxa kleine Schweißperlen den Rücken hinab. Sie beobachtete eine Gruppe junger Mädchen, die im Pool planschten. Sie trugen die knappsten Bikinis, die sie je zu Gesicht bekommen hatte. Die Normalität des Lebens anderer schien ihr jetzt so unbegreiflich. Hier waren sie alle am gleichen Ort, und während die einen die Unbeschwertheit eines kleinen Abenteuerurlaubs genossen, war sie auf der Suche nach dem Mann ihres Lebens und hatte irgendwelche Kriminellen auf den Fersen, die sie singen hören wollten.

Ihre Gedanken wurden vom spektakulären Auftritt Jacksons unterbrochen. Als er den Swimmingpoolbereich von der anderen Seite betrat, schienen sich die Mädchen alle in Positur zu werfen. Sie räkelten sich am Beckenrand und fuhren sich durchs Haar. Langsam streifte er sich seine Leinenhose von den braungebrannten Beinen und das Hemd von der leicht behaarten Brust, die von vielen Besuchen im Fitnessstudio gestählt war. Seine winzige Badehose verhüllte nichts und spannte sich über ihren Inhalt. Wie um sicherzustellen, dass sie ihn auch beobachtete, warf Jackson Luxa einen Blick zu, bevor er mit einstudierter Präzision ins Wasser tauchte. Er kam neben einem Mädchen wieder an die Wasseroberfläche, was sie zu einem gezierten Aufkreischen veranlasste, und sie sich wieder durch die Haare fahren ließ.

Luxa amüsierte sich über das Schauspiel und beschloss, noch ein wenig auf ihrem Zimmer zu lesen. Auf dem Weg dorthin lief sie durch den nur spärlich beleuchteten, dschungelartigen Garten. Die Luft war angereichert mit Düften, die sich durch die hohe Luftfeuchtigkeit besonders gut entfalten konnten. Die Gartenanlage war labyrinthartig angelegt und irgendwann war sich Luxa nicht mehr sicher, wo sich ihr Zimmer befand. Sie war bereits einige hundert Meter gelaufen, als sie an der Straßenbeleuchtung bemerkte, dass sie in die falsche

Richtung ging. Sie fluchte leise. Sicherlich war der riesige Garten ein perfektes Versteck für Verliebte, aber es gab schließlich auch noch Leute, die ganz gerne den Weg in ihr Zimmer finden würden.

Als sie glaubte, endlich auf dem richtigen Weg zu sein, hörte Luxa Schritte hinter sich. Sie wollte sich auf keinen Fall umdrehen und beschleunigte stattdessen ihren Gang. Plötzlich spürte sie den eisernen Griff einer Hand auf ihrer Schulter. Luxa überlegte noch, was sie vor Jahren in ihrem Selbstverteidigungskurs gelernt hatte, doch der Angreifer hatte sie bereits fest an sich gezogen. Zunächst schlug ihr sein aufdringliches Aftershave entgegen, dann blickte sie geradewegs in Jacksons grinsendes Gesicht.

»Was soll das?«, schrie sie wutentbrannt.

»Du willst es wohl auf die harte Tour«, keuchte Jackson.

»Von dir will ich es auf gar keine Tour«, erwiderte sie voller Verachtung und versuchte vergeblich, sich aus seinen Armen zu winden. Er hielt ihre Handgelenke wie in einem Schraubstock fest.

»Und was war das vorhin in deinem Hotelzimmer? Machst du allen Besuchern die Tür im Spitzen-BH auf?«

Bevor sie antworten konnte, drückte er seinen Mund fest auf ihren. Sie konnte seine Fahne riechen und fühlte Ekel in sich aufwallen. Seine Hände begannen, ihren Körper abzutasten und blieben an ihren Brüsten hängen. Luxa wollte schreien, aber es gelang ihm, ihr den Mund zuzuhalten. Sie spürte das starke Verlangen sich, zu übergeben.

Dann plötzlich ein lauter Aufschrei, und Luxa war frei. Sie nutzte Jacksons Verwirrung, um ihm mit der Faust auf die Nase zu schlagen – ein Kniff aus dem Selbstverteidigungskurs. Sie hoffte, dass das Knacken unter ihrer Faust diesem Dreckskerl eine gebrochene Nase bescherte und Jacksons Aufheulen schien ihre Hoffnung zu bestätigen. Er war erst mal außer Gefecht gesetzt. Als sie sich umdrehte, um auf schnellstem Weg zu ihrem Zimmer zu gelangen, bemerkte sie ein Schild mit dem Hinweis »Vorsicht, fallende Mangos!« Obwohl ihr der Schreck noch in den Knochen saß, musste Luxa lachen. Der Übergriff hatte unter einer Mangobaum stattgefunden und eine der reifen Früchte war Jackson direkt auf die Birne geknallt.

»Jackson? Animations-Chef?«, fragte eine ungläubige Stimme am anderen Ende. Luxa hatte als erstes die Nummer der Rezeption gewählt, um sich über Jackson zu beschweren. Der Hotelangestellte schien nicht zu wissen, von wem sie sprach. Er versicherte ihr jedoch, dass er das Gelände vom Sicherheitspersonal des Hotels absuchen lassen und zu ihrer persönlichen Beruhigung eine Nachtwache vor ihrem Zimmer platzieren würde. Luxa war sich jedoch sicher, dass Jackson erst einmal keinen Ärger mehr machen würde und lehnte dankend ab.

Dass Jackson gelogen hatte, überraschte sie am wenigsten. Vielleicht wollte er sich nur interessant machen, wahrscheinlich war das seine Masche. Aber Luxa fiel ein, dass er sie, als er an ihre Tür geklopft hatte, mit Dr. Lander angesprochen hatte. Sie hatte sich an der Rezeption nicht mit ihrem Doktortitel eingeschrieben, denn es war nicht ihre Gewohnheit, bei jeder Gelegenheit ihren akademischen Grad anzugeben. Wie hatte Jackson also davon gewusst? Er musste einer von Leblancs Männern sein und wahrscheinlich war er es gewesen, der ihr das Mikrofon in den Koffer gepflanzt hatte. War sein Angriff auf sie geplant gewesen? Luxa bezweifelte es. Jackson musste in diesem Fall auf eigene Faust gehandelt haben, schwanzgesteuert wie er war.

Luxa beschloss, noch am Abend zu packen, um einen Tag früher als geplant aufzubrechen. Ihre Vorräte konnte sie auch noch auf dem Weg kaufen. Um wirklich sicher zu gehen, verrammelte sie die Tür mit den zwei Stühlen und dem Tisch, die sich in ihrem Zimmer befanden.

Am nächsten Morgen verließ Luxa das Hotel noch vor Tagesanbruch. Die Luft hatte sich über Nacht nur unmerklich abgekühlt und hüllte sie sofort wieder in schwere tropische Gerüche. Den Landcruiser hatte sie nicht auf dem Hotelgelände, sondern etwa hundert Meter entfernt in einer Seitenstraße geparkt. Sie hatte zwar keine Ahnung von diesen Dingen, aber sie wusste, dass sie ab jetzt ihre Spuren verwischen musste.

Leblanc schien über all ihre Pläne Bescheid zu wissen, scheinbar schon bevor sie davon wusste. Konnte er ihre Gedanken lesen? Wie zum Beispiel hatte er gewusst, in welchem Hotel sie absteigen würde? Ihr Zimmer hatte sie erst am Vortag gebucht und als sie ankam, war Jackson dort bereits auf seinem Posten. Kam er durch ihre Kreditkarte an Informationen heran? Gegen die Technologie, die er sicherlich einsetzte, würde sie wenig Chancen haben. Alles was sie tun konnte, war ihren Plan weiterzuverfolgen.

Luxa atmete erleichtert auf, als sie den Cruiser noch an seinem Platz stehen sah. Der Campingladen würde wohl nicht vor halb neun öffnen und sie beschloss, die Zeit bis dahin zu nutzen und dem 24-Stunden-Supermarkt, den sie gestern unterwegs gesehen hatte, einen Besuch abzustatten. Sie kaufte Vorräte, die mindestens für eine Woche reichen würden, darunter Tee und Instantkaffee, Trockenmilch, Trockenfleisch, Öl, Brot, Tütensuppen sowie Gemüse und Obst, das sich auch ungekühlt zumindest ein paar Tage halten würde. Zum krönenden Abschluss warf sie noch mehrere Packungen Kekse in ihren Einkaufskorb.

Als der Campingladen öffnete, hatte Luxa bereits eine halbe Stunde vor der Ladentür gewartet. Ein Angestellter half ihr, ihre gesamte Ausrüstung im Auto zu verstauen und eine halbe Stunde später war sie bereits auf dem Highway in Richtung Katherine. Gestern hatte sie sich vor dem Einschlafen noch einmal die Karten angesehen und war sicher, dass sie sich zumindest am Anfang ihrer Reise nicht wirklich verfahren konnte. Katherine lag etwa vierhundert Kilometer von Darwin entfernt und von dort aus waren es noch etwa eintausend Kilometer nach Kununurra – für australische Verhältnisse ein Katzensprung. Kurz vor Katherine würde sie nach Westen abbiegen, um bald die Grenze zwischen Northern Territory und Western Australia zu überqueren. Es schien alles relativ einfach.

An der letzten Tankstelle, die sie für eine Weile sehen würde, füllte Luxa die zwei Langstreckentanks des Landcruisers mit jeweils neunzig Litern. Zusammen mit den Benzinkanistern hatte sie also fast zweihundertfünfzig Liter an Bord. Das sollte für eine ganze Weile reichen. Ihre Wasserkanister füllte sie ebenfalls bis zum Überlaufen. Sie schätzte, dass sie bei der Schwüle etwa vier Liter pro Tag brauchen würde, mit Kochen und Waschen wahrscheinlich etwas mehr. Wenn es darauf ankam, könnte sie jetzt wohl gut zwei Wochen allein zurechtkommen. Vielleicht sogar drei. Sie hoffte, dass es nicht darauf ankommen würde.

26

Matt goss sich eine Schüssel kaltes Wasser über den Kopf und ließ es an sich hinabtropfen. Wieder hatte er von Luxa geträumt und war desillusioniert aufgewacht. Er fragte sich, ob sie nach ihm gesucht hatte, ob sie seine Abreise enttäuscht hatte, oder ob das Ganze für sie doch nur das Ende eines Urlaubsflirts gewesen war. Vielleicht war sie längst wieder in Europa und hielt dort Vorlesungen. Er hoffte nur, dass sie glücklich war, so sehr der Gedanke auch schmerzte, dass es eine Zukunft für sie gab, die ihn ausschloss.

Er war fast pausenlos gefahren und fühlte sich alles in allem miserabel. Nun hatte er bald die Grenze zu Western Australia erreicht und wäre am liebsten umgekehrt. Er zwang sich, an etwas anderes zu denken und betrachtete die Landschaft.

Die Kimberleys waren immer sein Zuhause gewesen und er musste sich eingestehen, dass er dieses wilde Land tief in seinem Herzen vermisst hatte. Bis zu seinem vierzehnten Lebensjahr hatte er die Welt »draußen« nicht zu sehen bekommen. Seine Mutter hatte sich immer geweigert, nach Darwin zu fahren und Matt hatte nicht verstanden, warum sie darin so stur blieb. Als ihn sein Vater zum ersten Mal mit in die Hauptstadt des tropischen Nordens nahm, hatte ihr Anblick ihn völlig überwältigt. Der schnelle Rhythmus der Stadt hatte ihm allerdings zu schaffen gemacht. Auf Yonda Station waren Langsamkeit und Geduld lebensnotwendig, um den hohen Temperaturen und der Schwüle der Monsunzeit zu trotzen. In der großen Stadt, im Big *Smoke* schien die Welt allerdings schneller zu atmen. Man konnte nicht einfach einem Weg folgen, man musste sich einen bahnen. Menschenmassen und Autoschlangen machten sich den Platz streitig und Matt musste sich konzentrieren, um nicht ständig mit irgendwem zusammenzustoßen. Immer wieder wurde er von leuchtenden Schildern, überquellenden Schaufenstern und fremden Geräuschen abgelenkt. Am Ende des ersten Tages fühlte er sich völlig erschöpft. Er erinnerte sich an den Biologieunterricht in der *School of the Air*, wo sie einmal ein Experiment mit Ratten durchgenommen hatten. Dabei hatte man eine große Anzahl von Tieren auf engem Raum zusammengepfercht. Nach kurzer Zeit begannen die Ratten, sich gegenseitig aufzufressen. Das Leben in der Stadt kam ihm teilweise so vor, wie dieses Experiment. Doch er musste zugeben, dass ihn die Stadt zugleich faszinierte und abstieß. Sie gab ihm das Gefühl, unter Strom zu stehen und ließ sein Herz pulsieren. Gleichzeitig vermisste er die Ruhe, die Klarheit der Luft, den Sternenhimmel und den Horizont.

Als er nach einer Woche mit seinem Vater zurück nach Yonda reiste, wusste Matt, dass er nie in einer solchen Umgebung leben wollte. Als er Botj und Djawa von seiner Reise berichtete, sahen sie ihn ungläubig an. Botj fragte ihn, wer die Menschen in der Stadt denn dazu zwang, so zusammengepfercht und mit Lärm und Gestank zu leben. Matt hatte nur mit den Schultern gezuckt und sich nicht getraut, seine Vermutung auszusprechen. Nämlich dass sie es freiwillig taten.

Mit höchster Wahrscheinlichkeit würde er am kommenden Abend Yonda Station erreichen. Es kam auf den Zustand der unbefestigten Straßen an. Matt hatte gemischte Gefühle, wenn er an das baldige Wiedersehen mit seinem Vater dachte. Tom Richardson lag im Sterben. Das schien ein Widerspruch in sich zu sein. Er war immer ein Mann gewesen, der Zentimeter für Zentimeter Vitalität ausstrahlte und zugleich Respekt einflößte. Matt konnte nicht sagen, ob er seinen Vater je geliebt hatte. Konnte man einen Mann wie ihn lieben? Matt hatte in seiner Kindheit Angst vor ihm gehabt, als junger Mann hatte er ihn auf eigenartige Weise geliebt und gehasst.

Als er Western Australia erreichte, hielten seine Hände das Lenkrad so fest, dass sich seine Knöchel weiß färbten.

27

Sobald Luxa Darwin verlassen hatte, war die Straße das einzige Zeichen von Zivilisation in der Landschaft. Meterhohe Termitenbauten säumten den Straßenrand. Ihre Form ließ Luxa an urzeitliche Fruchtbarkeitsgöttinnen denken. Dahinter lag saftig grüner Regenwald, so weit das Auge reichte. Die gerade Straße erstreckte sich endlos in die Ferne und erschien Luxa viel zu schmal für einen Highway. Als ihr der erste Laster mit vier riesigen Anhängern und einem ohrenbetäubenden Dröhnen entgegenkam, bestätigte sich ihr Eindruck. Das monströse Fahrzeug mähte sie fast von der Straße. Sie wusste, dass die Fernfahrer sich häufig mit dem Einsatz von Speed wach hielten, um ihre oft leicht verderbliche Fracht so schnell wie möglich von einem Ende des Kontinents an den anderen zu befördern. Es war ein ungeschriebenes Gesetz, dass diese Fahrzeuge im Outback Vorfahrt hatten und Luxa nahm sich vor, beim nächsten Mal links ranzufahren.

Luxa genoss die Fahrt. Sie wollte an diesem Tag höchstens bis zur Abzweigung nach Katherine fahren, um noch vor Einbruch der Dunkelheit einen Schlafplatz zu finden. Sie hatte vor, in aller Ruhe ihr Zelt aufzubauen und den Rest ihrer Ausrüstung zu testen. Sie sog den Anblick der vorbeiziehenden Landschaft in sich auf und genoss den kühlenden Wind. Hin und wieder kam ihr ein anderes Auto entgegen und die Fahrer grüßten sie mit zwei Fingern, die ein V formten. Schon bald hob sie routiniert die Hand, als ob sie die Strecke täglich fuhr.

Als Luxa am Straßerand anhielt, um eine Mittagspause einzulegen, wurde sie von einem Schwarm Fliegen heimgesucht, die sich hartnäckig in ihre Augen- und Mundwinkel setzten. Mit ihrem brandneuen Taschenmesser, das mit allem möglichen Schnickschnack ausgestattet war, selbst einem Plastikzahnstocher, öffnete sie eine Dose Thunfisch und machte sich ein Sandwich. Die Fliegen schienen sie immer noch interessanter zu finden als die Vorräte, und sie gab irgendwann auf, sie wegzuscheuchen.

Etwa zweihundert Meter von ihr entfernt hielt ein anderer Geländewagen und Luxa sah, wie zwei Aboriginemänner gefolgt von zwei Frauen und mehreren Kindern aussteigen. Als sie ihr freundlich zuwinkten, erwiderte sie den Gruß. Stumm kauend saß Luxa im Schatten eines Baumes und beobachtete die Familie. Die Männer widmeten sich dem Auto, während die Frauen und Kinder im Regenwald verschwanden. Ein kleiner Junge trug Holz für ein kleines Feuer zusammen, das er gekonnt anzündete. Nach wenigen Minuten kamen die Frauen und die anderen Kinder zurück und setzten sich ans Feuer. Sie mussten im Wald Pflanzen gesammelt haben, die sie jetzt zubereiteten. Luxa staunte, wie Tradition und der sogenannte moderne Lebensstil hier Hand in Hand gingen. Die Männer tranken giftiggrüne Limonade aus Plastikflaschen und inspizierten den Motor ihres Geländewagens, während die Frauen in den glühenden Kohlen das Essen zubereiteten, wie es ihre Vorfahren wohl schon immer getan hatten.

Luxa wollte gerade wieder aufbrechen, als sie einen der Männer näherkommen sah. Er hatte weißes Haar und trug ein grelles T-Shirt, das für den Kakadu National Park warb. Eine Zigarette, die bereits ausgegangen war, hing zwischen seinen Lippen. Er lächelte zurückhaltend, als er Luxa ansprach: »G'day Miss, wir sind Leute aus den Nordkimberleys und auf dem Weg zurück. Das Benzin reicht jedoch nicht.« Er vermied es, ihr in die Augen zu sehen und Luxa erinnerte sich daran, dass Aborigines direkten Augenkontakt als unhöflich empfanden. Es entstand eine Pause, als Luxa darauf wartete, dass der Mann sie um Benzin bat. Er sprach jedoch nicht weiter.

»Ich habe genügend, wenn Sie welches brauchen«, bot sie schließlich an.

Der Mann nickte und wartete. Luxa holte einen 20-Liter-Kanister aus dem Kofferraum und stellte ihn vor ihn auf den Boden. Er nickte wieder, nahm das Benzin und machte sich auf den Weg zu seinem Auto. Mit dem halbleeren Kanister und einer Rolle Papier unter dem Arm kam er wenig später zurück und verstaute den Kanister im Kofferraum. Dann händigte er ihr die Papierrolle aus und blieb erwartungsvoll lächelnd stehen.

»Soll ich sie öffnen?«, fragte Luxa.

Der Mann nickte und half ihr, das Gummiband abzustreifen. Luxa hielt ein Gemälde in der Hand. Sie kannte sich mit der Kunst der Aborigines nicht gut aus, aber die Schönheit des Gemäldes berührte sie.

»Honey ant dreaming«, sagte der Mann stolz und es war klar, dass er selbst der Künstler war. Er nickte noch einmal und wandte sich dann ab, um wieder zu seiner Gruppe zurückzugehen. Als Luxa begriff, dass das Bild ein Geschenk war, rief sie ihm ihren Dank nach. Er hob im Gehen nur die Hand, ohne sich noch einmal umzudrehen.

Die Abzweigung nach Kununurra erreichte sie am frühen Nachmittag. Die Landschaft hatte sich im Laufe der Fahrt sehr verändert und war jetzt wesentlich trockener. Luxa nahm sich vor, von jetzt an Ausschau nach einem möglichen Lagerplatz zu halten. Sie wollte ihr Nachtlager nicht zu nahe an der Straße aufschlagen, um nicht gleich gesehen zu werden. Schließlich bog sie links in eine unbefestigte Straße und folgte ihr einige Kilometer, bis sie eine kleine Lichtung entdeckte, in deren Mitte ein mächtiger roter Eukalyptusbaum stand. Sie hatte ja kaum Erfahrung in diesen Dingen, doch dies schien der perfekte Schlafplatz und sie klopfte sich in Gedanken auf die Schulter. Den kleinen *Billabong*, der sich hinter einer Anhöhe befand, hatte sie nicht bemerkt.

Selbstsicher zerknüllte Luxa die Gebrauchsanweisung für den Zeltaufbau, um sofort mit dem praktischen Teil zu beginnen. Doch schon nach einer Viertelstunde musste sie sich zähneknirschend geschlagen geben, setzte sich in den Schatten des roten Eukalyptusbaumes und entknüllte das kleine Heftchen, das ihr Aufschluss über die Technik ihres Zeltes gab. Und siehe da, in weniger als zehn Minuten stand ein schwarzroter Nylonpalast vor ihr. Der Schlafsack und die sich selbst aufblasende Luftmatratze bereiteten glücklicherweise weniger Probleme und Luxa hatte keinen Zweifel daran, dass sie es gemütlich haben würde.

Sie war schon angenehm müde, als sie den Gaskocher und eine Plastikkiste mit Vorräten aus dem Auto holte. Erst füllte sie ihre Wasserflasche aus einem der Container und trank gierig die erfrischende Flüssigkeit. Sie nahm sich vor, ab jetzt mehr zu trinken. Während der heutigen Fahrt hatte sie vergessen, auf ihren Wasserkonsum zu achten und wurde dafür prompt mit leichten Kopfschmerzen bestraft. Eine Tasse Billytee würde dem vielleicht abhelfen.

Erst als sie mit ihrer Emailletasse vor dem Zelt saß und die warme Flüssigkeit ihre Kehle hinabrann, nahm sie die Schönheit ihrer Umgebung wahr. Alles um sie herum warf schon lange Schatten. Die Sonne war kurz davor, den Horizont zu berühren und sandte ihre letzten Strahlen über die rote Erde. Hoch über ihr hatte sich ein Pärchen schwarzer Kakadus in dem alten Baum niedergelassen und ihr Krächzen drang durch die Stille. Luxa musste zugeben, dass sie es genoss, mitten in einem großen Abenteuer zu stecken.

28

Luke fluchte über die Hitze in Darwin. An das Klima im nördlichen Teil des Kontinents hatte er sich nie gewöhnen können. Die sengenden Temperaturen und die hohe tropische Luftfeuchtigkeit brachten ihn an den Rand des Wahnsinns. Zähneknirschend dachte er, dass es kein Wunder war, dass die Leute hier ihren Verstand verloren und wischte sich immer wieder die Schweißtropfen von der Stirn. Das Wiedertreffen mit Luxa war so anders gelaufen, als er erwartet hatte. Hatte er sich jahrelang etwas vorgemacht? Hatte er geahnt, dass ihr Verschwinden vor sechs Jahren die endgültige Trennung war und es kein Zurück gab? Was wollte sie mit diesem verdammten Cowboy, der an dem Abend bei ihr gewesen war? Sie konnte sich doch nicht ernsthaft in einen Outbacktypen verlieben, was war bloß in sie gefahren?

Er war kurz davor gewesen, sie zu schlagen, als sie ihm erklärt hatte, dass sie ihn nicht wirklich liebe. Hirnverbranntes Psychogefasel. Was musste er noch tun, um ihr zu beweisen, dass er alles, aber auch alles für sie tun würde. Ja, bereits getan hatte, sie wusste nur noch nicht, wie weit er wirklich gegangen war. Nachdem sie das Cottage verlassen hatte, hatte er die ganze Nacht auf sie gewartet. Es war nur eine Hoffnung gewesen, eine winzig kleine Hoffnung, dass sie zurückkommen würde. Er legte sich in das Bett, das noch ihren Geruch trug. Mit den Fingern strich er über ihre Sachen, das halbgelesene Buch auf dem Nachttisch, Kleidungsstücke, die verstreut herumlagen, eine Haarbürste, ihre Lesebrille. Fast glaubte, er dadurch Kontakt mit ihr aufnehmen zu können.

»Komm zurück Luxa, komm zurück!«, hatte er in Gedanken gefleht. Und als der Gedanke schon zum Mantra geworden war, liefen ihm Tränen über die Wangen. Doch dann veränderte sich seine Stimmung mit einem Schlag und er verzerrte das Gesicht zu einer wütenden Grimasse. Diese Schlampe, wer glaubte sie eigentlich, wer sie war? Dachte sie, sie könnte einfach ein Spiel mit ihm spielen, um ihn dann fallen zu lassen, wann es ihr passte? Luke ballte die Hände zu Fäusten und spannte die Kiefermuskeln an. Plötzlich hatte er das Gefühl, keine Luft mehr zu bekommen. Nach Atem ringend lief er nach draußen, irrte herum, stolperte und fiel schließlich zu Boden.

Am nächsten Morgen erwachte Luke mit einem pochenden Schmerz im Kopf. Die Sonne stand schon relativ hoch. Er sah sich verwundert um und stellte fest, dass er in der Nacht wohl ein Stück die Klippen hinunter gefallen sein musste. Als er sein schmerzendes Gesicht abtastete, fühlte er einige blutige Krusten.

Luke blieb eine Zeit lang am Strand sitzen und ließ die

Geschehnisse der letzten Nacht noch einmal Revue passieren. Als er später das kleine Cottage betrat, bemerkte er sofort die Veränderung. Es war aufgeräumt und Luxas Sachen waren weg. Sie musste hier gewesen sein, während er schlafend am Strand lag. Wütend trat Luke mit aller Gewalt gegen den Mülleimer. Als ein Scheppern erklang, sah er hinein und entdeckte die Scherben der kleinen Vase sowie das winzige Mikrofon. Er seufzte. Er hätte wissen müssen, dass Leblanc sich nicht auf ihn allein verlassen würde. Das Abhörgerät bedeutete, dass Leblanc bereits wusste, wie die Konfrontation zwischen ihm und Luxa ausgegangen war. Und damit war er für ihn nutzlos geworden. Er musste nun damit rechnen, dass sie sich seiner entledigen würden.

Luke war es gleich, ob er starb. Aber Luxa? Was würde mit ihr passieren? Sie hatte keine Chance gegen Leblanc. Er konnte sie nicht ihrem Schicksal überlassen. Vielleicht könnte er Leblanc doch noch davon überzeugen, ihm eine letzte Chance zu geben. Er würde ihm vorschlagen, Luxa reinen Wein einzuschenken. Sie schien ohnehin mehr zu wissen, als alle vermutet hatten. Sie hatte das Mikrofon in der kleinen Vase offensichtlich bemerkt und würde sich eins und eins zusammenreimen. Wenn er ihr sagte, in welcher Gefahr sie sich befand, würde sie vielleicht ein Einsehen haben und kooperieren.

Leblanc war überraschenderweise bereitwillig auf seinen Vorschlag eingegangen und Luke hatte sich in einem kleinen Hotel neben dem Tropical Gardens einquartiert. Luxas Reise nach Darwin ließ für ihn keinen Zweifel mehr daran, dass sie von ihrer Verbindung mit den Bradshaws wusste. Was aber hatte sie vor? Den Clan würde sie alleine nie finden. Niemand wusste von seiner Existenz, jegliche Information über ihn war unterdrückt worden. Die ganze Aktion war unter solch strikter Geheimhaltung abgelaufen, dass es Luke nicht gewundert hätte, wenn man ihm danach die Zunge herausgeschnitten hätte. Er war es schließlich gewesen, der die Zusammenhänge hergestellt hatte.

Luke rieb sich die Stirn. Wie hatte er nur so tief sinken können? Was war mit ihm geschehen? Wieder stieg Wut in ihm auf. Es war alles ihre Schuld. Als sie ihn vor sechs Jahren verlassen hatte, war für ihn eine Welt zusammengebrochen und er hatte sich in Alkohol geflüchtet. Es war nicht so, dass er jegliche Kontrolle über sich verlor, doch alles verschwand unter einer Art Schleier und er verspürte keine Lust, diesen Schleier zu lüften. Seine Karriere schien beendet. Er konnte sich nicht mehr konzentrieren, hatte nicht mal mehr die Kraft, es überhaupt zu versuchen. Immer öfter kam er zu spät zu seinen Vorlesungen und reagierte nicht auf die Fragen der Studenten. Der Dekan versuchte noch mit ihm zu reden und gab ihm eine Schonfrist. Als er jedoch eines Tages so betrunken war, dass er während einer Vorlesung vom Podium fiel und nicht mehr alleine aufstehen konnte, war das Ende der Fahnenstange erreicht. Sein Rausschmiss berührte ihn kaum. Luxa war das Einzige, was ihm etwas bedeutete.

Irgendwann in dieser Zeit – waren es Wochen, Monate gewesen? – tauchte ein Typ bei ihm auf. Als es an der Tür klingelte, ging er automatisch hin, um zu öffnen. Vor ihm stand ein etwa fünfzigjähriger Mann, der auffallend elegant gekleidet war. Er stellte sich als Olivier Leblanc vor und fragte höflich, ob er eintreten dürfe.

»Ich habe Ihnen ein Geschäft vorzuschlagen, Professor Robson«, sagte er einleitend und Luke hätte ihn fast weggeschickt, wenn ihm der Mann nicht eine Flasche Whiskey vor die Nase gehalten hätte. Er nahm sie ihm hastig ab, drehte sich um und ließ den Mann folgen.

Luke hatte schon sein zweites Glas geleert, als Leblanc erneut das Wort ergriff.

»Professor Robson, ich habe viel von Ihnen gehört. Ich weiß, dass Sie einer der Besten Ihres Faches sind, wenn nicht der Beste. Wir haben seit langem ein Auge auf Sie geworfen und es scheint mir der richtige Augenblick, Ihnen einen Vorschlag zu machen!«

Luke hob die Augenbrauen und sah ihn an. »So? Da bin ich aber gespannt.« Er steckte sich eine Zigarette an und lehnte sich in seinen Stuhl zurück. Es war schon eine Weile her, dass ihm jemand ein Angebot gemacht hatte. Was wollte dieser Mann von ihm? Wie in Zeitlupe zündete sich Leblanc ebenfalls eine Zigarette an und Luke bemerkte dabei seine fein manikürten Hände mit den ungewöhnlich langen Nägeln, die ein mit Diamanten besetztes Zigarettenetui hielten.

»Wir brauchen Ihre Hilfe«, sagte er ernst. »Sie wissen mehr über die Bradshawgemälde, als sonst irgendjemand auf dieser Welt und Sie sind zudem in der Lage, die entlegeneren Galerien zu besuchen, die für andere Wissenschaftler aufgrund ihrer körperlichen Konstitution unerreichbar sind.« Die Augen des Mannes schienen Luke zu durchbohren und er sah unangenehm berührt weg. »Im Übrigen ...«, sagte Leblanc, bevor er eine bedeutungsvolle Pause machte, »... im Übrigen stimmen wir *Ihrer Theorie* voll und ganz zu.«

Luke fluchte innerlich. Seiner Theorie? Woher wusste dieser Typ von *seiner* Theorie. Er selbst hatte sich davor gehütet, je etwas darüber zu veröffentlichen. Er wusste, dass ihn seine Vermutung, um wen es sich bei den Schöpfern der Bradshaws handelte, beruflich ruinieren könnte. Nicht einmal Luxa hatte er davon erzählt. Nun sah er den Mann verärgert an.

»Wovon sprechen Sie eigentlich? Ich arbeite nicht an einer Theorie. Man hat mich für unzurechnungsfähig erklärt und beurlaubt. Im Moment befasse ich mich nur intensiv mit der wundersamen Wandelbarkeit des Getreidekorns«, sagte er und prostete Leblanc zu.

»Professor Robson. Machen wir uns nichts vor. Wir haben Mittel und Wege herauszufinden, auf welchem Stand jeder Wissenschaftler auf dem gesamten Planeten ist, den wir für interessant erachten, Sie eingeschlossen. Ich kann Ihnen Material von den Bradshaws zukommen lassen, das Sie in Erstaunen versetzen wird«, gab Leblanc lächelnd zurück, aber seine Stimme klang bedrohlich.

Als er wieder allein war, sackte Luke in sich zusammen. Er würde einen Teufel tun, sich auf diese Sache einzulassen. Leblanc hatte ihm eine Nummer hinterlassen, die er kontaktieren konnte, wenn er bereit war, das Angebot anzunehmen. Er hatte den Zettel fluchend in den hoffnungslos überfüllten Abfallkorb geworfen und sich dann wieder die Whiskeyflasche vorgenommen. Doch irgendetwas ließ ihn nicht zur Ruhe kommen. Luke gab es nicht gerne zu, aber sein Interesse war geweckt. Wenn er beweisen konnte, dass seine Theorie stimmte, würde das weltweit immense Auswirkungen haben. Es käme dem Zünden einer Atombombe gleich. Es war ja eine Art theoretische Atombombe, die unser bisheriges westliches Weltbild wie eine Luftblase zum Platzen bringen würde.

Noch am selben Abend wählte er die Telefonnummer, die ihm Leblanc gegeben hatte. Er nannte seinen Namen und hinterließ auf dem anonymen Anrufbeantworter eine Nachricht: »Ja, unter einer Bedingung.« Er hatte sich ausbedungen, dass man ihm auf der Suche nach Luxa behilflich wäre und man hatte seine Forderung ohne Zögern akzeptiert. Die Ironie an der Sache stellte sich erst später heraus. Sie hatten etwas völlig anderes von ihm gewollt und er hatte sie erst auf Luxas Spur gebracht. Jetzt bezahlten sie ihn dafür, ihr auf den Fersen zu bleiben. Dabei hätte er das ohnehin getan, sein Interesse war ganz bestimmt nicht finanzieller Natur.

Die Aufträge kamen zu Anfang nur langsam. Es waren kleinere

bemalte Ornamente, die er untersuchte, einige Fotos und unwichtigere Tonaufnahmen. Ihm kam es so vor, als testeten sie ihn. Nachdem er wieder Hoffnung geschöpft hatte, Luxa zu finden, gelang es ihm, sich vom Alkohol loszureißen. Seine Konzentration kam nach und nach zurück und brachte eine Verbissenheit mit sich, die ihn brillanter als je zuvor werden ließ. Er bekam schnell wieder eine Dozentur und konnte nebenbei ungestört seiner anderen Forschung nachgehen. Darüber, dass er seine Informationen weitergab, machte er sich keine großen Gedanken. Er wurde gut bezahlt und tat ohnehin nichts anderes, als das, was sein Job verlangt hätte. Außerdem arbeiteten viele seiner Kollegen ganz legal für die Industrie. Sie forschten scheinbar zum Wohle der Menschheit, was natürlich ganz zufällig auch immer dem Geldbeutel der multinationalen Konzerne zugute kam. Warum also Fragen stellen? Er hätte sowieso nichts ändern können und im Grunde war es ihm auch egal.

Luke wurde schon bald klar, dass ihm die Leute, für die er arbeitete, durchaus gefährlich werden konnten und er hütete sich davor, etwas abzulehnen. Erst vor zwei Monaten war ein Kollege von der Universität in Darwin bei einer Höhlenexpedition ums Leben gekommen. Das war Berufsrisiko. Niemand stellte Fragen.

Hin und wieder wurde ihm gesagt, dass man Luxa auf der Spur sei, aber sie wurde nie wirklich gefunden. Nach ein paar Jahren hatte er sich damit arrangiert, dass sie entweder nicht zu finden war oder aber seine Auftraggeber nur vorgaben, sie zu suchen. Seine anfängliche Verzweiflung über ihr Verschwinden war einer dumpfen Sehnsucht gewichen. Luxas Abwesenheit war Normalität. Er setzte seine Arbeit in der stillen Hoffnung fort, dass er sie irgendwann wiedersehen würde.

An der Universität stieg er immer weiter auf, während er im Verborgenen seine anderen Aufträge erledigte. Sie wurden größer und interessanter. Leblanc hatte ihn nicht angelogen, als er mit dem Material geprahlt hatte, welches sie ihm zeigen konnten. Manchmal fragte er sich, mit welchen Mitteln sie wohl daran gekommen waren. Doch dann schob er jegliche Skrupel in die hinterste Ecke seines Gewissens. Seine Arbeit war nicht selten mit Reisen verbunden, die ihn meist in die Kimberleys führten, oft aber auch zu geheimen Konferenzen mit anderen Wissenschaftlern, bei denen alle ein Pseudonym hatten. Jeder Teilnehmer saß für sich in einem kleinen Raum und die Vorträge wurden über eine Gegensprechanlage übertragen. Sogar die Stimmen der Anwesenden wurden elektronisch verstellt und Luke hätte mit einem seiner engsten Mitarbeiter sprechen können, ohne es zu wissen. Manche Stimmen verrieten einen Akzent, was offenbarte, dass es sich um ein breites Spektrum internationaler Teilnehmer handelte. Alle befassten sich jedoch mit dem gleichen Thema, den Bradshaws.

Die Bradshaws waren nicht immer Lukes Spezialgebiet gewesen. Im Grunde war er durch Zufall auf sie gestoßen. Bis dahin hatte er sich damit beschäftigt, die Kultur der Aborigines zu ergründen. Diese Menschen hatten ihn von jeher fasziniert. Sie besaßen etwas, das westlichen Menschen offensichtlich abhanden gekommen war, wonach sie sich aber bewusst oder unbewusst zurücksehnten. Luke wollte es nicht bei der Sehnsucht belassen. Es drängte ihn, die Geheimnisse ihrer Kunst und alles, was damit zusammenhing, zu entschlüsseln.

Heutzutage konnte sich jeder Tourist ein Aborigine-Gemälde an die Wand hängen – entweder eine Kopie oder ein Original, je nachdem, wie viel man dafür ausgab. Die meisten Leute hatten nicht die leiseste Ahnung, dass sich in den Symbolen auf den Bildern ein bestimmtes Wissen verbarg. Die meisten Symbole waren relativ einfach. Da jedoch jedes von ihnen mehrere

Bedeutungen hatte und ihre Kombination oft extrem komplexe Zusammenhänge erklärte, gab es zu jedem Bild eine sogenannte »Outsidestory«, die der Künstler der Öffentlichkeit präsentierte, aber zugleich auch immer eine »Insidestory«, die für die Initiierten reserviert blieb. Für die einen waren die Kunstwerke nur interessante Muster, andere sahen darin eine Geschichte und ein paar wenige konnten die in ihnen verschlüsselte metaphysische Nachricht entdecken.

Es war seit langem bekannt, dass die sogenannte Dotpainting-Methode, also das Malen mit vielen kleinen Punkten, nur ein Mittel der Künstler war, geheimes Wissen zu verbergen. Und hier kam Luke mit seiner Expertise ins Spiel. Er war ein Profi im Entschlüsseln von Aborigine-Kunst und die Arbeit bescherte ihm auch einen gewissen Nervenkitzel. Er rechtfertigte sein Tun damit, dass alle Menschen Anspruch auf dieses streng geheime Wissen hätten. Es war schließlich nicht das Verschulden der heutigen Generation, dass dieses Wissen der westlichen Welt weitgehend abhanden gekommen war. Er hoffte in den Geheimnissen der Aborigines den Schlüssel zu einer neuen und zugleich alten Welt zu finden.

Er fand heraus, dass die Gemälde fast immer topographische Details verschlüsselten. Sie waren Landkarten, die auf reale Orte in Australien verwiesen. Doch was hatte es mit diesen Orten auf sich? Erst viele Jahre später begriff Luke, dass das nur ein Teil der Nachricht war. Ihre volle Bedeutung konnte nicht ohne die anderen Teile verstanden werden. Wie ein Puzzle mussten alle Aspekte zusammenkommen, um die Aussage zu vervollständigen. Meist fanden sich die anderen Puzzleteile in Tänzen und Liedern. Diese waren weitaus schwieriger zu entschlüsseln, denn kein Aborigine plauderte einfach über sein geheimes Wissen. Lukes Neugier ließ ihm jedoch keine Ruhe und er machte den ersten Schritt in die Skrupellosigkeit. Er begann, in Obdachlosenheimen, Gefängnissen und in Parks nach Aborigines zu suchen, die verzweifelt genug waren, um sich auf einen Handel mit ihm einzulassen. Er bot ihnen Alkohol an und machte ihnen andere Versprechungen, um sie zum Sprechen zu bringen. Wenn alles nichts half, hatte er einen kleinen Drogencocktail parat, der jeden gesprächig machte.

Durch Zufall stieß Luke bei seinen Forschungen auf einen älteren obdachlosen Aborigine, der, wie er sagte, aus den Kimberleys stammte. Luke hatte schon zuvor von den Bradshaws gehört, sich aber nicht weiter mit ihnen beschäftigt, weil sie so anders als die anderen Höhlenmalereien der Aborigines waren. Außerdem beanspruchte keiner der Clans sie für sich, so dass ihre Entschlüsselung unmöglich schien. Luke war also äußerst erstaunt, als der Mann aus den Kimberleys die Bradshaws als Kulturgut seines Clans bezeichnete. Wie war das möglich? Log er ihn an oder war er verwirrt? Und was, wenn er die Wahrheit sagte? Luke beschloss, so viel über diese Malereien herauszufinden, wie er nur konnte.

Sie waren bereits im vorletzten Jahrhundert entdeckt worden, und zwar von einem Stockman namens Bradshaw, der sich beim Viehtreiben mit seinem Bruder verirrt hatte und dabei auf die mysteriösen Malereien gestoßen war. Er kopierte einige der Figuren in sein Tagebuch und gab an, sie seien in der Nähe des Roe River gewesen. Doch das war falsch. Luke war fasziniert. Warum gab Bradshaw ein falsches Gebiet als Fundort an? Wusste er wirklich nicht, wo er war? Oder versuchte er ganz bewusst, den Ort der Höhlenmalereien zu vertuschen? Und wenn das so war, warum? Da man die Bradshaws lange am falschen Ort suchte, wurden sie bald zu einer Art Legende. Bis 1997 ein Amateurforscher auf den richtigen Fundort stieß, nämlich im Gebiet des Prince Regent River.

Bei seinen Nachforschungen entdeckte Luke den Namen

eines Studienkollegen und Saufkumpanen, den er seit seinem Studienabschluss jedoch aus den Augen verloren hatte. Nach drei Versuchen hatte er Michaels Nummer herausgefunden.

»Seit wann interessierst du dich für die Bradshaws?«, fragte Michael misstrauisch, als Luke ihm sein Anliegen vorgetragen hatte. Luke bemerkte seine Vorsicht, doch er war darauf gefasst gewesen.

»Die Situation liegt ein wenig anders«, antwortete er und räusperte sich. »Mein Interesse ist sozusagen nicht ... äh, rein wissenschaftlich, wenn du verstehst, was ich meine. Ich hab da eine attraktive junge Studentin, die unbedingt ihre Doktorarbeit über die Bradshaws bei mir machen will. Das Problem ist, dass ich keine Ahnung von den Dingern habe, die Kleine aber auch nicht einfach zu einem Kollegen weiterschicken will.«

Michael lachte. »Immer noch der Alte, was Luke? Ich erkenne die Brisanz deines Problems. Du brauchst dringend Hilfe! Ich schick dir ein paar Informationen zu, aber ich kann dir auch schon jetzt ein wenig darüber erzählen, damit du sozusagen alles gleich in Angriff nehmen kannst. Wir schätzen, dass es im Gebiet der Nordkimberleys um die hunderttausend Bradshaw-Galerien gibt. Bis jetzt haben wir allerdings erst ein bis zwei Prozent davon entdecken können. Sie befinden sich meist in extrem unzugänglichen Gebieten. Du weißt ja, die Kimberleys haben ihren Ruf nicht ohne Grund.«

»Und sie stammen definitiv nicht von den Aborigenes?«

»Alle vier Clans der Kimberleys, die Ngarinyin, Unggumi, Worora und Wunambul weisen sie von sich. Sie sagen, es seien ›rubbish paintings‹, die nichts mit ihrer Kultur zu tun haben. Der Legende nach sind sie von den sogenannten Vogelmenschen gemalt worden, die auf die Erde kamen und sich die Schnäbel blutig wetzten, um dann mit einer ihrer Schwanzfedern aus ihrem eigenen Blut diese Zeichnungen anzufertigen.

Sie werden von den Aborigines Gwion oder auch Gwion Gwion genannt. Wir wissen immer noch nicht, wie alt die Dinger eigentlich sind. Das Pigment, mit dem sie gemalt worden sind, hat sich mit dem Stein verbunden. Mit der Radiocarbondatierung kommen wir also auch nicht weiter.«

»Und wie steht es mit der Thermolumineszensdatierung?«

»Hilft uns auch nur begrenzt. Auf einer der Malereien hatten sich Wespen niedergelassen und ein Nest gebaut. Wir haben diesem uralten Wespennest in völliger Dunkelheit Proben entnommen und jedes einzelne Sandkorn getestet. Das versteinerte Nest ist mit ziemlicher Sicherheit 17 500 Jahre alt.«

Luke stieß einen Pfiff aus. »Das heißt, dass die Zeichnungen unter dem Nest älter als das sind. Verdammt, Michael, das macht sie älter als die Malereien in Lascaux!«

»Völlig richtig, mein Lieber. Wir haben es hier mit den ältesten Höhlenmalereien der Erde zu tun«, sagte Michael und legte eine bedeutungsvolle Pause ein, um dann mit Stolz in der Stimme fortzufahren: »Ich, wie auch einige andere Kollegen nehmen an, dass sie sogar noch älter sind, wir schätzen so um die 60 000 Jahre.«

»Alle Achtung, alter Knabe, du scheinst einer Weltsensation auf der Spur zu sein. So was gibt es nicht alle Tage. Aber wenn die Malereien nicht von den Aborigines stammen, von wem dann?«

»Gute Frage. Wir wissen so gut wie nichts über sie, ihre Bedeutung, ihre Herkunft. Die Regierung versucht, sie aus politischen Gründen den Aborigines zuzuschieben, aber wenn du Bilder von ihnen gesehen hast, weißt du, dass sie aus einer anderen Kultur stammen müssen. Sie sind um einiges detaillierter als die üblichen Höhlenmalereien, es ist ein völlig anderer Stil. Es scheint auch eine andere Absicht dahinter zu stecken. Wer auch immer das gemalt hat, wollte sich zur Schau stellen und etwas erzählen und hat sich dafür viel Zeit genommen. Die Figuren sind groß, tragen ungewöhnlich detailgetreue Kopfbedeckungen und Körperschmuck. Die verrenkt wirkenden Bewegungen deuten auf komplizierte Tänze hin, manche Figuren scheinen gar zu schweben ... Die meisten der Figuren sind geschlechtslos, was heißen könnte, dass eine gewisse Gleichberechtigung zwischen den Geschlechtern herrschte. Und ...«, Michael hielt inne, als wisse er nicht, ob er weitersprechen sollte. »Und?«, fragte Luke interessiert.

»... Äh, wir haben fast keine Tierabbildungen gefunden.«

»Was? Aber das ist das Zentralmotiv aller anderen Höhlenmalereien!«, sagte Luke ungläubig, doch Michael schwieg. »Wenn das so ist, dann heißt das, dass diese Menschen nicht von der Jagd gelebt haben!«, rief Luke lachend aus und Michael schwieg noch immer. »Du willst mir erzählen, dass es sich hier möglicherweise um eine sechzigtausend Jahre alte Kultur handelt, die nicht gejagt hat?«

»Ich erzähle dir gar nichts Luke. Das hast du dir selbst zusammengereimt. Niemand hat diese Theorie veröffentlicht«, sagte Michael nun hörbar gereizt. Und dann setzte er rasch hinzu: »Ich muss jetzt zu einer Konferenz, Luke. Viel Glück mit deiner schnuckeligen Studentin.«

Bevor Luke sich bedanken konnte, hatte Michael auch schon den Hörer aufgelegt. Luke wusste, dass die Wendung die ihr Gespräch genommen hatte, Michael nicht gepasst hatte. Er saß an seinem Schreibtisch, schloss die Augen und rauchte meditativ eine Zigarette, während er über Michaels Worte nachdachte. Wenn es stimmte, was er gesagt hatte, und daran zweifelte Luke keinen Augenblick, dann mussten die Schöpfer der Bradshawgemälde der ersten sogenannten zivilisierten Kultur der Erde angehört haben. Das war eine absolute Sensation. Es wurde gemeinhin angenommen, dass bis vor 10 000 Jahren alle

Menschen auf der Welt noch nomadische Jäger und Sammler gewesen waren. Wer also waren diese Menschen, die bereits 50 000 Jahre zuvor das Jagen und die Verehrung der Tierwelt aufgegeben hatten? Wie weit war ihre Technologie, ihr Wissen entwickelt? Und welche Botschaft verbarg sich in ihren Malereien?

Luke beeilte sich, in das Obdachlosenheim zurückzukehren, in dem er den Mann gefunden hatte, der behauptete, die Bradshaws gingen auf seinen Clan zurück. Wenn es stimmte, was er sagte und er wirklich kein Aborigine war, dann musste er ein Nachfahre der Schöpfer der Bradshaws sein. Luke konnte das immer noch kaum glauben, es schien zu fantastisch. In seiner Eile überfuhr er zwei rote Ampeln und im Obdachlosenheim wurde ihm von der Leiterin mitgeteilt, dass der Mann bereits weitergezogen war. Das hatte Luke befürchtet und er verfluchte sein Missgeschick. Es wäre zwecklos, den Mann in Sydney zu suchen und die Wahrscheinlichkeit, dass er die Stadt bereits verlassen hatte, um zu seinem Volk zurückzukehren, war hoch. Luke tröstete sich damit, dass er den Mann zumindest interviewt und fotografiert hatte. Er hatte sogar ein Lied für ihn gesungen, auch das hatte Luke auf Band gespeichert. Das Lied und die Aussagen schienen ihm wichtiger als die Fotos, die er, nachdem er sie sich noch einmal angesehen hatte, in einer Schreitischschublade verstaute. Damals hatte er nicht geahnt, dass sie ihm viele Jahre später noch einmal sehr nützlich sein würden.

Als Luke sich an seine erste Begegnung mit den Bradshaws und Luxas Verbindung dazu erinnerte, überkam ihn bald eine bleierne Müdigkeit. Die Whiskeyflasche noch in der Hand, sank er in einen tiefen Schlaf voller wirrer Träume.

29

Die Moskitos kamen pünktlich zum Abendessen. Kaum war die Sonne am Horizont versunken, hörte Luxa ein erstes Summen, das innerhalb weniger Minuten so laut wurde, dass ihr die Ohren dröhnten. Kurzfristig dachte sie an Insektenschutzmittel, doch die schiere Menge der lästigen Blutsauger, ließ sie den Gedanken gleich wieder verwerfen. Luxa erinnerte sich vage daran, irgendwo einen Bericht über blutleere Rinder gelesen zu haben, die Opfer von Moskitos geworden waren. Sie hatte keine Lust, dasselbe Schicksal zu erleiden und flüchtete so schnell sie konnte in ihr Zelt. Draußen hörte sie die Monsterstechmücken äußerst aggressiv gegen den Nylonstoff ihres Zeltes stoßen. Bevor das Dröhnen der Stechmücken sie schließlich in den Schlaf wiegte, hoffte sie noch, in der Nacht nicht auf die Toilette zu müssen.

Als sie am nächsten Morgen vorsichtig den Reisverschluss ihres Zeltes öffnete, waren sie verschwunden. Wie zu erwarten war, hatte sie schlecht geschlafen und freute sich auf ein ausgiebiges Frühstück. Mit einer Tasse Kaffee in der Hand spazierte sie die Anhöhe hinauf, um sich ein wenig in der Landschaft umzusehen. Als sie den Billabong sah, war ihr sofort klar, woher die Moskitos gekommen waren. Gut, dass sie keine zweite Nacht hier verbringen würde.

Die Stille des anbrechenden Tages, wurde nur von vereinzelten Vogelrufen unterbrochen. Es war angenehm warm, aber die milde Wärme würde in kurzer Zeit der Hitze des Tages weichen. Der Himmel war noch lila und zartrosa gefärbt und Luxa schätzte, dass es kurz vor sechs Uhr sein musste. Sie braute sich noch eine Tasse Instantkaffee und machte sich daran, ihr Morgenmahl zuzubereiten. Es gab frische Mango mit Haferflocken und Kokosnussmilch.

Um die kühlste Tageszeit zu nutzen, beschloss sie, bald aufzubrechen. Das Zelt war schnell abgebaut und der kleine

Skorpion, der darunter genächtigt hatte, erschreckte Luxa nur ein bisschen mit seinem empört aufgestellten Hinterteil. Im Gegensatz zu dem seiner afrikanischen Verwandten war sein Stich nicht giftiger als der einer Wespe.

Nachdem sie alles verstaut hatte, ließ sich Luxa auf den Fahrersitz des Landcruisers fallen und murmelte gewohnheitsmäßig einen kleinen Zauberspruch. Zu ihrer unsagbaren Erleichterung sprang der Motor ohne Probleme an. Der angenehm laue Fahrtwind, der ihre Haut erfrischte, schien ein guter Ersatz für die morgendliche Dusche. Nach nur einem Tag und einer Nacht unterwegs, hatten sich in ihren ohnehin schwer zu bändigenden Haaren bereits Dreadlocks geformt. Um Wasser zu sparen, hatte sie gestern darauf verzichtet, sich zu waschen und die Schmutzränder unter ihren Fingernägeln fühlten sich bereits so an, als ob sie dort hingehörten. Ihre Shorts und ihr T-Shirt hatten vom Bulldust einen rötlichen Ton angenommen und aus Erfahrung wusste Luxa, dass er sich nie mehr ganz herauswaschen lassen würde. Sie schmunzelte bei dem Gedanken an ihre dunkelblauen Kostüme. Ihr altes Leben schien bereits Lichtjahre entfernt und sie weinte ihm keine Träne nach.

Die Straße erstreckte sich schnurgerade bis zum blauen Horizont, am Himmel entdeckte sie die weiße Sichel des Mondes. War er dabei, ab- oder zuzunehmen? Wann hatte sie überhaupt zuletzt den Mond beobachtet? Den Sternenhimmel? In früheren Zeiten hatte er eine so wichtige Rolle gespielt, aber heutzutage nahm man kaum von ihm Notiz, wusste so wenig über die geheimnisvolle Konstellation der Planeten. Sie fragte sich, warum sich die Menschen von einem Leben, das sie so lange in Harmonie mit der Erde hatte existieren lassen, so weit entfernt hatten. Wo genau hatte diese Entwicklung begonnen? War es Zufall, dass man aufgehört hatte, die Erde zu verehren und sie stattdessen ausbeutete? Oder steckte dahinter tatsächlich eine zentrale Quelle, die vor Tausenden von Jahren die damalige Welt mit ihrem Wissen überschwemmt hat? Das zumindest hatte ihr Jim als zweiten Grund dafür genannt, dass Australien für Leblanc so wichtig war. Die Aborigines hatten sich nicht verführen lassen, obwohl sie vielleicht die ersten waren, die man versuchte, zu verführen. Die Bradshaws legten angeblich Zeugnis darüber ab. Wenn es wirklich stimmte, was Jim ihr anvertraut hatte und es diese eine zentrale Quelle gab, dann würde das unser heutiges Weltbild völlig auf den Kopf stellen.

Kununurra lag nur noch hundert Kilometer entfernt. Sie war die ganze Strecke ohne Pause durchgefahren. Eine feine Schicht des roten Straßenstaubes bedeckte ihre ganze Haut und hatte sich auch in ihrer Nase und den Augenwinkeln festgesetzt. Mit jedem Kilometer hatte sich die Landschaft wieder verändert. Einmal fuhr sie an Grassavannen vorbei, gesäumt von rostroten Felsen, dann wieder sah sie tropische Regenwaldflora, die saftiggrün einen Billabong umschloss. Scharfes Spear Grass und Pandanussplamen wechselten sich ab und überall wucherte das widerständige Spinifexgras.

Der tiefblaue Himmel erstreckte sich in die Endlosigkeit und Luxa hatte das Gefühl, ihr eigenes Ich würde angesichts dieser Grenzenlosigkeit immer mehr schrumpfen und in der atemberaubenden Weite aufgehen. Sie fühlte keinerlei Angst. Es war, als ob Mutter Natur die Armen nach ihr ausstreckte und sie in sich aufnahm.

Luxa hielt an, um eine längst überfällige Rast einzulegen. Erst jetzt bemerkte sie, dass ihre Glieder von der langen Autofahrt ganz steif geworden waren und schmerzten. Sie streckte sich und sprang ein paar Mal auf und ab, bevor sie sich einen extra starken Tee zubereitete. Er würde sie auf der Weiterfahrt wach halten. Lustlos knabberte sie an einem Stück buttrigen

Shortbread, die Hitze schien ihr den Appetit zu nehmen. Sie spürte die Hitze und die Schwüle zwar noch, doch ihr Körper hatte sich dem Klima bereits angepasst und das Tempo gedrosselt. Auf ihrer Haut lag permanent ein leichter Schweißfilm, aber sie brach nicht mehr plötzlich in Schweiß aus. Die Klimaanlage des Autos hatte Luxa bereits nach den ersten Kilometern abgestellt. Sie wusste, dass sie sich mit dem Wechsel zwischen heiß und kalt keinen Gefallen tat. Es war besser, sich dem Klima auszuliefern, anstatt ihm trotzen zu wollen.

Kauend lehnte sie am Kühler des überdimensionalen Wagens und überlegte, wie sie ihre heutige Übernachtung gestalten sollte. Es war früher Nachmittag und sie hatte noch eine Stunde Autofahrt bis Kununurra vor sich. Sie wollte sich kein Hotelzimmer nehmen, dafür genoss sie das Campen zu sehr. Das würde allerdings heißen, dass sie sich später, nachdem sie hoffentlich herausgefunden hatte, wo sich die Station von Matts Eltern befand, noch einen Schlafplatz für die Nacht suchen musste. Es könnte spät werden. Nach der gestrigen Erfahrung mit den Moskitos, beschloss Luxa, doch nicht mehr bis Kununurra zu fahren, sondern sich schon jetzt nach einem Schlafplatz umzusehen. Dann könnte sie am nächsten Morgen alles in Ruhe erledigen.

Sie schlug ihr Nachtlager unter einem Boab auf. Dieses Mal fühlte sie sich beim Aufbau ihres Zeltes bereits wie ein Profi. Da es noch eine ganze Weile dauern würde, bis die Nacht hereinbrach, begann sie dürres Holz für ein kleines Feuer zu sammeln, das sie später, wenn es kühler wurde, anzünden konnte. Nach getaner Arbeit ging sie zu einem der Boabbäume hinüber, die so charakteristisch für die Kimberleys waren. Sie sahen aus, als hätte man sie aus der Erde gerissen und sie kopfüber wieder in den Boden gesteckt. Es gab sie nirgendwo sonst in Australien und dann nur noch in Afrika und Madagaskar. Aus der Nähe konnte Luxa erst erkennen, wie mächtig der Stamm des Baumes war und sie blieb ehrfürchtig davor stehen. Er war so breit, dass sie, wäre er hohl gewesen, darin hätte schlafen können. Bedächtig hob sie einen seiner großen Samen von der Erde auf und sah sich das flauschige Innere an. Sie wusste nicht, ob es essbar war, aber sie hatte plötzlich das ungewöhnlich starke Verlangen, es zu probieren. Fasziniert rieb sie den feinen Flaum zwischen ihren Fingern und führte die Frucht an ihre Lippen. Der Geschmack war ihr seltsam vertraut. Er brachte Erinnerungen mit sich, sie sah ein Gesicht ...

Die abendliche Stille wurde von einem lauten Motorengeräusch unterbrochen. Luxa erschrak und wurde mit einem Mal wieder in die Realität zurückgerissen. Sie ließ den Samen fallen. Im Zauber dieser friedlichen Landschaft hatte sie beinahe vergessen, dass man ihr möglicherweise folgte. Sie duckte sich schnell und konnte den Rhythmus ihres eigenen Herzschlags hören. Waren das ihre Verfolger? Als das sich nähernde Fahrzeug nicht anhielt, beruhigte sie sich wieder. Es musste ein harmloser Reisender gewesen sein. Vielleicht hatte man ja tatsächlich ihre Spur verloren, nachdem sie das Mikrofon entfernt hatte.

Langsam machte sie sich auf den Weg zurück zu ihrem Lager. Die Sonne stand schon tief. Wenn der Tag zur Nacht wurde, erlebte Luxa immer eine Stunde, die zeitlos war. Es schien ihr oft, dass sich in der Dämmerung ihre eigene Existenz mit den Farben und Elementen vermischte. Sie existierte in ihnen, mit ihnen, nicht mehr neben ihnen. So stellte Luxa sich den Tod vor. Sich einfach in nichts und alles gleichzeitig aufzulösen. Dem Sonnenuntergang entgegen zu wandern und irgendwann nicht mehr zu sein.

30

Der Sender an ihrem Auto funktionierte. Luxa war also kurz vor Kununurra. Er hatte bereits seine Sachen gepackt und draußen wartete das Taxi, das ihn zu einer Cessna bringen würde. Luke war verkatert und ließ die spektakuläre Landschaft, die sich wenig später unter dem Flugzeug ausbreitete, unbeeindruckt an sich vorbeiziehen. Seine Gedanken waren woanders. Er hatte von Leblanc genaue Anweisungen erhalten und überlegte, ob er sich daran halten sollte. Leblanc hatte ihm einen Fahrer gestellt, der ihn in Kununurra erwartete. Luke wusste, dass es sich bei Jackson nicht um einen bloßen Chauffeur handelte, sondern dass er sich sein Geld damit verdiente, Menschen verschwinden zu lassen. Luke ahnte, dass er selbst sein nächstes Opfer wäre, wenn er wieder versagte. Und Luxa? Sein Kopf schmerzte und er massierte sich die Schläfen.

In gewisser Weise bedauerte er, Luxa in all das hineingezogen zu haben. Es fing alles mit seiner Ernennung zum Dekan der Fakultät an. Er sollte in ein neues, größeres Büro umziehen und beim Aufräumen seines alten Schreibtisches war er auf eine Plastikfolie mit Fotos gestoßen. Es waren die Bilder von dem Mann, der ihn damals vor vielen Jahren zu den Bradshaws geführt hatte. Als er sie diesmal in die Hand nahm, fiel ihm plötzlich etwas auf, das er vorher übersehen hatte. Er holte sich ein Vergrößerungsglas. Das Alter des Mannes war schwer zu schätzen, aber er vermutete, dass er um die sechzig sein musste. Sein Gesicht war nicht typisch für einen Aborigine, vielleicht war einer seiner Elternteile aber weiß gewesen. Manchmal war es extrem schwierig, die Herkunft von Aborigines zu bestimmen. Es gab viele verschiedene Clans und unterschiedliche phänotypische Merkmale. Waren Mutter oder der Vater weiß, kam es nicht selten vor, dass die Aborigene-Herkunft der Kinder kaum mehr sichtbar war. Es dauerte eine Weile, bis Luke zu dämmern begann, dass dies aber nicht auf den Mann zutraf, sondern dass er mit größter Wahrscheinlichkeit einem Volk angehörte, von dem niemand ahnte, dass es existierte.

Da der Mann sowohl in Pitjantjatjara als auch in einer bis dahin unbekannten Sprache sprechen und singen konnte, hatte Luke sozusagen eine Art Rosettastein gefunden, der ihm beim Entschlüsseln helfen würde.

Luke hatte den Körper des Mannes Zentimeter für Zentimeter unter die Lupe genommen. Seine Kleidung bestand aus einem zerrissenem blauen Schafscherer-Unterhemd und Shorts, die von der Sonne gebleicht waren. Der Mann war relativ hellhäutig, nur dadurch waren Luke die etwas dunkleren Flecken überhaupt aufgefallen. Was waren das für Punkte auf seinen Armen und Beinen? Beim genauen Hinsehen entdeckte Luke zwei davon auf dem Gesicht und auf der Brust des Mannes. Man hätte sie für erhöhte Muttermale oder auch eine Hautkrankheit halten können. Aber das waren sie nicht.

Mit dem starken Vergrößerungsglas konnte Luke erkennen, dass es sich um Narben handelte, allerdings keine, die durch zufällige Verletzungen verursacht worden waren. Es handelte sich um Scarifikation! Es war eine Art Tätowierung, die von vielen Völkern auf der Welt praktiziert wurde. Auch Aborigines hatten solche Schmucknarben. Bei der Scarifikation wurde die Haut mit einem scharfen Instrument eingeritzt, dann wurde ein Fremdstoff in die Wunde gerieben, damit sich die heilende Haut erhöhte und eine Art Beule bildete. Luke wusste, dass bei den Medizinmännern der Aborigines, den sogenannten Karadjis, früher ein ähnliches Verfahren angewendet wurde. An bestimmten Stellen ihres Körpers waren Quarzkristalle implantiert worden. Luke hatte jedoch nie ein Beispiel davon gesehen und nahm an, dass diese Praktik ausgestorben war.

Die Narbentätowierung des Mannes war weder symmetrisch noch in irgendeinem Muster angelegt, sie konnte deshalb nicht nur der Verschönerung gedient haben. Was also bedeutete sie? Und wo hatte er so etwas Ähnliches schon einmal gesehen? Er wusste die Antwort schon damals, aber er sträubte sich innerlich, der Wahrheit ins Auge zu sehen. Der Mann hatte ihn auf seine Theorie gebracht und seine Theorie führte ihn zu Leblanc. Und jetzt würde sie ihn zu Luxa führen.

Luke blickte zum Fenster der Cessna hinaus. Der Pilot setzte zur Landung an und er wusste, dass sich irgendwo dort unten sein Schicksal erfüllen würde.

31

Die letzten Kilometer waren die längsten. Der Zustand der unbefestigten Straßen war schlimmer, als er es in Erinnerung hatte. Matt war seit Jahren nicht mehr zu Hause gewesen. Die Worte »zu Hause« klangen sonderbar, wenn er sie aussprach und er fragte sich, ob es so etwas für ihn überhaupt noch gab.

Am ungetrübtesten war seine Freude, seine Mutter wiederzusehen. Ruhig und ausgeglichen wie Jean May Richardson war, hatte sie Matt immer seinen Freiraum gelassen, ihn mit offenen Armen empfangen, ihn aber auch wieder gehen lassen. Sie waren sich ähnlich und sie schien zu wissen, wie es in seinem Herzen aussah. Matts Vater war dagegen ein entschlossener Mann, den sein Ehrgeiz und seine Geldgier fast aufgefressen hatten. Er war in wenigen Jahren zu einem äußerst wohlhabenden Stationbesitzer geworden. Dazu brauchte es viel Glück, Mut zum Risiko, aber vor allem harte Arbeit, mit der er seinen Körper über die Jahre völlig zugrunde gerichtet hatte. Er konnte nicht aufhören, schien nie genug zu haben. Er hätte sich schon längst zur Ruhe setzen können, doch er dachte nicht im Traum daran. Seine Arbeit war sein Leben und machte ihn zu einem wertvollen Mitglied der Gesellschaft.

Tom Richardson hatte panische Angst vorm Altwerden. Auf eine Art konnte Matt das verstehen. Wer wollte schon zum alten Eisen gehören und plötzlich nutzlos werden? Aber die Angst seines Vaters kam einer Panik gleich, die dieser versuchte, mit allen Mitteln zu bekämpfen. Er stürzte sich nicht nur in Arbeit, sondern auch in Affären mit jüngeren Frauen. Jean May schien alles wortlos hinzunehmen und Matt verstand nicht, wie sie so ein Leben führen konnte. Als er herausfand, dass sein Vater sie nach Strich und Faden betrog, waren bei Matt die Sicherungen durchgebrannt.

32

Tom Richardson war ein gutaussehender junger Mann, der immer ein selbstsicheres Lächeln auf den Lippen hatte. Er wusste, wohin sein Weg führen würde und er verfolgte ihn zielstrebig. Nichts hätte ihn davon abbringen können. Er war gerade zweiundzwanzig Jahre alt, als er Jean May zum ersten Mal sah. Es war auf einer Tanzveranstaltung, die er gemeinsam mit einem seiner Freunde besuchte. Sie war mit Abstand das schönste Mädchen, das er je gesehen hatte, klein und zierlich mit dunklen Locken. Sie war siebzehn und dies war ihre erster Tanzabend, an dem sie nur teilnehmen durfte, weil sie ihr älterer Bruder Philipp begleitete.

Tom hatte nur Augen für sie. Er holte sie zum ersten Tanz, dann zum zweiten und schließlich zum dritten. Jean May wusste nicht, wie sie sich verhalten sollte, genoss jedoch die Aufmerksamkeit dieses gutaussehenden jungen Mannes. Als er sie fest an sich drückte, wurde sie rot. Philipp war derweil in ein Gespräch mit einem attraktiven blonden Mädchen vertieft. Er schien Jean May zumindest für den Moment vergessen zu haben und der fragende Blick, den sie ihm zuwarf, blieb unbeantwortet. Also tanzte sie einfach weiter mit diesem jungen Mann, der ihr direkt in die Augen sah. Wenn andere junge Männer ihn abzulösen versuchten, schüchterte Tom sie mit einem drohenden Blick ein und sie mussten ihr Glück anderswo versuchen.

Als Philipp schließlich merkte, wer da schon seit geraumer Zeit mit seiner Schwester tanzte, ließ er die Blondine stehen und näherte sich dem tanzenden Paar.

»Hey«, sagte er barsch, »lass meine Schwester auch mal mit anderen tanzen, sie gehört dir schließlich nicht.«

Jean May schloss aus Philipps Ton, dass er ihren Tanzpartner kannte, aber nicht besonders mochte. Was sie nicht wusste war, dass die beiden gutaussehenden Männer um die schönsten Mädchen der Umgebung konkurrierten und sich eine Art Sport daraus machten, mit so vielen Mädchen wie möglich zu schlafen.

Tom ließ sie schließlich widerwillig los, nickte Philipp zu und verließ den Tanzsaal. Er wusste, dass er mit Sturheit nichts erreichen würde. Jean May war enttäuscht. Er hatte ihr nur kurz zugelächelt und war ohne ein Wort gegangen. Sie tanzte noch mit ein paar anderen Männern, sah jedoch immer wieder zur Eingangstür des Tanzsaals und hoffte, ihren unbekannten Tanzpartner wiederzusehen.

Als Jean May an jenem Abend in ihrem Bett lag, rief sie sich das Gesicht des jungen Mannes noch einmal ins Gedächtnis. Genau konnte sie ihre Gefühle nicht deuten, doch war sie innerlich aufgewühlt. Sie erinnerte sich an jedes Detail, an seinen Geruch, seine Kleidung, seine starken Hände, die ihre festgehalten hatten und an seine Augen, die ihr tiefe Blicke zugeworfen hatten. Jean May kannte solche Gefühle bisher nur aus Büchern, hatte aber nie genau verstanden, worum es dabei ging. Jetzt wusste sie es.

Seit ihrer ersten Begegnung mit Tom arbeitete Jean May wie gewohnt auf der kleinen Farm ihrer Familie, war mit ihren Gedanken aber meist woanders. Niemand schien es zu merken.

Wie gerne hätte sie ihn wiedergesehen, doch sie wusste nicht, ob Philipp sie zum nächsten Tanz mitnehmen würde.

Dann eines Morgens, sie hatte gerade im Gemüsegarten gearbeitet, sah sie ihn wieder. Es war Frühling und Jean May hatte Spinat und Rote Bete für das Abendessen geerntet. Das Haar klebte ihr an der feuchten Stirn und ihr Gesicht war dreckverschmiert. Sie wischte sich die schmutzigen Hände an ihrer Schürze ab und wollte gerade wieder zum Haus zurückgehen, als sie ein Pfeifen hörte. Als sie sich umdrehte, sah sie ihren Tänzer auf der anderen Seite des Zaunes stehen. Er winkte sie zu sich heran und sie konnte der Versuchung nicht widerstehen.

»Hallo mein Täubchen«, sagte er mit einem breiten Grinsen. »Wie steht es mit einem Spaziergang?«

»Ich ... ich kann nicht«, erwiderte Jean May schüchtern, die Augen auf den Boden gerichtet. Ihr Herz klopfte ihr bis zum Hals und sie war sich der Röte ihrer Wangen bewusst.

»Na komm schon, ich helf dir über den Zaun. Niemand merkt, wenn du eine halbe Stunde weg bist«, versuchte er sie zu überreden.

Jean May sah sich unsicher nach dem Haus um. Ihre Mutter nähte und ihr Vater und Philipp würden erst später vom Feld nach Hause kommen. Schließlich nahm sie Toms Hand und sprang über den Zaun.

Wortlos gingen sie nebeneinander her. Vom Farmhaus führte ein kleiner Weg zum Fluss hinunter und sie schlugen ihn ein. Toms sah Jean May immer wieder an. Seit er sie auf der Tanzveranstaltung gesehen hatte, hatte er an sie denken müssen. Er wusste, dass sie sehr jung war und es schwierig würde, sie wiederzusehen. Nichts hätte ihn jedoch davon abhalten können. In den letzten Tagen hatte er die Farm, auf der Jean May lebte, mehrmals aufgesucht und auf den richtigen Moment gewartet.

»Ich heiße Tom Richardson«, sagte er nach einer ganzen Weile, um das Eis zu brechen.

»Jean May«, flüsterte sie, ohne ihn anzusehen. Als sie den Fluss fast erreicht hatten, nahm er ihre Hand. Jean May ging seine Berührung durch und durch. Noch immer händchenhaltend setzten sie sich unter die Büsche, die am Flussufer wuchsen.

»Warum siehst du mich eigentlich nicht an?«, fragte Tom und warf gedankenlos einen kleinen Stein ins Wasser. »Bin ich denn so hässlich?«

Jean May kicherte und hob den Kopf, um direkt in sein Gesicht zu sehen. Sie sah seine blauen Augen, seinen Mund, der sie angrinste und sein Haar, das mit Pomade nach hinten gekämmt war. Er war ihrem Bruder nicht unähnlich, aber die Gefühle, die er in ihr auslöste, waren völlig anderer Natur. Tom beugte sich vor und gab ihr einen leichten Kuss auf die Lippen. Erschrocken sprang sie auf.

»Ich ... muss jetzt nach Hause«, stammelte sie und machte sich schon auf den Weg in die Richtung, aus der sie gekommen waren. Tom lief ihr nach.

»Morgen um die gleiche Zeit?«, fragte er und Jean May nickte nur, die Augen wieder auf den Boden geheftet. Er half ihr wieder über den Zaun und sah ihr nach, als sie zum Haus zurückging.

Am nächsten Tag zählte sie die Minuten, bis sie Tom wiedersehen würde und murmelte seinen Namen. Sie hatte die Nacht nicht schlafen können, weil sie sich immer wieder seinen Kuss in Erinnerung rief. Sie hoffte so sehr, dass er sie wieder küssen würde. Sie richtete es so ein, dass sie wieder um die gleiche Zeit im Garten war. Als Toms Pfiff erklang, kletterte sie behände über den Zaun, nicht ohne sich jedoch noch einmal nach dem Haus umzusehen.

Von diesem Tag an sahen sich Jean May und Tom fast täglich. Er erzählte ihr von sich, von seinen Plänen und Träumen und Jean May hörte stumm zu. Sie bewunderte jede seiner Bewegungen, er war stark und männlich und sie liebte es, wenn er sie in seinen starken Armen hielt und sie küsste. Sie war sich sicher, dass sie diesen jungen Mann liebte. Alles fühlte sich genauso an, wie es in den Liebesromanen ihrer Mutter beschrieben wurde. Sie konnte weder essen noch schlafen und verrichtete ihre Arbeit hastig und notdürftig. Es zählte einzig, dass sie ihn wiedersah. Tom ging es ähnlich. Er war völlig vernarrt in dieses Mädchen mit den dunklen Augen und zarten Gesichtszügen. Seine Gedanken kamen immer wieder zu ihr zurück und das war neu für ihn. Natürlich hatte er seine Liebschaften mit anderen Frauen nicht ganz aufgegeben, aber das war schließlich nichts Ernstes, sie berührten sein Herz nicht wie Jean May es tat. Manchen seiner Liebhaberinnen erzählte er sogar von ihr, schwärmte von der Unschuld in ihren Augen und der Süße ihres Mundes.

Jean May war sein Engel, keine Bettgeschichte wie die anderen. Sie war rein und unschuldig und er betete sie an. Tom hatte den Entschluss gefasst, sie zur Frau zu nehmen. Womit er nicht gerechnet hatte war, dass Philipp ihre Verbindung mit Argwohn beobachtete. Er traf ihn, als er gerade von einer seiner Geliebten nach Hause ging. Tom wollte nach einem genickten Gruß schon weitergehen, doch Philipp fiel ihn von der Seite an.

»Du Schwein«, brüllte er, und sie wälzten sich auf dem Boden. »Lass meine Schwester gefälligst in Ruhe, du hängst ihr noch ein Kind an!«

Tom ärgerte sich am meisten darüber, dass Philipp denken könnte, er hätte mit seiner Schwester geschlafen. Dabei hätte er, Tom Richardson, ein Mädchen wie Jean May niemals angerührt. Ein Kuss, ja, und hier und da eine kleine Umarmung, aber schmutziges Herumwälzen, niemals. Die Gesichter beider Männer waren blutverschmiert, als sie sich schließlich auf den Weg nach Hause machten.

Am nächsten Sonntag zog Tom seinen besten Anzug an und machte sich auf den Weg zu dem Haus von Jean Mays Familie. Nach einem längeren Gespräch mit dem Vater, dem Tom von der kleinen Erbschaft erzählte, die er von seinen Eltern erhalten hatte, wurde Jean May in die Stube geholt. Sie war überglücklich, als sie erfuhr, dass Tom um ihre Hand angehalten hatte. In Tagträumen hatte sie sich ihre Hochzeit schon viele Male ausgemalt und seit sie Tom kannte, war er der erträumte Bräutigam. Jetzt schien die Fantasievorstellung vom langen weißen Kleid und Blumen im Haar Wirklichkeit zu werden. Sie konnte ihr Glück nicht fassen. Dass Tom plante, kurz nach ihrer Hochzeit mit ihr in den wilden Nordwesten Australiens zu ziehen, um dort Land zu kaufen und sich niederzulassen, konnte ihre Glückseligkeit nur wenig trüben. Sie wollte nur bei ihm sein. Sie wollte seine Frau werden und seine Kinder gebären.

Die Hochzeit fand bereits wenige Wochen später in der kleinen Kirche des Dorfes statt. Tom hatte sich eine großartige Feier gewünscht und der ganze Ort war geladen. Es sollte gleichzeitig eine Abschiedsfeier werden, denn die Frischvermählten wollten sich schon am nächsten Tag auf den Weg in ihre neue Heimat machen. Jean May trug ein langes spitzenverziertes Hochzeitskleid, in dem sie noch jünger aussah, als sie tatsächlich war. Die beiden gaben ein prächtiges Paar ab, darin waren sich die Gäste einig. Ein paar der anwesenden weiblichen Gäste konnten die Tränen allerdings nicht zurückhalten. Ansonsten war die Feier ein fröhliches Ereignis, bei dem nicht wenig Alkohol floss. Tom drückte seine junge Braut an sich und sie sah verliebt zu ihm auf.

Von den Brautleuten wurde erwartet, dass sie einmal mit allen Anwesenden des anderen Geschlechts tanzten und als Tom von einer Tanzpartnerin zur nächsten gereicht wurde, tröstete sich Jean May mit den Gedanken, dass sie ein ganzes Leben mit ihm teilen würde. Als sie mit Philipp tanzte, merkte sie, wie angespannt er war. Sie wusste, dass er ihre Vermählung mit Tom nicht billigte und nur auf Drängen ihres Vaters überhaupt zur Hochzeit erschienen war.

»Wo ist denn deine bessere Hälfte?«, fragte er sie verächtlich.

Jean May sah sich um, und konnte Tom jedoch nirgends entdecken. »Keine Ahnung, Philipp, gerade war er noch hier«, sagte sie achselzuckend.

Philipp packte sie am Armgelenk und zog sie mit sich fort. »Ich werd dir zeigen, wo er ist«, lachte er bitter. Sie versuchte sich aus seinem harten Griff zu befreien, doch er ließ sie nicht los und schließlich musste sie ihm folgen. Er führte sie die Treppen der Gaststätte hinauf und einen langen Korridor entlang. Plötzlich blieb er vor einer Tür stehen und stieß sie auf.

Das Bild, das sich Jean May in diesem Moment bot, sollte sie nie vergessen. Die Frau trug ein rotes Kleid und ihre langen Haare verdeckten fast völlig ihr Gesicht. Sie hatte den Kopf zurückgeworfen und Jean May hörte ihr kehliges Lachen. Die Brüste der Frau waren entblößt und schienen rhythmisch hin und her zu schwingen, während sich ein Mann zwischen ihren schwarzbestrumpften Beinen auf und ab bewegte.

»Tom«, stieß die Frau aus, die Jean May und Philipp jetzt bemerkt hatte. Als der halb auf ihr liegende Mann sich umdrehte, blickte Jean May in die glasigen Augen ihres Bräutigams, dem sie soeben das Jawort gegeben hatte.

Jean May drehte sich um und verließ die Szene. Zuerst machte sie langsame Schritte, dann rannte sie los. Als Philipp sie einholen wollte, war sie längst in der Dunkelheit der Nacht verschwunden. Tom, der noch dabei war, seine Hose zuzuknöpfen, folgte ihnen und beide Männer machten sich verzweifelt auf die Suche nach ihr. Es war bereits Mitternacht und die Stimmung auf ihrem Höhepunkt, es gab nur wenige, die noch gerade stehen konnten und so fiel auch niemandem die Abwesenheit der beiden Hauptpersonen auf.

Als sie im Dunkeln auf einem Stein am Flussufer saß, hörte Jean May die Musik ihrer eigenen Hochzeit. An diesem Flussufer hatte Tom sie zum ersten Mal geküsst. Die Tränen rannen ihr über das Gesicht und sie wischte sie nicht ab. In dieser Nacht, ihrer Hochzeitsnacht, war sie vom Mädchen zur Frau geworden, allerdings nicht so, wie sie es sich ausgemalt hatte.

33

Matt kam zu spät. Als er nach seiner langen Fahrt durch den roten Staub endlich Yonda Station erreichte, war sein Vater bereits tot. Tom Richardson hatte die Schwächen des Alters nie wirklich kennen gelernt, und das war auf eine Art tröstlich. Gleichzeitig war er auch nicht in den Genuss des Alters gekommen. Er war vorher abgetreten und hatte die Erinnerung an einen starken virilen Mann hinterlassen. Damit war das in Erfüllung gegangen, was er sich gewünscht hatte.

Matts Mutter empfing ihn im schwarzen Kleid und mit einem warmen Lächeln. Wortlos drückte sie ihn an sich.

Die Beerdigung fand am folgenden Tag auf ihrem Anwesen statt und war die größte, die man bis dahin in den Kimberleys gesehen hatte. Jean May stand neben Matt und schüttelte mit ihm hunderte von Händen und nickte in ebenso viele Gesichter. Als Matt sie von der Seite ansah, wurde ihm erstmals bewusst, wie stark diese Frau war, die neben ihm stand. Ihre Zierlichkeit ließ sie zerbrechlich erscheinen, doch bei näherem Hinsehen, fielen einem die Ruhe und Entschlossenheit auf, die sie ausstrahlte. Er hatte sie unterschätzt. In all den Jahren, in denen er sie als seine Mutter kannte, hatte er sie nie als etwas anderes gesehen. Das sollte sich ändern.

Jean May führte Matt in das Zimmer, in dem sein Vater aufgebahrt lag. Tom Richardson war noch keine vierundzwanzig Stunden tot und sah aus, als ob er nur schliefe. Man hatte ihm seinen besten Anzug angezogen, sein Haar gebürstet und die starken Hände vor der mächtigen Brust verschränkt. Matt erwartete fast, dass er jeden Moment die Augen aufmachen würde, um ihn mit einem kräftigen Schlag auf den Rücken zu begrüßen. Doch er blieb regungslos liegen.

»Er hat sich entschieden zu sterben, Matt«, sagte seine Mutter mit sanfter, jedoch nüchterner Stimme. »Er hätte sich operieren lassen und noch viele Jahre weiterleben können, aber er wollte es nicht und wir müssen seine Entscheidung respektieren. Er hat über seinen Tod entschieden wie über sein Leben.«

Matt sah sie an und war erstaunt über die Gefasstheit in ihrem Gesicht, das immer noch nachdenklich ihren Vater betrachtete. Nach einer Weile verließ sie den Raum, um Matt alleine mit dem Verstorbenen zu lassen und in der Küche auf ihn zu warten. Als er eintrat hatte sie bereits Tee zubereitet und frischgebackene Muffins auf den Küchentisch gestellt.

»So«, sagte sie ernst, »und jetzt will ich dir eine Geschichte erzählen, mein lieber Matt, die Geschichte meines Lebens. Du hast ein Recht darauf und ich habe lange genug geschwiegen.«

Sie schenkte ihrem Sohn Tee ein und wählte ihre Worte genau, als sie zu sprechen begann.

»Mein lieber Matt«, sagte sie sanft lächelnd, »ich erzähle dir diese Geschichte nicht, damit du deinen Vater verachtest, sondern, damit du mich *nicht* verachtest. Siehst du, er war ein guter Mann und abgesehen von seinen Frauengeschichten habe ich mich nie beschweren können. Er hat mir jeden Wunsch von den Augen abgelesen und ich weiß, dass er mich aufrichtig geliebt hat. Er konnte einfach nicht aus seiner Haut und ich nicht aus meiner. Wir sind beide nur Menschen, mit Schwächen und Fehlern und so musst du uns in Erinnerung behalten. Wir wollten einander nicht wehtun und haben es doch getan.«

34

In ihrer Hochzeitsnacht saß Jean May einige Stunden am Fluss. Als die Kälte in ihre Glieder gekrochen kam, traf sie eine Entscheidung, die ihr weiteres Leben bestimmen sollte.

Sie kehrte zum Hotel zurück und legte sich dort in das Hochzeitsbett, das mit Blumengirlanden geschmückt und mit Konfetti bestreut war. Sie fiel schon bald in einen traumlosen Schlaf und Tom atmete erleichtert auf, als er sie kurz vor Tagesanbruch dort fand. Er hatte sie die ganze Nacht panisch gesucht und nur gehofft, dass sie sich nichts antat. Zum ersten Mal seit er ein kleiner Junge war, hatte er wieder gebetet. Er war doch nur betrunken gewesen und Mona hatte ihn damit aufgezogen, dass er jetzt unter dem Pantoffel stünde und tun müsse, was seine Frau ihm auftrage. Sie hatte ihren vollen Busen gegen seinen Körper gepresst und in sein Ohr geflüstert, dass sie nichts unter ihrem Kleid trüge. Aber Mona zählte nicht, sie hatte nichts zu bedeuten. Mona war ein Teufel und Jean May sein Engel. Das wollte er ihr alles erzählen. Er würde sie auf Knien bitten, ihm zu verzeihen.

Als Tom sie schlafend in dem großen Bett liegen sah, in dem sie ihre Ehe hätten vollziehen sollen, wagte er nicht, sie zu wecken. Er zog sein Jackett aus und legte sich neben sie. Er konnte ihre regelmäßigen Atemzüge hören und versprach Gott, von jetzt ab alles in seiner Macht Stehende zu tun, um dieses Mädchen glücklich zu machen. Er ahnte noch nicht, was ihm dieses Versprechen abverlangen würde.

Tom erwachte am nächsten Morgen mit bleiernem Kopf. Als er sah, dass Jean May bereits angezogen vor ihm stand, wollte er aufspringen, sie küssen und ihr seine Schwüre vortragen. Doch sie ließ ihn nicht dazu kommen. Jean May hatte die ganze Nacht Zeit gehabt, sich ihre Worte zurechtzulegen.

»Hör mir zu, Tom«, sagte sie ruhiger, als sie selbst erwartet hatte, »was du mir gestern angetan hast, kannst du nicht wieder gutmachen. Der Mann, den ich lieben könnte, hätte so etwas nicht fertiggebracht.« Tom wollte sie unterbrechen, doch sie ließ es nicht zu. »Ich bin noch nicht fertig«, fuhr sie mit ungewohnter Strenge fort. »Ich werde dir eine gute Frau sein Tom, aber …«, sie zögerte ein wenig, »ich werde nie ein Bett mit dir teilen. Wenn du mich jemals gegen meinen Willen anrührst, wirst du mich am darauffolgenden Tag nicht mehr lebend sehen.« Damit drehte sie sich auf dem Absatz um und verließ den Raum.

»Weißt du, Matt«, erklärte Jean May, »ich hab ihn in dem Moment nicht gehasst, aber irgendetwas in mir hatte sich damals schlagartig verändert. Ich war bereit gewesen, ihm alles zu geben und er hatte meine Zukunft einfach durch den Schmutz gezogen. Was hätte ich tun sollen? An Scheidung war damals nicht zu denken und meine Eltern hätten mich nicht zurückgenommen. Ich hatte einfach beschlossen, dass er mir ein Freund sein könnte, nicht weniger, aber auch nicht mehr. Und in gewisser Weise war das mehr als den meisten Paaren zuteil wird.«

Am Tag nach ihrer Hochzeit nahm Jean May Abschied von ihren Lieben und umarmte alle außer Philipp. Er wich ihrem Blick aus und sie war froh darüber. Dann brach sie mit Tom in eine ungewisse Zukunft auf.

Die ersten Jahre in den Kimberleys waren hart für Tom und Jean May. Nach ihrer Ankunft baute Tom mit der Hilfe von Nachbarn auf dem Stück Land, das er gekauft hatte, eine notdürftige Unterkunft. Jean May beschwerte sich nicht. Sie verrichtete ihre Arbeit, wie auf der Farm ihrer Eltern. Sie legte einen großen Gemüsegarten an, wusch die Wäsche im nahegelegenen Fluss, backte Brot und hielt das kleine Haus in Ordnung. Tom war damit beschäftigt, ihr zukünftiges Haus zu errichten und stellte sich nach und nach eine kleine Herde Rinder zusammen.

Oft beobachtete Jean May den ihr angetrauten Mann dabei, wie er mit nacktem Oberkörper die schweren Ziegel formte, sie im Ofen brannte und sie dann für ihre neue Behausung lagerte. Sie fragte sich, was aus ihnen werden würde. Sie teilten alles, bis auf ihre Körper. Jean May wusste, dass Tom darunter litt. Nicht so sehr, weil er sie körperlich begehrte, sondern weil er einen Erben wollte. Er hatte sie seit ihrer Hochzeitsnacht nie bedrängt, nicht mal geküsst, und sie war froh, dass sie ihn nicht abweisen musste. Aber wie lange konnte es noch so weitergehen?

Wie Jean May vermutete, zehrte die Situation an Toms Nerven. Es war wie eine Wunde, die nie heilen sollte. Er hatte geschworen, dass er sie glücklich machen würde, aber konnte sie tatsächlich für immer darauf bestehen, dass er sie nicht berührte? Irgendwann musste sie ihm doch verzeihen. Doch die Jahre vergingen und ihr Verhältnis blieb eines von Bruder und Schwester. Sie lebten längst in ihrem großen Homestead, das Tom eigenhändig für sie gebaut hatte und er hatte in emotional aufgeladenen Momenten hin und wieder versucht, sie wenigstens in den Arm zu nehmen. Sie hatte ihn dann jedes Mal mit diesem Blick angesehen und er war leise fluchend allein zu Bett gegangen.

An seinem 30. Geburtstag fasste Tom einen Entschluss. Er trat einer Vereinigung für Viehzüchter bei, was bedeutete, dass er ganz Western Australia bereisen würde. Er würde nicht zögern zuzugreifen, wenn sich ihm die Gelegenheit für ein sexuelles Abenteuer bot. Er war schließlich ein Mann in den besten

Jahren, wer konnte da von ihm erwarten, dass er bis zum Ende seiner Tage wie ein Mönch lebte. Jean May war die Frau, die er liebte und die er mit den Jahren zu respektieren gelernt hatte. Hätte er den Gedanken zugelassen, dass sie seine Liebe nicht erwiderte, hätte ihm das das Herz gebrochen.

Für Tom Richardson war klar, dass wenn etwas nicht auf eine Art ging, es eben einen anderen Weg geben musste. Der Ehrgeiz, den er in die Vergrößerung seines Besitzes steckte, sollte sich schnell und gut bezahlt machen. Das Gleiche galt für seinen Ehrgeiz, was sexuelle Eroberungen betraf. Bald hatte er mit einem Großteil der Frauen in der Umgebung geschlafen. Nicht viele konnten seinem Charme und Aussehen widerstehen und er hatte nach kurzer Zeit einen Ruf erworben, auf den er stolz war. Von den Männern wurde er als aufrechter, hart arbeitender und erfolgreicher Stationbesitzer gesehen, die Frauen begehrten ihn als Liebhaber. Insgeheim hoffte er auf Jean Mays Eifersucht. Es war die letzte Karte, die er im Spiel um einen Erben im Ärmel stecken hatte.

Jean May war sich all dessen bewusst. Zuerst bemerkte sie, dass Tom immer öfter und länger unterwegs war. Dann fiel ihr auf, dass er eine Zufriedenheit ausstrahlte, die sie seit den Tagen, als sie miteinander am Fluss spazieren gegangen waren, nicht mehr an ihm gesehen hatte. Was das zu bedeuten hatte, war ihr klar. Zu Anfang kränkte es sie etwas. Das Gefühl des Verlustes, das an ihrem Hochzeitstag so intensiv dagewesen war, kam wieder in ihr hoch. Nach einer Weile verwandelte sich dieses Gefühl jedoch in eine Art Erleichterung. So war das Zusammenleben einfacher und sie hatte sich ohnehin gewundert, dass Tom so lange gewartet hatte. Jean May selbst hatte sich bereits damit abgefunden, dass sie nie in die Geheimnisse der Liebe eingeweiht werden sollte.

Als sie Matt das gestand, lächelte sie versonnen und schwieg eine ganze Weile.

»Aber, mein Sohn, in dem Sommer, als dein Vater zu einer großen Rinderausstellung nach Sydney reiste, hat sich alles verändert.«

Jean May war ganz allein auf der Station zurückgeblieben, inzwischen eine der größten der Umgebung. Von Haushaltshilfen hielt sie nicht viel und eine Nanny für etwaige Kinder brauchte sie auch nicht. Tom vertraute ihr in allem, wenn es nicht um geschäftliche Dinge ging und sie war froh, nicht in seine Arbeit hineingezogen zu werden. Sie verrichtete ihren Teil, er seinen.

Der Sommer war heiß und die ersten Schauer kündigten den Beginn der Regenzeit an. Tom zögerte, Jean May einen ganzen Sommer lang allein zu lassen, da immer die Gefahr bestand, dass die starken Regenfälle eine Überschwemmung hervorriefen und das Homestead dadurch vom Rest der Welt abgeschnitten wurde. Sie hatte ihn jedoch gedrängt, zu fahren und erklärt, dass ihre Lebensmittelvorräte für Monate reichten.

Die Einsamkeit störte Jean May nicht, im Gegenteil, sie war ihr sogar lieb. Insgeheim hatte sie sich auf einen Sommer allein gefreut. Sie würde lange ausschlafen, sich ihrem Garten widmen und wenn sie sich danach fühlte, im nahegelegenen Billabong schwimmen gehen. Und lesen, viel lesen würde sie. Nach und nach hatte Jean May im Salon des Homesteads eine kleine Bücherei angelegt. Tom hatte ihr viele der Bände von seinen Reisen mitgebracht und nicht wenige hatte sie per Versand bestellt. Wenn Tom nicht zu Hause war, las Jean May nicht selten ein Buch in einem Tag und einer Nacht, so sehr ging sie in der Geschichte auf. Wenn ihr Leben auch nicht so verlief, wie sie es sich erträumt hatte, so hinderte sie das nicht daran, weiterzuträumen. So groß schien ihr der Unterschied zwischen Traum und Wirklichkeit nicht.

An einem besonders schwülen Nachmittag saß Jean May in ihrem gemütlichen Schaukelstuhl auf der breiten Veranda des Hauses. Sie hatte gerade einen Roman zu Ende gelesen und lehnte sich nun zurück, um ein großes Glas Eistee mit Zitrone zu genießen. Mit einem gewissen Unbehagen beobachtete sie die Staubwolke, die sich in einiger Entfernung bildete und einen Besucher ankündigte. Besuch war ungewöhnlich für diese Jahreszeit, vor allem jetzt, da Tom nicht zu Hause war.

Der weiße Geländewagen hielt abrupt vor ihrem Haus und ein junger Mann stieg hastig aus und kam auf sie zu. Sie kannte ihn nicht. Für den Bruchteil einer Sekunde dachte Jean May an das geladene Gewehr, das Tom hinter der Eingangstür für sie bereitgestellt hatte. »Nur für alle Fälle«, hatte er lächelnd gesagt. Jean May beschloss jedoch, ihre Befürchtungen beiseite zu schieben, erhob sich und winkte dem Besucher freundlich zu.

»Hi, haben Sie sich verfahren?«, fragte sie.

Der Mann schüttelte nur den Kopf. Er wirkte irgendwie angespannt. Wie die jungen Cowboys, die während der Saison für Tom arbeiteten, trug er Jeans, ein offenes Hemd und einen alten Akubra auf dem Kopf. Sein Körper war lang und sehnig und seine Haut von einem tiefen Braunton. Er musste zur Hälfte Aborigine sein. Jean May konnte sich in etwa vorstellen, was der Grund für sein Auftauchen war. Zu ihrer Überraschung blieb der Mann reglos vor ihr stehen und sagte kein Wort. Ihr selbst schien es aber auch die Sprache verschlagen zu haben. Seine dunklen Augen sahen sie direkt an und ließen sie ihren Blick nicht mehr los. Für einen Moment verlor Jean May die Fassung. Etwas in seinen Augen ließ sie das Atmen vergessen und sie holte tief Luft, um die Anspannung in ihrem Körper zu lösen. Nur mit großer Mühe gelang es ihr, den Blick von ihm abzuwenden.

Jean May hätte nicht genau beschreiben können, was sie in diesen wenigen Sekunden in seinen Augen gesehen hatte, aber es war dieser Augenblick, der ihr Leben verändern sollte.

»Es wäre besser, wenn Sie Ihr Auto dort drüben in die alte

Scheune fahren würden«, sagte sie fast bittend. »Und ... und dann können Sie sich in dem kleinen Haus dort drüben für die Nacht einrichten. Ich gebe Ihnen Decken.« Sie zeigte auf die Hütte, die Tom damals gleich nach ihrer Ankunft für sie gebaut hatte und die ein Stück vom Homestead entfernt lag. Der Mann schien überrascht. Jean May selbst war aber kaum weniger überrascht. Was war nur in sie gefahren? Wie konnte sie einem Wildfremden anbieten, die Nacht auf der Station zu verbringen? Schließlich war sie ganz allein und die nächsten Nachbarn lebten ein paar hundert Kilometer entfernt. Als Staubwolken am Horizont den zweiten Besucher an diesem Tag ankündigten, schüttelte sie jedoch ihre Zweifel ab.

»Dort drüben ist das Haus. Wenn ich mit diesem Besucher fertig bin, komme ich und bringe Ihnen, was Sie brauchen«, sagte sie zu dem jungen Mann, der ebenfalls zum Horizont sah. Ihre Stimme klang bestimmt, doch er hörte darin einen Unterton, der ihm sagte, was er wissen musste. Er sah sie noch einmal an. Diesmal hielt sie seinem Blick stand. Für einen Moment stand die Zeit still. Mit einem seltsamen Lächeln, das ihr einen Schauer über den Rücken sandte, wandte sich der junge Cowboy widerwillig ab und ging.

»Hi, Ed«, begrüßte Jean May den Mann, der aus dem Polizeiauto stieg.

»G'day Jean May.« Der rundliche Polizist tippte sich zum Gruß mit zwei Fingern an den Hut und wischte sich den Staub von der feuchten Stirn.

»Ist Tom zu Hause?«, fragte er, die Augen ungeduldig auf die offene Tür hinter ihr gerichtet.

»Nein, er hat sich in letzter Minute doch entschlossen, die Viehausstellung zu besuchen. Kann ich dir helfen?« Ihre Stimme klang bemüht heiter und sie hoffte, dass der Polizist ihre Nervosität nicht bemerkte.

»Wir sind auf der Suche nach einem dreckigen Abo, Jean May. Ich war ihm hart auf den Fersen, hab aber dann seine Spur verloren. Du hast nicht zufällig einen Besucher mit einer weißen Ute gehabt?«, fragte er und sein Blick wanderte zu der alten Scheune hinüber. Jean Mays Herz begann schneller zu klopfen. Sie sah ebenfalls hastig zur Scheune, das Auto des jungen Cowboys war jedoch nicht zu sehen.

»Was hat er denn angestellt, dieser Mann?«, fragte Jean May mit brüchiger Stimme. Eine geborene Lügnerin war sie wirklich nicht. Ed musterte sie eine Weile und schien zu überlegen, ob er ihre Frage beantworten sollte.

»Er hat den alten Taylor von der Stoney Creek Station umgebracht«, sagte er schließlich und spuckte dabei verächtlich auf den Boden.

»Um Himmels Willen, Ed!«, rief Jean May aus und schlug sich die Hände vors Gesicht. »Ermordet? Wenn ich das gewusst hätte.« Mit schreckverzerrter Miene starrte sie den Polizisten an. »Vor etwa einer halben Stunde ist hier ein junger Kerl vorbeigekommen. Er sah aus wie ein Aborigine ... Ich hab ihn aber gar nicht erst ausreden lassen und ihm gleich Toms Gewehr vor die Nase gehalten. Schließlich bin ich ganz allein hier. Als er die Waffe gesehen hat, ist er sofort weitergefahren.« Fast hätte sie ihre Worte selbst geglaubt, so überzeugend schienen sie jetzt aus ihrem Mund zu kommen. Ed kratzte sich am Ohr.

»Gut gemacht, Jean May. In welche Richtung ist er denn gefahren?« Als sie Richtung Derby zeigte, nickte er ihr nur zu und stieg hastig wieder in sein Auto.

»Pass auf dich auf«, rief er ihr noch aus dem offenen Fenster zu.

Jean May starrte dem Auto nach, bis es fast aus ihrer Sicht verschwunden war. Nachdenklich ging sie ins Haus zurück. Sie war einer Eingebung gefolgt, als sie Ed nichts von ihrem

Besucher erzählte. Sie hatte in den Augen des jungen Cowboys gelesen, dass er kein kaltblütiger Mörder war und zudem war der alte Taylor berüchtigt für seinen Hass auf die Blackfellas. Er war der Anführer einer Gruppe von Stationbesitzern, die vor vielen Jahren eine große Zahl an Aborigines zusammengetrieben hatten, sie in Ketten legten, und sie dann kaltblütig erschossen. Es ging um das Land, das die Aborigines als ihres ansahen, die ankommenden Weißen jedoch für sich beanspruchten. Nachdem eines von Taylors Lämmern von einem Aborigine erlegt worden war, hatten die Farmer beschlossen, dass alle Blackfellas aus der Umgebung dafür büßen sollten.

Jean May wusste nicht, was ihr Besucher mit dem Tod des alten Taylors zu tun hatte, aber sie hatte keine Angst vor ihm. Sie wollte ihm gerade die Decken bringen, als sie sich umdrehte und der junge Mann hinter ihr stand und sie beobachtete.

»Wir waren Seelenverwandte, Matt«, sagte Jean May und versuchte, den Blick ihres Sohnes aufzufangen. Sie hoffte, dass er sie verstand. »Es stand außer Frage, dass wir uns liebten. Unser Treffen war kein Zufall. Ich weiß, dass da etwas Größeres am Werk war.« Stumm blickte sie zum Fenster hinaus, vor dem die Dunkelheit hereinbrach. Matt hätte schockiert sein müssen, doch bei den Worten seiner Mutter musste er an Luxa denken. Er spürte eine starke Sehnsucht nach ihr.

»Natürlich war Nanda, das war sein Name, kein Mörder«, fuhr Jean May fort. »Der alte Taylor hatte ihm wegen einer Kleinigkeit das Gewehr vor die Nase gehalten und hätte ihn kaltblütig erschossen, wenn er sich nicht zur Wehr gesetzt hätte. Niemand hätte ihm jedoch geglaubt«, sagte sie und stellte eine weitere Tasse Tee vor Matt auf den Tisch.

»Nanda und ich teilten den schönsten Sommer, den mir das Leben beschieden hat. Wir erzählten uns Geschichten aus unserem Leben und es war, als ob ich ihn schon lange kannte. Wir gingen spazieren und schwammen im Billabong. Oft aßen wir am offenen Feuer, das Nanda unter den Bäumen entzündete und meist schliefen wir in seinem Swag unter den Sternen.

Er erzählte mir, dass er beim Clan seiner Mutter aufgewachsen war, seinen Vater jedoch nie kennen gelernt hatte. Mit sechzehn hatte er beschlossen, seinen Clan zu verlassen und sein Glück als Jackeroo zu versuchen. Als er mich traf, war er gerade auf dem Weg zurück zu seiner Mutter. Er war nie richtig initiiert worden und hoffte, dass es die Ältesten ihm erlauben würden, seine Initiation als Erwachsener nachzuholen, damit er als vollwertiges Clanmitglied aufgenommen werden konnte.

Doch der Sommer änderte alles. Als er sich dem Ende zuneigte und ich Tom jeden Moment zurückerwarten musste, begannen Nanda und ich, über unsere Zukunft zu sprechen. Wir schmiedeten Pläne von einem gemeinsamen Leben und ich wusste, dass ich mich nicht von ihm trennen könnte und dass es ihm ebenso ging. Aber wo hätten wir hingehen sollen? Sein Clan hätte mich nicht akzeptiert, also schien uns eine Großstadt der einzige Ausweg. In ihrer Anonymität hofften wir uns verstecken zu können. Nanda brach schließlich nach Darwin auf, er wollte sich dort nach einer Bleibe für uns beide umsehen und dann zurückkommen, um mich zu holen. Manchmal, wenn ich abends im Bett liege, fühle ich noch immer seine letzte Umarmung.« Ein wehmütiges Lächeln umspielte Jean Mays Lippen.

Als sie fortfuhr, hatte sich ihre Miene verfinstert. »Was auch immer in Darwin passiert ist, oder ob er die Stadt überhaupt jemals erreicht hat, weiß ich nicht. Auf alle Fälle war Tom längst wieder zurück, als ich in der Zeitung las, dass man den Aborigine, der den alten Taylor umgebracht hat, auf der Flucht erwischt und erschossen hatte.« Jean Mays Stimme wurde immer leiser, doch sie gab sich einen Ruck, um ihre Geschichte zu Ende zu erzählen.

»Die darauffolgenden Wochen waren die düstersten meines Lebens. Nicht selten dachte ich daran, meine Taschen mit Steinen zu füllen und mich im Billabong zu ertränken. Das einzige, was mich damals davor zurückgehalten hat, warst du, mein lieber Sohn. Als meine Blutung ausblieb, habe ich es erst gar nicht bemerkt. Als ich mich dann jedoch fast täglich übergeben musste, wurde mir allmählich klar, dass mich Nanda doch nicht allein zurückgelassen hatte. Du warst das größte Geschenk, dass er mir hatte machen können.«

»Dann ist Dad ... ich meine ... Tom?« Matt wusste nicht, wie er mit dieser neuen Information umgehen sollte.

»Nein, Tom Richardson ist nicht dein Vater, Matt«, sagte Jean May mit einem Lächeln, das er noch nie auf dem Gesicht seiner Mutter gesehen hatte. Es strahlte mit Liebe einer Frau, die vom Schicksal geküsst worden war.

Als Tom Richardson am Ende jenes Sommers von seinem langen Aufenthalt in Sydney zurückkam, fand er eine völlig veränderte Frau vor. Jean May nahm ihn kaum wahr. Sie schien in einer anderen Welt zu leben, zu der er keinen Zugang hatte. Er konnte sich nicht erklären, was passiert war und begann sich Sorgen zu machen. Hatten der heiße Sommer und die lange Regenzeit sie um den Verstand gebracht? Er sah sie stundenlang am Billabong sitzen und auf das dunkle Wasser starren. Mehrere Male hatte er sie gefragt, was das alles zu bedeuten hätte, aber sie hatte ihn damit abgewiesen, dass er es nicht verstehen würde. Als er in den nächsten Monaten das Rundwerden ihres Körpers beobachtete, verstand er jedoch einiges.

»Kannst du dir das vorstellen Matt? Er hat mich nie danach gefragt und ich habe ihm nie davon erzählt, was in diesem Sommer passiert ist. Er hat meine Schwangerschaft einfach hingenommen. Und damit habe ich ihm vergeben können, was er mir damals in meiner Hochzeitsnacht angetan hat. Und ich habe ihn – auf eine ganz andere Weise als Nanda – zu lieben gelernt. Jean May legte die Hände in den Schoß und lächelte.

»Das ist alles, was ich dir erzählen wollte, mein lieber Sohn«, sagte sie abschließend und strich ihm sanft übers Haar. Matt stand wortlos auf und ging hinaus in die warme, sternenklare Nacht. Er musste allein sein, um sich über all das Gedanken zu machen.

Jean May war längst zu Bett gegangen, als sie von einem Geräusch geweckt wurde. Es war Matt, der hinter dem Homestead Holz hackte, das sie vor dem nächsten Winter nicht brauchen würden. Sie lächelte und schlief wieder ein.

35

Luxa erreichte Kununurra am frühen Morgen. Es war ein kleiner unauffälliger Ort, der an einem See von gigantischem Ausmaß lag. Dem Tourismus zuliebe wurde behauptet, bei den Krokodilen darin handele es sich nur um »Freshies«, einer kleineren Süßwasser-Version des riesigen Salzwasserkrokodils, das Menschen nur äußerst selten angriff. Dass sich in dem Gewässer aber nicht auch »Salties« befanden, darauf hätte keiner der Einwohner Kununurras gewettet. Krokodile konnten sich bis zu hundert Kilometer von den Küstengebieten entfernen und auf ihrer Suche nach Wasser legten sie nicht selten längere Strecken an Land zurück. Neben der Landschaft waren Diamanten die andere Attraktion an diesem entlegenen Fleckchen Erde. In der nahegelegenen Argyle-Mine wurden einzigartige rosa- und champagnerfarbene Diamanten gefördert. Mehr als eine Tonne Erde musste durchwühlt werden, um ein Gramm dieser wertvollen Steine zu ernten. Ihr Preis war dementsprechend hoch.

Zurück blieben die Chemikalien, mit denen die Rohdiamanten aus dem Gestein herausgelöst worden waren.

Für Luxa waren weder die Sonnenuntergangstour auf dem See noch die Diamanten von Interesse. Alles was sie wollte, war der Polizeistation Kununurras einen Besuch abzustatten. Sie hatte sich an diesem Morgen Wasser heiß gemacht und ihr Gesicht gewaschen. Ein kurzer Blick in den Rückspiegel bestätigte ihr, dass sie einigermaßen vorzeigbar aussah. Um diese Uhrzeit waren kaum Leute unterwegs und sie fand sofort einen Parkplatz. Luxa machte sich zu Fuß auf den Weg und begann, die Hauptstraße nach der Polizeistation abzusuchen. Der Morgen war angenehm kühl und sie ließ das Panorama des riesigen, mit Wasserlilien überwachsenen Sees auf sich wirken. Die Sonne war gerade erst am Horizont erschienen und ließ das Wasser rötlich-lila glitzern. Die morgendliche Ruhe wurde vom Gesang der ersten Vögel durchbrochen.

Luxa sah sich nach jemandem um, den sie nach dem Weg fragen konnte und erspähte am Ende der Straße einen Straßenarbeiter, der gerade mit seiner Arbeit begann. Der Mann grüßte sie freundlich und als sie ihn nach der Polizeistation fragte, schien er amüsiert. Tatsächlich standen sie direkt davor.

»Bob dreht gerade seine morgendliche Runde«, erklärte er ihr gutmütig, »er ist normalerweise nicht vor acht zurück.«

Luxa fluchte innerlich. Es gab also nur einen Polizisten hier und der war irgendwo unterwegs. Auch ohne Uhr wusste sie, dass es bis zu Bobs Rückkehr noch mindestens zwei Stunden sein mussten. Sie schluckte ihre Enttäuschung hinunter und wandte sich zum Gehen.

»Gegenüber ist ein kleiner Imbiss, der schon auf hat. Sie sehen aus, als könnten Sie einen Kaffee gebrauchen.« Der Mann zwinkerte Luxa zu und sie beschloss, dem Imbiss-Kaffee eine Chance zu geben.

Als sie der rundlichen Bedienung ihre Bestellung gab, entdeckte sie zu ihrer Freude, dass der kleine Laden auch als Internet-Café fungierte. Eingepfercht zwischen Gemüseregalen, befand sich ein vorsintflutlich aussehender Computer. Zumindest würde sie die Zeit bis zu Bobs Rückkehr sinnvoll nutzen können und ihr E-Mail-Konto abrufen.

Zwischen Kartoffeln und Karotten sitzend, loggte sich Luxa ein. Durch ein kleines Fenster hatte sie die Polizeistation im Blick und würde Bobs Ankunft nicht verpassen. Sie hatte sechs E-Mails. Fünf davon waren von Lena und Luxa bekam ein schlechtes Gewissen, dass sie sie nicht schon früher abgerufen hatte. Sie schickte Lena eine kurze Nachricht mit einer Umarmung und der Erklärung, dass sie der Reinkarnation von James Dean auf den Fersen war und sie sich keine Sorgen machen sollte. Es war unmöglich, Lena alles zu erklären und Luxa wollte sie weder beunruhigen, noch ihre gutgemeinten Ratschläge hören. Die letzte E-Mail hatte einen ihr unbekannten Absender. Sie war gerade dabei, die Nachricht zu öffnen, als sie gegenüber ein Auto vorfahren sah. Das musste Bob sein, der von seiner morgendlichen Runde zurückkam. Luxa wollte nicht riskieren, ihn noch einmal zu verpassen, also sprang sie hastig auf, um für ihren Kaffee und die Internet-Nutzung zu bezahlen.

Bob sperrte soeben die Tür der Polizeistation auf, als Luxa die Straße überquerte.

»G'day, Madam«, begrüßte er sie freundlich. »So ein schöner Morgen und Sie müssen sich schon mit der Polizei herumschlagen.«

Luxa lächelte. »Ich will nur eine Auskunft, das ist alles.«

Der Polizist führte die junge Frau in die Station und wies ihr einen Platz zu. In aller Ruhe setzte er zunächst den Wasserkessel auf, machte das Radio an und schloss schließlich seinen Schreibtisch auf, um seine Unterlagen darauf auszubreiten.

Luxa rutschte ungeduldig auf ihrem Sitz hin und her. Es hatte sie immer gewundert, wie viel mehr Zeit die Australier zu haben schienen. Sie musste zugeben, dass Geduld keine ihrer Stärken war. Die angebotene Tasse Tee lehnte sie dankend ab.

»Yonda Station?« Bob hatte sich mit einer dampfenden Tasse Tee, die seine Lesebrille anlaufen ließ, hinter dem Schreibtisch platziert. Er war als Outbackpolizist einiges gewohnt und es gab nicht viel, das ihn in Erstaunen versetzen konnte, aber das Vorhaben dieser jungen Touristin überraschte ihn doch. »Sie wollen nach Yonda Station?« Luxa nickte. »Sind Sie allein unterwegs?« Ungläubig sah er sie über seinen Brillenrand hinweg an. »Da haben Sie noch einen weiten und mühsamen Weg vor sich. Sie sollten die Station anrufen, damit man von Ihrer Ankunft weiß und Ihnen entgegenfährt!«

Das war das Letzte, was Luxa wollte. Sie musste Matt in die Augen sehen. Schließlich war sie nicht hier, um ihm einen Höflichkeitsbesuch abzustatten.

»Nein ... es soll eine äh ... Überraschung sein, wissen Sie.« Sie war ein wenig enttäuscht. Sie hatte sich schon fast am Ziel ihrer Reise geglaubt und jetzt lag immer noch ein weiter Weg vor ihr.

»Hoffentlich keine böse Überraschung, die Straßen sind um diese Jahreszeit in einem furchtbaren Zustand. Sie werden nur *sehr* langsam vorankommen.« Er betonte das »sehr«, als ob sie sich auch zu Fuß auf den Weg hätte machen können. »Was haben Sie denn für ein Auto? Ohne einen Geländewagen kommen Sie dort nicht hin.« Der Polizist schien sie mit aller Gewalt umstimmen zu wollen.

Ungeduldig versicherte ihm Luxa, dass sowohl ihr Auto als auch ihre Fahrkünste bisher völlig ausgereicht hatten und er gab sich mit einem Achselzucken geschlagen. Bedächtig langsam nahm er eine Karte aus einer Schublade seines Schreibtisches und fing an, ihr den Weg nach Yonda Station zu erklären.

»Sehen Sie hier, Sie müssen eine ganze Weile die Gibb River Road entlang fahren und dann nach Norden in Richtung Kulumbaru abbiegen. Das ist eine Missionsstation der Aborigines, für die Sie eine Erlaubnis brauchen, wenn Sie sie besuchen wollen. Da sie aber nach Yonda wollen, müssen Sie dort wohl nur tanken. Das können Sie auch ohne schriftlichen Antrag.« Er lachte herzhaft über seinen eigenen Witz. »Sie haben gut drei Tage Fahrt vor sich.«

Drei Tage. Bobs Worte hallten Luxa noch im Ohr, als sie bereits wieder im Freien stand. Sie beschloss, ihre Enttäuschung mit einem weiteren Espresso im Internet-Gemüse-Café hinunterzuschlucken und dabei die letzte E-Mail zu lesen, die sie bekommen hatte. Vielleicht würde sie das aufmuntern.

Die Nachricht war von Jim. Er schrieb, dass er einen alten Kollegen kontaktiert hatte, der ihm einen Gefallen schuldig war. Von ihm hatte er erfahren, woran genau Leblanc arbeitete. Er würde ihr mehr darüber erzählen können, wenn sie sich trafen. Luxa war verblüfft. Jim wollte sie in Yonda Station treffen! Sie wusste, dass er seine Farm in den letzten zehn Jahren nur für kleine Erledigungen verlassen hatte. Und jetzt machte er sich die Mühe, bis in die Kimberleys zu kommen? Ein ungutes Gefühl überkam sie.

Als Luxa Kununurra verließ, wurde ihr klar, dass sie ab jetzt wirklich auf sich alleine gestellt war. Nach Kununurra gab es nur die weite Wildnis, die undurchdringliche Einsamkeit, das Outback. Die legendäre Gibb River Road, die quer durch die Kimberleys führte, war ursprünglich dafür geschaffen worden, Rinder von den entlegenen Stations nach Wyndham ins Schlachthaus zu treiben. Zu Pferde. Für Fortbewegungsmittel mit mehr PS war sie kaum passierbar. Metertiefe Löcher wechselten sich mit gewaltigen Gesteinsbrocken ab. Wenn es regnete und sich die Löcher mit Wasser füllten, hätte man darin ertrinken können. Wenn man Pech hatte, konnten einem alle vier Reifen auf einmal platzen. Das Auto konnte in einem Schlammloch stecken bleiben oder in tückischem Treibsand versinken. Luxa hätte fast darüber lachen können, dass sich der Mann, in den sie sich verliebt hatte, ausgerechnet im entlegensten Winkel dieses entlegenen Kontinents aufhielt und nur über diese Straße zu erreichen war.

Nach den ersten Kilometern atmete sie erleichtert auf. Bob hatte übertrieben. Die unbefestigte Straße war zwar in keinem gutem Zustand, aber so schlecht, wie er sie beschrieben hatte, war sie auch wieder nicht. Schon leicht übermütig beschleunigte Luxa das Tempo von sechzig auf achtzig Kilometer pro Stunde.

Als sie dem ersten großen Loch begegnete, war sie viel zu schnell, um rechtzeitig bremsen zu können. In Panik versuchte sie ihm auszuweichen und rutschte dabei seitlich von der Straße. Sie verlor die Kontrolle über den Landcruiser und schrie hilflos auf. Kurz vor einem Boabbaum kam der Wagen zum Stehen. Luxa fluchte über ihre eigene Unvorsichtigkeit. Sie wollte Matt möglichst lebend erreichen.

Das Auto hatte einen harten Aufprall erlitten und Luxa befürchtete, dass die Achse Schaden genommen hatte. Mit wackeligen Knien stieg sie aus, um die Unterseite des Fahrzeuges zu begutachten, konnte allerdings nichts Ungewöhnliches entdecken. Zu ihrer Erleichterung sprang der Landcruiser auch problemlos wieder an. Als sie jedoch den Rückwärtsgang einlegte und losfahren wollte, drehten die Räder durch und der Wagen bewegte sich keinen Zentimeter. Im Rückspiegel sah sie, wie Erdbrocken nach hinten geschleudert wurden. In ihrer Verzweiflung tat Luxa genau das Falsche und gab noch mehr Gas. Der Motor heulte auf, doch das Auto rührte sich nicht von der Stelle. Wütend schlug sie mit aller Wucht auf das Lenkrad und brach in Tränen aus. Sie war noch keine Stunde unterwegs und bereits stecken geblieben.

Die Hände vor dem Gesicht, schluchzte sie hemmungslos in die endlose Einsamkeit, die ihr in diesem Augenblick doch sehr bedrohlich erschien. Es gab weit und breit niemanden, der ihr helfen könnte. Sie war völlig allein.

Die gnadenlose Sonne hatte das stehende Fahrzeug innerhalb weniger Minuten in einen Backofen verwandelt. Luxa triefte vor Schweiß. Was sollte sie tun? Die Hitze würde ihr binnen kürzester Zeit den Verstand versengen.

Luxa griff sich eine der Wasserflaschen vom Rücksitz, trank einen großen Schluck und schüttete sich schließlich den restlichen Inhalt der Flasche über den Kopf. Sie hoffte, dass sie die in dieser Umgebung so kostbare Flüssigkeit nicht sinnlos verschwendet hatte, doch sie fühlte sich sofort erfrischt und ihr Gehirn begann wieder zu arbeiten. Mit einem Mal erinnerte sich daran, was Corky gesagt hatte. Der Vierradantrieb! Sie musste nur auf Vierradantrieb umstellen! Hastig sprang sie aus dem Wagen, stellte die Reifen um und legte den entsprechenden Gang ein. Mit knirschenden Zähnen und zusammengekniffenen Augen startete sie den Landcruiser und sandte ein Stoßgebet gen Himmel, als sie zum zweiten Mal den Rückwärtsgang einlegte. Langsam aber sicher kroch der Cruiser den sandigen Hang zur Straße hinauf. Luxa kamen wieder die Tränen, diesmal vor Freude.

Bei ihrem zweiten Anlauf auf der Gibb River Road nahm sie sich vor, vorsichtiger zu sein. Sie hatte ihre Lektion gelernt. Mit sechzig Stundenkilometern fuhr sie in voller Konzentration weiter, um die Geschwindigkeit schließlich auf vierzig Kilometer pro Stunde zu drosseln. Wenn sie an eine Stelle kam, die nicht so leicht zu passieren war, stieg sie lieber aus, um sie sich genau anzusehen und schließlich zu umfahren. Eile und Ungeduld waren ihre größten Feinde und sie wollte sie nicht die Oberhand gewinnen lassen.

Obwohl sie ein wenig enttäuscht darüber war, wie langsam sie vorankam, konnte sie sich doch dem Zauber der Landschaft nicht entziehen. Bei einer wohlverdienten Tasse Tee, die sie sich nach drei weiteren harten Stunden gönnte, ließ sie den Blick in die sie umgebende Wildnis schweifen. Grassavanne so weit das Auge reichte. Vereinzelt unterbrachen Boabs diese Unendlichkeit. Ihre Silhouetten machten die Einsamkeit dieser Landschaft nur noch markanter. Unvorstellbar, dass vor etwa vierhundert Millionen Jahren das Land um sie herum noch ein Meeresboden gewesen war. Luxa hatte in ihrem Reiseführer gelesen, dass die geologische Formation der Kimberleys jedoch lange vor dieser Zeit begonnen hatte. Vor mehr als zwei Milliarden Jahren hatten sich die Sedimente des Kimberley-Beckens geformt und waren seither relativ unberührt geblieben. Ein bisschen weiter südlich befand sich das älteste Gestein dieser Erde. Über vier Milliarden Jahre alt war diese Kruste, ein Überbleibsel aus den Anfängen des Planeten. Die erste Form von Leben hatte nicht weit von hier ihren Ursprung genommen. Stromatolithen, von cyanobakteriellen Mikroben umgebene Steinformationen, deren Alter man auf etwa dreieinhalb Milliarden Jahre schätzte, zeugten vom Beginn allen Lebens.

Wieder einmal erzeugten diese Gedanken in Luxa das Gefühl, aufs Engste mit diesem Flecken Erde verbunden zu sein. Lag es daran, dass jedes Atom, das ihren Körper ausmachte, einmal Teil eines anderen Lebewesens gewesen war? Demnach musste sie Stein und Blume gewesen sein, Wasser und Sand. »Und zu Staub kehrst du zurück«, dachte sie. Sie war nicht im herkömmlichen Sinne religiös, aber diese Worte kamen ihr in den Sinn.

Der Tee hatte Luxa ausreichend erfrischt, so dass sie wieder ins Auto steigen und ihre Fahrt fortsetzen konnte. Obwohl ihr Vorankommen extrem mühsam war, musste sie sich eingestehen, dass sie die Herausforderung, die ihr die Gibb River Road stellte, in gewisser Weise auch genoss. Sie dachte daran, dass es darauf ankam, wie man Lebensgefahr definierte. Ihr Leben war im Grunde schon seit Jahren in Gefahr gewesen. Sie hatte es zugelassen, dass ihm jeglicher Zauber, jegliche Magie abhanden gekommen waren. Stumpfsinn, Langeweile und regelmäßige Depressionen hatten sich immer wieder eingeschlichen. Hier, inmitten der Unendlichkeit, fühlte sie sich vital und voller Leben. Sie strotzte nur so vor Energie.

An ihrem ersten Tag auf der Gibb River Road legte Luxa in mehr als acht Stunden gerade mal zweihundert Kilometer zurück. Bei diesen Konditionen schien ihr das schon eine Leistung. Als sich die Dämmerung ankündigte, bereitete sie sich darauf vor, so bald wie möglich einen Schlafplatz zu finden. Sie war völlig erschöpft und sehnte sich nach Schlaf. Allerdings suchte sie einen Ort, der ihr als eine Art Versteck dienen würde und die sie umgebende Savannenlandschaft war dafür denkbar ungeeignet. Die Gegend war völlig flach und würde ihr nicht viel Schutz bieten.

Als sie in der Ferne eine kleinere Felsenkette entdeckte, zögerte sie eine Weile, beschloss dann aber, die Straße zu verlassen und querfeldein der Felswand entgegenzufahren. Das Gelände war mit hüfthohem Gras bewachsen und sie holperte über mehrere Erdhügel, was bei dem Schritttempo, das sie fuhr, jedoch keinen Schaden am Auto anrichtete. Je weiter Luxa fuhr, desto weiter schienen sich die Felsen zu entfernen. Sie hatte die Entfernung völlig unterschätzt. Nach etwa zwanzig Kilometern lag die Felswand noch immer weit weg. Sollte sie weiterfahren? Wenn sie jetzt zurück zur Straße fuhr, würde es genauso lange dauern, und sie hätte noch immer kein Nachtlager. Luxa beschloss, in den sauren Apfel zu beißen und ihren Weg fortzusetzen. Sie wusste, dass sie damit ihre Reise verlängerte, aber sie hatte keine Wahl.

Sie war todmüde, als sie eine Stunde später die Felsenkette erreichte. Sie parkte den Landcruiser an der erstbesten Stelle, die sich als Schlafplatz zu eignen schien und stieg aus. Sie hatte nicht mehr die Kraft, das Zelt aufzubauen, also würde es der Schlafsack unter freiem Himmel tun müssen. Sollte es hier wieder vor Moskitos wimmeln, dann müsste sie schlimmstenfalls im Auto schlafen. Zum Abendessen gab es Thunfisch aus der Dose und Knäckebrot. Nachdem sie ihren Durst gelöscht hatte, rollte sie ihren Schlafsack aus, aß etwas Dosenfisch und schlief noch mit der Gabel in der Hand ein.

36

Luke saß neben dem Fahrer des Geländewagens und musterte ihn von der Seite. Jackson hatte seine Waffe betont lässig in der Hosentasche stecken und es lag auf der Hand, welche Absicht er damit verfolgte. Luke war angewidert von diesem schmierigen Kleinganoven, der offensichtlich zu viel Testosteron und zu wenige Skrupel hatte. Er hütete sich jedoch, die Gefährlichkeit dieser Mischung zu unterschätzen.

Die Männer hatten sich bei ihrem Zusammentreffen an dem winzigen Flughafen nur zugenickt. Sie waren sich sofort unsympathisch und machten aus ihrer gegenseitigen Abneigung kein Geheimnis. Es war nicht ihre Entscheidung gewesen, diesen Job gemeinsam zu erledigen. Keiner wusste mehr über den anderen als unbedingt nötig und keiner wollte mehr wissen.

Die Gibb River Road, auf der sie sich befanden, schien ihrem Ruf alle Ehre zu machen. Ihr Vorwärtskommen ließ sich auch nicht durch Jacksons ständiges Fluchen beschleunigen. Aber der Wagen, dem sie folgten, kam noch langsamer voran. Wenn sie Glück hatten, würden sie Luxa gegen Abend eingeholt haben. Und was dann? Luke wollte sie so bald wie möglich konfrontieren und nicht noch länger warten. Er wollte eigentlich nur mit ihr reden. Er wollte reinen Tisch machen und gleichzeitig von ihr erfahren, was es mit ihrer Erinnerung auf sich hatte. Seine Informationen würde er dann unverzüglich an Leblanc weitergeben und dann würden sie verschwinden. Vielleicht nach Südamerika oder Madagaskar. Angesichts der Gefahr, in der sie sich befand, musste sie einfach kooperieren. Sie wäre am Ende erleichtert, mit dem Leben davongekommen zu sein und würde mit ihm kommen.

Je leerer Lukes Whiskeyflasche wurde, desto logischer erschien ihm sein Plan. Mit halbgeschlossenen Augen ließ er sich in den zurückgestellten Beifahrersitz sinken und zog in rhythmischen Abständen an einer Zigarette.

Seine Gedanken waren bei Luxa. Wie lange hatte er sich vorgemacht, nicht zu wissen, woran ihn die Narben auf dem Körper des alten Mannes erinnerten? Er hatte versucht, es zu verdrängen. Die Wahrheit war zu unwahrscheinlich, zu fantastisch gewesen. Luxa kam aus Deutschland, einer Gegend, wo die Sakrifikation seit tausenden von Jahren nicht mehr praktiziert wurde. Wie also sollte sie zu diesen Narben kommen? Es war nicht möglich. Und doch wusste er, dass ihr Körper dieselben Male trug, wie der des Mannes aus dem Odachlosenheim. Er hatte ihren nackten Körper so oft gesehen und sie hatte ihm erklärt, dass die Male durch eine seltene Hautkrankheit in ihrer Kindheit verursacht worden seien. Das hatte er nie in Frage gestellt. Es war eben ein kleiner Schönheitsfehler, den er bald nicht mehr wahrnahm.

Luke wollte seine Entdeckung erst für sich behalten, doch dann überkam ihn wieder ein so starkes Verlangen, sie zu sehen, dass er alle Zweifel über Bord warf und Leblanc davon erzählte. Er wusste, dass dieser daraufhin alles in Gang setzen würde, Luxa wirklich zu finden. Und er hatte Recht.

Wenige Wochen nach seinem Gespräch mit Leblanc erhielt er spätabends einen Anruf und man teilte ihm mit, dass Luxa gefunden worden war. Sie lebte in Berlin und teilte eine

Wohnung mit einer anderen Frau. Nach ihrer Rückkehr aus Australien hatte sie schließlich ihre Doktorarbeit beendet und arbeitete als Dozentin für Anthropologie an einer der Berliner Universitäten. Sie lebte sehr zurückgezogen. Ihre Eltern waren inzwischen beide tot und es gab sonst keinerlei Verwandtschaft. All dies war relativ unspektakulär. Wesentlich spannender war das, was Luke über Luxas Kindheit erfuhr.

Es gab nicht allzu viele Details, aber die Tatsache, dass sie adoptiert worden war, bestätigte Luke in seinen Vermutungen. Ihr Alter war nicht genau bekannt, aber sie musste zum Zeitpunkt ihrer Adoption durch die Landers etwa drei Jahre alt gewesen sein und erhielt ein entsprechendes Geburtsdatum. Ihre Kindheit war zunächst geprägt von Besuchen bei Pädagogen und Psychiatern. Der Grund dafür waren vor allem ihre ständig wiederkehrenden Alpträume und Anpassungsschwierigkeiten. Mit den Jahren schien sie sich zu stabilisieren und war eine relativ gute Schülerin. Die Pubertät brachte allerdings wieder Besuche bei Therapeuten mit sich. Der Rest interessierte Luke nicht. Er hatte das, wonach er gesucht hatte.

Er entwickelte einen Plan, den er Leblanc unterbreitete. Er war froh, dass sein Auftraggeber einsah, dass in dieser Sache nichts mit Gewalt erreicht werden konnte. Er wollte Luxa für sich und stellte sicher, dass er bei dieser Aktion die Hauptrolle spielte. Leblanc hatte nichts zu verlieren und gab ihm mehr oder weniger freie Hand. Bedauerlicherweise ließ er sich nicht davon abbringen, Luxa persönlich kennen zu lernen und arrangierte ein scheinbar zufälliges Treffen am Flughafen in Singapur, nachdem Luke ihn über ihre Reiseroute unterrichtet hatte.

Bei dem Gedanken, dass er Luxa in ein gefährliches Spiel verwickelte, war Luke ein bisschen mulmig, doch er hätte alles getan, um sie wiederzusehen. Er hatte genau kalkuliert, wann und wie er wieder in ihrem Leben auftauchen würde. Es fiel ihm nicht schwer, seinen alten Charme auszugraben und er setzte auf ihren Sinn für Humor. Die Zeit schien stehen geblieben zu sein, als er an jenem Tag in ihren Vortrag hineinplatzte. Er trat als der Luke auf, in den Luxa sich vor vielen Jahren verliebt hatte. Alles schien perfekt.

»Sie muss da vorne abgebogen sein.« Jacksons Stimme holte Luke aus seinen Tagträumen zurück. Nachdem er das Signal auf dem Radarschirm mit der Karte verglichen hatte, musste er Jackson Recht geben. Luxa war ihnen nur noch etwa achtzig Kilometer voraus und hatte tatsächlich die Gibb River Road verlassen. Nach den Karten, die Luke vor sich hatte, gab es dort keine Straße. Was hatte sie vor? Er nahm noch einen großen Schluck aus der Whiskeyflasche und rieb sich über das Gesicht. In Kürze würde er mehr wissen. Er wurde nervös und gleichzeitig erregte ihn der Gedanke, Luxa in völliger Einsamkeit zu begegnen.

»Trink nicht so viel«, mahnte Jackson, »du hast schließlich noch was zu erledigen.«

»Ach, halt's Maul«, erwiderte ihm Luke und nahm noch einen kräftigen Schluck.

»Was macht sie bei den Felsen da hinten?«, fragte Jackson verwundert. »Sie ist viel zu weit weg von der Straße.«

»Lass die Kopfarbeit mal meine Sorge sein und konzentrier dich aufs Fahren «, brummte Luke.

Jackson sah den betrunkenen Luke verächtlich an, als dieser sich wieder in den Sitz zurückfallen ließ. Es würde ihm ein Genuss sein, dem Loser eine Kugel durch den Kopf zu jagen.

Luxa war vierzig Kilometer querfeldein gefahren, was einem Selbstmordversuch gleichkam, wenn man bedachte, dass das Auto streiken könnte. Die Gibb River Road selbst war nur äußerst spärlich befahren und da draußen würde sie mit Sicherheit niemand finden. Für seinen Job war das umso besser, dachte Jackson und streichelte die Waffe in seiner Hose.

Als sie sich Luxas Lager näherten, wies Luke Jackson an, anzuhalten. Sie waren noch etwa drei Kilometer von ihr entfernt, Luke wollte jedoch sichergehen, dass Jackson beim Wagen blieb, während er Luxa allein aufsuchte. Der Fußmarsch würde zwar kein Vergnügen sein, aber das musste er in Kauf nehmen.

Als Luke ausstieg, schlug ihm die Hitze, vor der ihn die Klimaanlage im Auto geschützt hatte, mit voller Wucht entgegen. Er hatte schon so viel Alkohol im Blut, dass ihm leicht schwindelig war, aber das legte sich bald wieder. Luke packte einen kleinen Rucksack, verstaute auch seine Flasche Whiskey darin, und verabschiedete sich augenzwinkernd von Jackson. »Vor dem Morgen siehst du mich nicht wieder. Wir haben einiges nachzuholen, du weißt schon.«

Jackson wusste, worauf Luke anspielte und grunzte verächtlich. Vorsichtig fasste er sich an die gebrochene Nase. Er hatte sich gehütet, irgendjemandem von dem Mangozwischenfall zu erzählen. Sein Handeln auf eigene Faust hätte ihm Leblanc sicher übelgenommen. Der neue Auftrag, den er erhalten hatte, würde ihn jedoch darüber hinwegtrösten, dass er eine Niederlage hatte einstecken müssen, da war er sich sicher.

Luxa schlief, als Luke sich im Dunkeln an sie heranschlich. Er hatte eine Taschenlampe, aber die hätte ihm bei der Suche nach Luxa nicht viel genützt. Er hatte Glück, dass der fast volle Mond bereits am Himmel stand. »Wie romantisch«, dachte Luke sarkastisch und wischte sich die Schweißtropfen von der Stirn. Die Luft hatte sich ein wenig abgekühlt, aber Luke spürte keine Erleichterung. Er glühte innerlich.

Als er Luxa im bläulichen Mondlicht auf der Erde liegen sah, wusste er nicht, ob er nicht vielleicht doch halluzinierte. Die Szene schien ihm so unwirklich, dass er an ihrer Realität zweifelte. Sein Kopf war am Zerspringen. Er musste sich zusammennehmen und sich wieder in Luke verwandeln. Den charmanten, liebvollen Luke den er irgendwo in seiner Vergangenheit begraben hatte. Er musste, er musste …

37

Luxa spürte eine Berührung, riss die Augen auf und schrie. In Windeseile hatte sie sich aus dem Schlafsack befreit und sprang auf. Sie brauchte eine Weile, um zu begreifen, was vor sich ging. Sie hatte tief und fest geschlafen und Luke vor sich zu sehen, war gleichzeitig ein Schock und eine Erleichterung. Zumindest war er kein Killer.

»Was machst *du* denn hier?«, brachte sie entgeistert hervor.

»Die Frage ist eher, was *du* hier machst, meine Liebe«, erwiderte Luke grinsend.

Luxa schluckte. Wie konnte Luke sie hier aufgespürt haben? Das war nur möglich wenn … Sie traute sich kaum, den Gedanken zu Ende zu denken. Hatte er etwas mit Leblanc zu tun? Sie merkte, dass Luke betrunken war und wich vorsichtshalber einen Schritt zurück. Es gab hier niemanden weit und breit, der ihre Hilferufe hören würde. Und wegzulaufen schien schierer Selbstmord.

»Ich … ich wollte mir schon immer mal die Kimberleys ansehen und … und nachdem, was zwischen uns … äh … passiert ist, konnte ich schließlich nicht in Lillapanga bleiben.« Luxas Stimme zitterte.

»Eine kleine Erkundungstour also, hm?«, fragte er höhnisch lächelnd und Luxa nickte. Als sie den fiebrigen Blick in seinen Augen sah, schnürte sich ihr die Kehle zusammen. Panik stieg in ihr auf und sie überlegte verzweifelt, wie sie dieser Situation entkommen konnte. Lukes Gesichtsausdruck hatte etwas Wahnsinniges und sie war sich sicher, dass das nicht nur mit dem Alkohol zu tun hatte. Er kam auf sie zu und hielt sein Gesicht ganz dicht vor ihres.

»Meine schöne Luxa«, flüsterte er ihr ins Ohr und fasste sie am Kinn. Luxa versteifte sich unter seiner Berührung. Sie konnte die Mischung aus Whiskey und Zigaretten in seinem Atem riechen und ihr wurde davon übel. Langsam strich er mit der Hand über ihren Oberkörper und steckte sie unter ihr T-Shirt.

»An welcher Stelle befinden wir uns denn hier?«, fragte er, während er eine Stelle unter ihrer linken Brust berührte. »Ist hier der Anfang der Gemälde?« Bei diesen Worten biss er ihr leicht in den Hals.

»Was soll das, Luke? Wovon sprichst du überhaupt?«, gab sie irritiert zurück und entwand sich seinen Händen.

»Luxa, Luxa, du musst uns beiden doch nichts vormachen«, säuselte Luke. »Wir wissen beide, dass du nicht an diesen abgelegenen Ort gekommen bist, um in der Sonne zu liegen. Du hast wahrscheinlich schon immer gewusst, dass du keine Hautkrankheit hattest, wie dir deine Mutter angeblich erzählt hat. Was weißt du wirklich über die Bradshaws?« Er war wieder näher gekommen und sein Ton war kälter geworden. Luxa versuchte, das was er sagte zu begreifen. War Luke nun völlig durchgedreht oder handelte es sich hier um des Rätsels Lösung? Hatte sie etwas mit den Bradshaws zu tun? War es das, was Leblanc an ihr interessierte? Was hatten ihre Narben damit zu tun?

»Ich seh schon, meine Süße, heute Nacht werde ich wohl nichts mehr aus dir rausbekommen. Vielleicht sollten wir gleich zum gemütlicheren Teil übergehen.«

Luxa wusste, was er damit meinte und geriet erneut in Panik. Sie wollte versuchen, ihn mit Worten von seinem Vorhaben abzubringen. »Luke, du hast alles falsch verstanden. Gib mir ein bisschen Zeit. Wir haben uns so lange nicht gesehen. Wir müssen uns erst wieder annähern …«

Luke ließ sie nicht ausreden. Schon hatte er sie zu Fall gebracht und drückte sie mit ganzer Kraft auf den Schlafsack. Als sie sich wehrte, lachte er nur. »Wir hatten doch immer so viel Spaß, Schätzchen.«

Luxa konnte seine Erektion durch die Hose fühlen. Sie stieß einen Schrei aus und versuchte vergeblich, Luke wegzustoßen. Er verwendete eine Hand, um ihre Arme über ihrem Kopf festzuhalten, während er mit der anderen ihre Shorts herunterzog. Dabei versuchte er immer wieder, sie zu küssen. Sie strampelte mit den Beinen, so dass der Schlafsack unter ihr verrutschte und sie sich die Haut aufschürfte. Derweil hatte Luke schon den Reißverschluss seiner Hose geöffnet und versuchte, mit seinem Körper ihre Beine auseinander zu drücken. Dann schrie er plötzlich laut auf, zuckte zusammen und ließ von ihr ab.

Zusammengekrümmt lag er auf dem Boden und hielt sein Bein. Im Mondlicht sah Luxa einen Schatten auf dem Boden, der sich jetzt hastig davonmachte. Offensichtlich hatte sich eine Schlange unter ihrem Schlafsack eingenistet und fühlte sich nun in ihrer Ruhe gestört. Sie musste Luke in den Oberschenkel gebissen haben. Luxa verfiel in ein hysterisches Lachen.

»Verdammt«, stieß Luke verzweifelt aus und wand sich vor Schmerz. Sie hatten beide genügend Erfahrung, um zu wissen, was ein Schlangenbiss in Australien bedeutete. Im besten Fall handelte es sich um eine Braunnatter, deren tödliches Gift bei rechtem Verhalten erst nach etwa zehn Stunden das Herz über die Lymphkanäle erreichen würde. Im schlimmsten Fall war Luke von einer Todesotter gebissen worden, deren Gift seine Atemmuskulatur binnen kürzester Zeit lähmen würde. Sie könnte ihn sterben lassen.

»Lass mich dein Bein abbinden«, sagte Luxa schließlich in versöhnlichem Ton, »ich habe Verbandszeug im Auto und kann dich in ein Krankenhaus bringen.« Er verdiente es nicht, aber trotz seines Versuchs, sie zu vergewaltigen, fühlte sie Mitleid mit ihm. »Du musst ruhig bleiben, dann kann das Gift sich nicht so schnell in deinem Körper ausbreiten.«

Luke ignorierte sie und wand sich hektisch hin und her. Sie war zum Auto gegangen, um nach dem Erste-Hilfe-Koffer zu suchen, da warf Luke sie plötzlich zu Boden. Dann zwängte er sich hinter das Lenkrad und startete den Motor. Als Luxa sich aufgerappelt hatte, konnte sie nur noch die Rücklichter ihres Autos sehen.

38

Irgendwann musste sie eingeschlafen sein, oder war sie ohnmächtig geworden? Als Luxa am nächsten Morgen von der Sonne geweckt wurde, fielen ihr die Ereignisse der letzten Nacht wieder ein. »Verflucht«, dachte sie. Mit knapper Not war sie einer Vergewaltigung entgangen, nur um jetzt hier in der Wüste zu verdursten. Sie hatte gestern fast nichts aus dem Auto geholt und sah verzweifelt auf die halbleere Wasserflasche neben ihrem Schlafsack. Alle ihre Vorräte waren weg.

Die Sonne hatte schon eine gewisse Intensität, es musste bereits nach acht sein. Luxa fragte sich, was aus Luke geworden war. Sie waren hier mindestens sieben Autostunden von Kununurra entfernt. Luke war schon bei seiner Ankunft nicht im besten Zustand gewesen und nach dem Biss schien er das letzte bisschen Verstand verloren zu haben. Würde er rechtzeitig ein Krankenhaus erreichen, um dort das Gegengift zu bekommen? Eigentlich konnte ihr das herzlich egal sein. Der Mistkerl hatte versucht, sie zu vergewaltigen, hatte ihr Auto gestohlen und ließ sie jetzt einfach hier draußen verrecken. Sie konnte noch nicht fassen, dass er das fertig gebracht hatte.

Luxa überlegte, was sie nun tun sollte. Wenn sie sich zu Fuß auf den Weg zur Straße machte, wäre sie bei der Sonneneinstrahlung und mit dem bisschen Wasser, das sie hatte, nach zehn Kilometern am Ende. Wenn sie dagegen bei den Felsen sitzen blieb, brachte das auch nichts. Sie kam zu dem Schluss, dass es besser wäre, im Schutz der Felsenkette zu bleiben. Auch wenn sie die Straße lebend ereichte, hatte sie keine Garantie, dass in den nächsten Stunden oder gar Tagen ein Auto vorbeikam. Und Schatten gab es dort ebenso wenig wie Wasser. Das würde sie so schnell wie möglich finden müssen. Sie nahm entschlossen ihren Hut, packte die Wasserflasche und die wenigen anderen Sachen, die ihr geblieben waren, in ihren Schlafsack und machte sich auf ins Ungewisse.

Als sie den Schatten der Felsen erreicht hatte, standen ihr bereits die Schweißperlen auf der Stirn. Die Regenzeit würde noch Monate auf sich warten lassen, in dieser Jahreszeit regierte allein die erbarmungslose Sonne.

Luxa versuchte, sich das Wasser einzuteilen, hatte die Flasche jedoch bereits nach wenigen Stunden geleert. Bis zum Höchststand der Sonne hatte sie mindestens fünfzehn Kilometer zurückgelegt, Wasser war jedoch nirgends zu sehen. Am frühen Nachmittag hatte sie Schwierigkeiten, im Schatten der Felsen noch genügend Schutz zu finden. Kurzentschlossen nahm sie ihre Gabel und zerriss damit den Schlafsack, um sich mit dem Material zu bedecken. Ein großes Stück wickelte sie sich wie einen Sarong um die Hüften, ein weiteres zog sie sich wie einen Poncho über den Kopf, um ihre nackten Arme zu bedecken. Sie musste eine lustige Figur abgeben, dachte Luxa, doch ihr Lachen blieb ihr schmerzhaft im Halse stecken. Sie wusste, dass sie bald Wasser finden musste.

Unter der hohen Luftfeuchtigkeit war Luxas erhitzte Haut ständig mit einem Schweißfilm bedeckt , so dass sie in rasender Geschwindigkeit austrocknete. Ihre Schritte wurden langsamer und sie fühlte nichts als den Schmerz in ihrem Hals, der sich mit jedem Schritt verschlimmerte. Wenn sie aufsah, wurde sie von der grellen Sonne geblendet und langsam begann alles vor ihren Augen zu verschwimmen. Ein eigenartig schriller Ton mischte sich in die Stille der Savanne, doch sie konnte nicht ausmachen, woher er kam.

Luxa halluzinierte. Sie fühlte sich plötzlich leicht und frei, als müsse sie ihre Arme nur auf und ab bewegen, um abzuheben und zu fliegen. Ihre Beine fühlten sich jedoch unsagbar schwer an. Immer wieder stolperte sie und konnte nur mit Mühe wieder aufstehen. Einige Male wäre sie fast auf eine Schlange getreten, doch immer, wenn sie kurz davor war, verwandelten sich die Tiere in trockene Äste. Sie kicherte. Das Geräusch, das sie hörte, wurde immer lauter und sie vermutete, dass sich in den Höhlen der Felswände riesenhafte Grillen verbargen. Immer und immer lauter dröhnte es in ihren Ohren und sie sank schließlich auf die Knie, um sich verzweifelt die Ohren zuzuhalten. Das Geräusch schien jedoch direkt aus ihrem Gehirn zu kommen und bohrte sich einen schmerzhaften Weg durch ihren Kopf. Luxa stieß einen Schrei aus. Dann war plötzlich alles still. Die Sonne brannte erbarmungslos auf Luxa hinab. Sie war vor Erschöpfung zusammengebrochen.

39

Jackson wurde vom Geräusch eines Motors geweckt. Im Nu war er hellwach und versuchte in der Dunkelheit etwas zu erkennen. Vor zwei Stunden war Luke in Richtung Felsen aufgebrochen, um seine Süße zur Vernunft zu bringen. Er selbst war sofort eingeschlafen. Die Fahrt hatte ihn ermüdet und er konnte ohnehin nur auf Luke warten. Jetzt war erst mal dieser Angeber dran und dann würde er selbst an die Reihe kommen.

Er konnte es nicht erwarten, diesen Job zu Ende zu bringen und wieder nach Darwin zurückzufahren. Jackson hatte nie verstanden, was die Leute ins Outback zog. Es war die pure Einöde und das Klima ließ einem die Eier verschrumpeln. Wenn er diesen Job zur Zufriedenheit seiner Auftraggeber ausführte, würde sein Kontostand zwei Nullen mehr aufweisen und darauf freute er sich. Das hieß ein neues Auto, Klamotten und eine Menge Weiber, die nicht so zimperlich waren wie die Kleine von Luke. Er hoffte insgeheim, dass sie ihn genauso abblitzen lassen würde wie ihn selbst. Der Typ war ein Angeber und ein Arschloch dazu.

Was war jetzt nur los? Wieso kam ihm der Landcruiser entgegen? Hatte Luke seine Pläne durchschaut und wollte jetzt mit der Schlampe abhauen? Scheiße. Er hoffte, dass man ihn nicht hinters Licht geführt hatte. In seinem Job wusste man nie so genau, was die andere Partei vorhatte.

Jackson fluchte, startete das Auto und verfolgte den anderen Geländewagen, dessen Fahrer offensichtlich wie ein Wahnsinniger aufs Pedal drückte. Seine Bezahlung würde er sich nicht entgehen lassen. Er hatte Schwierigkeiten, mit dem Cruiser mitzuhalten. Wer immer ihn fuhr, musste verrückt sein. Bei der Geschwindigkeit würde er gegen den nächsten Baum prallen. Jackson fluchte wieder. Er hatte keine Lust, seinen eigenen Hals zu riskieren, konnte es sich jedoch auch nicht leisten, das Fahrzeug aus den Augen zu verlieren. Die beiden Autos donnerten mit einer Geschwindigkeit über die Gibb River Road, die diese wohl noch nie erlebt hatte. Die Nacht war von dumpfem Motorengeräusch erfüllt.

Lukes Auto überschlug sich zuerst. Er versuchte in letzter Sekunde, einem fast metertiefen Loch auszuweichen, doch sein Manöver kam zu spät. Der mächtige Landcruiser überschlug sich mehrmals wie ein Matchboxauto und kam erst nach etwa fünfzig Metern zum Stillstand. Im Innern des Wagens konnte Luke sich nicht rühren und fühlte, wie das Gift durch seinen

Körper pulsierte. Das Schicksal ersparte ihm jedoch den langsamen Tod des Erstickens, das der Schlangenbiss verursachen würde. Jackson war nicht auf das Fahrzeug vorbereitet, das nun die Straße blockierte. Als sein Wagen frontal gegen den Landcruiser prallte, brach es Luke das Genick.

Eine solche Kollision war auf Autobahnen keine Seltenheit. Hier, in der Stille der Kimberleys, schien der Zusammenstoß jedoch merkwürdig fehl am Platz. Als Jacksons Auto explodierte, gab es weder Zeugen noch eine Ambulanz. Niemand kam zu ihrer Rettung. Die Autos, oder das was von ihnen übriggeblieben war, wurden drei Tage später von einem Stationbesitzer gefunden, der auf dem Weg nach Kununurra war.

40

Es hatte in den Tagen nach Tom Richardsons Beerdigung viel zu tun gegeben und Matt fand keine Ruhe, um seine Gedanken zu ordnen. Ganz hatte er die Geschichte, die ihm seine Mutter erzählt hatte, noch nicht verdaut. Das Testament war auf Wunsch seines Vaters – so nannte er ihn weiterhin – sofort nach der Beerdigung verlesen worden. Matt war der alleinige Erbe, der die Station weiterführen sollte und Jean May würde jährlich eine Summe erhalten, die ihren Bedarf bei weitem überstieg. Sie konnte in dem Homestead wohnen bleiben so lange sie wollte. Tom Richardson hatte Matt einen Brief hinterlassen, den er am Abend nach der Testamentseröffnung auf der Veranda las.

Mein lieber Sohn,

verzeih mir, wenn ich für das, was ich dir sagen will, nicht die richtigen Worte finde. Sie waren noch nie meine Stärke. Du und ich, wir hatten viele Auseinandersetzungen, aber sie zählen nicht. Du bist und warst mein Sohn und ich war immer stolz auf Dich. Wenn ich es auch nie gezeigt habe, ich hätte mir keinen besseren Sohn wünschen können. Vergib mir das, was ich Deiner Mutter angetan habe. Was auch immer sie Dir darüber erzählt. Ich habe außer Dir und ihr nie jemand anderes geliebt. Obwohl ich weiß, dass sie stärker ist, als Du und ich zusammen, hoffe ich, dass Du trotzdem auf sie aufpassen kannst. Ich wünsche Dir ein erfülltes Leben. In Liebe. Dein Vater.

Als Matt den Brief auf seinen Schoß sinken ließ, hatte er Tränen in den Augen. Er war dankbar, endlich seinen Gefühlen freien Lauf lassen zu können. Er weinte um seinen verstorbenen Vater, um Nanda, den Vater, den er nie gekannt hatte, um den Verlust, den seine Mutter erlitten hatte, und um seinen eigenen. Schließlich hatte auch er die Frau seines Lebens gefunden und sie dann wieder verloren, wie seine Mutter Nanda. Ihm schien jedoch nicht einmal ein Sommer mit Luxa vergönnt gewesen zu sein. Er gab sich seinen Tränen hin und ließ einen Teil seiner Trauer von ihnen fortschwemmen. Danach rollte er sich eine Zigarette und betrachtete gedankenverloren den silbernen Mond, der gerade aufging. Er war fast voll.

Als Matt zu Bett ging, wusste er, was er tun wollte. Am nächsten Tag würde er seinen Swag packen und für ein paar Tage out bush campen gehen. Er hatte das starke Bedürfnis, allein zu sein. Die Stille und ein weiter Sternenhimmel würden ihm helfen, Klarheit zu bekommen. Die Station würde sicher für eine Weile ohne ihn zurechtkommen. Sein Vater hatte vor ein paar Monaten einen neuen Manager eingestellt, der sein Geschäft zu verstehen schien.

Seine Sachen hatte er am nächsten Morgen schnell gepackt. Nun kam der schwierigere Teil. Er musste das Pferd einfangen, das er zurückgelassen hatte, als er vor mehreren Jahren die Station verließ. Die Stute hatte ihn zwar sofort wiedererkannt, wollte aber nicht unbedingt geritten werden. Wild schnaubend blieb sie stur am anderen Ende der Koppel stehen und weigerte sich, ihn an sich heranzulassen. Malika war eine echte Brumby-Stute, ein Wildpferd, das Matt als junger Mann eingefangen hatte. Er hatte sie auf sanfte Weise eingeritten, da ihm nicht daran lag den Willen des Tieres mit Gewalt zu brechen. Er hatte sich immer viel Zeit gelassen, die Eigenheiten der Tiere zu verstehen und mit ihnen, anstatt gegen sie zu arbeiten. Seine Mutter hatte ihn gewarnt, Malika war in seiner Abwesenheit von niemandem geritten worden und Matt wusste, was auf ihn zukommen würde. Als er die Koppel betrat, und versuchte, das Pferd zu besteigen, wurde er sofort wieder abgeworfen. Seine Mutter lachte herzhaft, als sie ihn dabei beobachtete und Matt freute sich über ihre Ausgelassenheit. »Ich habe immer gedacht, dass Mütter sich um ihre Söhne sorgten, anstatt sie auszulachen?!«, sagte er in vorwurfsvollem Ton, wobei er sich hochrappelte, um einen neuen Versuch zu starten.

»Ach mein Liebling, ich weiß ja, dass du das nicht zum ersten Mal machst und es ist so schön, dich wieder hier zu haben.« Jean May stand mit verschränkten Armen an einen Pfosten gelehnt und betrachtete ihren Sohn liebevoll. Er war ein richtiger Cowboy. Sein Körper war lang und drahtig und alles an ihm strahlte Kraft und Vitalität aus. Er schien das Ebenbild von Nanda zu sein, genauso schön, genauso geschickt. Nur seine tiefblauen Augen hatte er von ihr geerbt. Und vielleicht die Art, wie er lachte. Warum hatte er noch keine Partnerin gefunden? Jean May spürte eine Traurigkeit in ihm, die sie zuerst für Trauer um Tom gehalten hatte. Sein Tod hatte Matt zwar mehr mitgenommen, als er durchblicken ließ, doch da war noch etwas anderes, etwas, das ihr als Mutter nicht entgangen war. Matt war verliebt. Unglücklich verliebt. Sie hätte ihn so gerne danach gefragt, ihm Trost angeboten und gut zugeredet. Instinktiv wusste sie aber, dass in diesen Dingen nur die Zeit half, nichts als die Zeit.

Beim zweiten Mal hatte Malika kein leichtes Spiel. Matt streichelte das Pferd und flüsterte ihm sanft etwas ins Ohr. Zunächst schien es so, als ob er es durch seine Worte beruhigen konnte. Nach den ersten Schritten bäumte es sich jedoch wieder auf und versuchte seinen Reiter loszuwerden. Matt presste seine Schenkel fest an den muskulösen Körper des Tieres und hielt die Zügel straff. Malika schlug nach hinten aus, doch es gelang ihr nicht, Matt noch einmal abzuwerfen. Schließlich gab sich die Stute mit einem fast belustigt klingenden Schnauben geschlagen. Jean May applaudierte und Matt lobte das Pferd, indem er es sanft auf den Hals klopfte.

Nachdem er seine Sachen verstaut und am Sattel befestigt hatte, verabschiedete sich Matt von seiner Mutter und machte sich auf den Weg in Richtung Norden. Matt kannte die Umgebung wie seine Westentasche. Er hatte schon als kleiner Junge viele Nächte unter freiem Himmel verbracht.

Sein Vater hatte viele Jahre einen Headstockman beschäftigt, der zur Hälfte Aborigine war und zwei Söhne hatte. Matt war mit Botj und Djawa aufgewachsen. Ihre Spiele wurden seine, er sang Lieder in ihrer Sprache und sie lernten die englischen von seiner Mutter. Immer wenn sie zusammen in den Bush ritten, beobachtete Matt, was Botj und Djawa von ihren Eltern gelernt hatten. Gemeinsam jagten sie Kängurus, was fast immer misslang, erlegten Fische mit dem Speer und sammelten Früchte und köstliche Schlammkrabben in den Mangrovensümpfen. Ihre Beute brieten sie über dem Feuer, das sie durch das Aneinanderreiben zweier Stöcke entfacht hatten. Bevor sie auf Jagd gingen, bemalten die Jungen sich gegenseitig mit weißem Pfeifenton und imitierten im Tanz das Tier, das sie zu erlegen gedachten. Oft bogen sie sich dabei vor Lachen, vor allem wenn Botj den Emutanz vorführte.

Bestimmte Zeiten im Jahr verbrachten Botj und Djawa mit ihrer Aborigine-Mutter bei deren Clan, um an speziellen Zeremonien teilzunehmen. Matt konnte ihre Rückkehr immer kaum erwarten und lauschte dann fasziniert ihren Geschichten von geheimnisvollen Initiationsriten und den alten Männern, die ihnen beibrachten, die Welt immer wieder in ihre Existenz zu singen.

Kurz vor Matts sechzehntem Geburtstag verließen Botj und Djawa die Station, um wieder einmal ihren Clan zu besuchen. Alle drei Jungen wussten, dass es dieses Mal anders sein würde. Matts Freunde würden die Station als Jungen verlassen, um als Männer zurückzukehren. Botj und Djawa konnten ihren Aufbruch kaum erwarten und hatten seit Monaten von nichts anderem gesprochen, als von ihrer bevorstehenden Initiation. Sie würden einige harte Proben bestehen müssen, um zum Schluss an einer Zeremonie teilzunehmen, bei der das Kind in ihnen rituell getötet wurde, damit der Mann geboren werden konnte. Dieser rituelle Tod war für jeden Novizen mit Angst und Schrecken verbunden. Matt wusste nur oberflächlich, was passieren würde. Der Ablauf der Initiation war streng geheim und durfte einem Uninitiierten nicht mitgeteilt werden.

Obwohl die beiden Aboriginejungen sich vor der bevorstehenden Zeremonie fürchteten, beneidete Matt sie darum. Seine Mutter hatte alles getan, um ihm den Abschied von seinen Freunden, leichter zu machen. Sie hatte sogar eine Geburtstagsparty für ihn organisiert und die Teenager der umliegenden Stations eingeladen. Tom Richardson hatte Unmengen von Bier spendiert und seinem Sohn mit einem väterlichen Schlag auf die Schulter verschwörerisch zugezwinkert. Matt hatte sich zum ersten Mal betrunken und als er am nächsten Tag mit höllischen Kopfschmerzen aufwachte, fühlte er sich weniger Mann als je zuvor.

Als Botj und Djawa nach mehreren Monaten zurückkamen, merkte Matt, dass sie sich verändert hatten. Sie sprachen zwar noch dieselbe Sprache, die auch Matt fließend sprach, hatten aber neue Wörter gelernt, deren Bedeutung sie Matt, wie sie erklärten, nicht mitteilen durften. Außerdem beherrschten sie jetzt eine Art Zeichensprache, die es ihnen ermöglichte, auf weite Entfernungen zu kommunizieren. Matt lernte ein wenig davon, konnte sie aber nie wirklich einsetzen. Die jungen Aborigines bewegten sich anders und hatten die Spiele von früher abgelegt. Ihre Kindheit war vorbei.

Bald darauf begannen alle drei als Jackaroos zu arbeiten und mit den anderen Stockmen zu den oft weit entfernt gelegenen *Outstations* zu reiten. Die Arbeit in den Kimberleys war schon der klimatischen Bedingungen wegen extrem hart. Tom Richardson verlangte jedoch, dass sein Sohn härter als alle anderen herangenommen wurde. Matt konnte sich noch gut an all die wunden Stellen, Knochenbrüche und blauen Flecke erinnern. Die ohnehin regelmäßigen Auseinandersetzungen mit seinem Vater häuften sich in dieser Zeit. Matt hatte den Eindruck, dass Tom seine Liebe zu ihm mit aller Gewalt zu verbergen suchte. Oft beobachtete ihn sein Vater gedankenverloren, um ihm barsch einen Befehl zu erteilen, wenn er sich dabei ertappte fühlte.

An die letzte Auseinandersetzung konnte Matt sich kaum mehr erinnern, doch sie hatte wohl das Fass endgültig zum Überlaufen gebracht. Voller Wut hatte er damals seine Sachen gepackt, sich von seiner Mutter verabschiedet und war mit Vollgas davongebraust. Er hatte es nicht erwarten können, der Station den Rücken zu kehren. Botj und Djawa hatte er seit diesem Tag nicht mehr gesehen. Aus den Briefen seiner Mutter wusste er, dass seine Freunde die Ranch vor mehreren Jahren verlassen hatten. Matt hatte sich oft gefragt, was aus ihnen geworden war.

Als er durch das Gelände ritt, sah er wieder ihre Gesichter vor sich. Die Jungen waren immer ohne Sattel und barfuß geritten und hatten mit ihrem lauten Geschrei und Lachen die Stille der Wildnis ausgefüllt. Diese Route würde ihn an einen ihrer Lieblingsplätze führen, die Nangirra-Schlucht. Sie war nur mit dem Pferd oder zu Fuß zu erreichen und Matt konnte es kaum erwarten, diesen magischen Ort seiner Kindheit wiederzusehen. Bei der Erinnerung an all die Tage, die sie gemeinsam damit verbracht hatten, an saftigen Lilienzwiebeln zu kauen und Weitspuckwettbewerbe abzuhalten, musste er lächeln. Oft hatten sie auch stundenlang faul auf hohen Ästen gelegen und dem Dröhnen des Wasserfalles zugehört oder die trägen Süßwasserkrokodile beobachtet, die ihre kühlen Körper in der Sonne wärmten. Wann immer sich ein »Saltie« näherte, wurden die Jungen plötzlich nervös. Das Salzwasserkrokodil war Botjs und Djawas Clantotem und allen drei Jungen war klar, dass sie diesem Tier großen Respekt entgegenbringen mussten. Es war ein Teil von ihnen, nur ihr Clan kannte seinen wahren Namen und wer ihn kannte, konnte mit diesem unheimlichen Tier Kontakt aufnehmen. Am Rande des Wassers konnte man nicht vorsichtig genug sein. Ein Krokodil war in der Lage, blitzschnell aus dem Wasser zu schießen und seine Beute mit einer einzigen Umdrehung in die Tiefe ziehen. Es war zu gefährlich, im Fluss zu schwimmen und wenn die Jungen sich ein erfrischendes Bad gönnen wollten, mussten sie die orangeroten Felsen neben dem Wasserfall hinaufklettern. Dort oben hatte der gewaltige Fall des Wassers ein Becken in den harten Stein gegraben. Das Wasser darin war türkisblau und glasklar. Von den großen runden Felsen, die das Becken umgaben, sprangen die Jungen kreischend in die Tiefe und blieben so lange unten, bis ihnen die Luft ausging. Matt musste zugeben, dass er Botj und Djawa vermisste. Sie waren immer wie seine Brüder gewesen. Für die letzten Kilometer brauchten Matt und Malika die längste Zeit. Der Eingang in die Schlucht war schmal und felsig und Matt musste absteigen, um das Pferd zu führen. Als sie sich zwischen den Felswänden hindurchzwängten, wieherte Malika und zerrte an den Zügeln. Matt redete der Stute mit sanften Worten zu und schließlich ließ sie sich zum Weitergehen bewegen.

Der Anblick, der das Innere der Schlucht bot, nahm Matt für einen Moment den Atem. Seine Erinnerung hatte ihn nicht getäuscht. Steil ragten die schwarzen Felsen des devonischen Riffs in den tiefblauen Himmel. Die dichte Vegetation war von einem dunklen, saftigen Grün und das goldene Licht der Nachmittagssonne brachte hohe Palmen, riesige Eukalyptusbäume und mannshohe Farne zum Leuchten. Als Reiter und Pferd die Schlucht betraten, flatterten Schwärme von Vögeln in die Luft und begrüßten die Eindringlinge mit lautem Geschrei. Matt lenkte das Pferd in den Schatten der Bäume und ritt am milchkaffeebraunen Fluss entlang, auf dessen Sandbänken sich Süßwasserkrokodile träge sonnten. Kurz vor dem Wasserfall hörte er das Krächzen weißer Kakadus, die auf einem abgestorbenen Baum saßen. Sie erinnerten Matt an riesige Magnolienblüten. Die Landschaft schien wie verzaubert. Hier existierte nur der endlose Augenblick, die Welt stand still.

Um den Ort zu erreichen, wo er sein Lager aufschlagen wollte, musste er den Wasserfall am Ende der Schlucht passieren. Der Fluss führte trotz Trockenzeit eine beachtliche Menge Wasser. Als Matt hinter der Kaskadenwand hindurchwatete, brachte die Wucht des aufprallenden Wassers seinen Körper zum Beben. Er konnte spüren, wie sein Pferd nervös wurde und hielt die Zügel knapp, um nicht zu riskieren, dass Malika abrutschte.

Bei Sonnenuntergang hatte er sein Lager im Schutze der Felswand errichtet. Sein Swag war bereits ausgerollt und Matt verzichtete darauf, die Plane aufzuspannen, die er für den Fall eines überraschenden Regengusses mitgebracht hatte. Ein Blick in den sich verdunkelnden Himmel versicherte ihm, dass die Nacht klar und angenehm kühl werden würde.

Nun war es an der Zeit, an das Abendessen zu denken. Früher hatten sie nie Proviant mitgenommen. Die Jungen hatten sich immer darauf verlassen, dass Mutter Natur sie versorgte und waren nie enttäuscht worden. Djawa und Botj hatten Matt gezeigt, wie man Bushfoods fand und nicht selten hatten sie gewettet, wer in der kürzesten Zeit das meiste und wohlschmeckendste Bushessen finden würde. Meist hatte Djawa gewonnen. Er war von allen dreien der beste Sammler, der schnellste Läufer und der geschickteste Jäger. Nur im Sattel und vielleicht im Feuermachen war Matt besser als er. Und Botj war mit Abstand der beste Geschichtenerzähler. Matt musste an die lachenden Augen und das breite Grinsen des Jungen denken. Und an seine todernste Miene, wenn er ihnen faustdicke Lügen auftischte. Botj war stets der Clown gewesen.

Nach einer halben Stunde hatte Matt einige Kurrajongbaumsamen, eine Handvoll Kakadupflaumen und mehrere Conkerberrys gesammelt. Das würde ihm für heute Abend genügen. Die Kurrajongbaumsamen mussten vorsichtig zubereitet werden. Die feinen Härchen, die die Samen umgaben, waren giftig und man durfte sie nicht in Augen, Nase oder Mund bekommen. Matt röstete sie über dem Feuer und brannte den Flaum sorgfältig ab. Mit Blättern wischte er die gerösteten Samen ab und wartete, bis sie genügend abgekühlt waren, um sie zu essen. Er genoss ihren milden Geschmack ebenso wie die Säure der Bushpflaumen und die leichte Süße der Conkerberrys. Nach diesem Festmahl rollte er sich eine Zigarette, legte sich auf den Rücken und betrachtete nachdenklich den Sternenhimmel.

41

Luxa konnte ihre Augenlider nur mit großer Mühe anheben. Sie hatte das Gefühl, Sand in den Augen zu haben. Es war dunkel und sie hatte keine Ahnung, wie lange sie hier gelegen hatte. Scheinbar hatte sie die Kälte der frühen Morgenstunden aus ihrer Erschöpfung geweckt. Nach ihrem schmerzenden Kopf zu urteilen, hatte ihr die Sonne kräftig auf den Schädel gebrannt.

Langsam hievte sie sich in eine einigermaßen bequeme Sitzposition. Ihre Kehle schien vor Schmerz taub geworden zu sein. Als sie versuchte, einen Ton herauszubringen, kam stattdessen nur ein Krächzen, das sich wie der Schrei eines wilden Tieres anhörte. Lippen und Mundhöhle waren rau und so trocken wie Sandpapier.

Am Horizont tauchten die ersten Sonnestrahlen auf und stachen ihr schmerzhaft in die Augen. Sie musste also die ganze Nacht hier gelegen haben. Dass sie noch lebte, grenzte an ein Wunder und Luxa überlegte, ob sie nicht vielleicht doch schon tot war. Ihre Schmerzen ließen jedoch keinen Zweifel daran, dass sie noch unter den Lebenden weilte. Die Aussicht, hier auf den sicheren Tod warten zu müssen, schien ihr wenig verlockend und sie bedauerte kurzfristig, dass sie überhaupt wieder aufgewacht war. Doch dann besann sie sich und dachte daran, dass sie hiermit noch einmal die Gelegenheit erhielt, ihr Leben bei vollem Bewusstsein abzuschließen. Sie wollte an Matt denken und ihm ihre Gedanken senden. Sie war sich sicher, dass sie ihn irgendwie erreichen würden, wo auch immer er jetzt war. All die Dinge, die sie ihm hatte erklären wollen, würden sich zu einer Botschaft verdichten, die sein Herz vernehmen würde.

Nur mit Mühe konnte Luxa sich in ihrer Sitzposition halten und es fiel ihr schwer, ihre Konzentration aufrechtzuerhalten. Vorsichtig lehnte sie ihren Kopf an die Felswand hinter sich und zuckte zusammen, als sie erneut der Schmerz durchfuhr. Dass sie im australischen Outback sterben würde, schien ihr die logische Konsequenz und sie war dankbar, in ihren letzten Stunden nicht von den hellgrünen Wänden eines Krankenhauszimmers umgeben zu sein. Unter ihr war die Erde, die ihren Körper wieder in sich aufnehmen würde und ihre Seele konnte der Sonne entgegenfliegen. Gab es einen perfekteren Tod? Luxa schloss die Augen und fast gelang ihr ein Lächeln.

Doch irgendetwas irritierte sie. Es dauerte eine Weile, bis sie sich gewahr wurde, was es war. Ja, richtig, es war das Geräusch von gestern! Dasselbe Geräusch, das sie bis in die Ohnmacht verfolgt hatte. Luxa war sich sicher, dass sie dieses Mal nicht halluzinierte, und der Ton nicht in ihrem Kopf war, sondern vom Innern des Felsens kam. »Verdammt«, krächzte sie, »wenn das nicht das Gurgeln von Wasser ist!?« Luxa konnte ihrer Aufregung kaum Einhalt gebieten. Sie versuchte aufzustehen, ihre Beine gaben jedoch sofort nach und sie stürzte zu Boden. Auf allen vieren bewegte sie sich Zentimeter um Zentimeter in die Richtung, aus der das Geräusch kam. Ihre Augen waren dermaßen ausgetrocknet, dass selbst ihre Sehkraft nachgelassen hatte. Trotzdem glaubte sie einige hundert Meter entfernt eine Öffnung in der Felswand ausmachen zu können. Der Boden war steinig und Luxa zog sich weitere Schürfwunden zu. Sie biss sich auf die Lippe und versuchte nur an das Wasser zu denken, das hoffentlich bald ihre Kehle hinabrinnen würde. Das sanfte Gurgeln kam immer näher und Luxa wusste, dass sie es bald geschafft hatte. »Nur nicht wieder ohnmächtig werden, nur jetzt nicht schwach werden«, sprach sie sich Mut zu. Und da war es auch schon: Wasser! Wundervolles, nasses, köstliches Wasser! Sie konnte kaum glauben, was ihre schmerzenden Augen da sahen. Vor ihr lag ein Fluss, ein großer, breiter Fluss. Sie war die ganze Zeit parallel zu einem Fluss gelaufen, der hinter der Felswand verborgen lag. Mit letzter Kraft schleppte sie sich an das Becken, das ein kleiner Wasserfall geformt hatte. In ihrer

Gier verschüttete sie das meiste der Flüssigkeit, die sie mit beiden Händen herausschöpfte. Ein paar lebensrettende Tropfen fanden jedoch den Weg in ihre ausgetrocknete Kehle. Nachdem sie sich das brennendes Gesicht einige Male mit Wasser übergossen hatte, verlor sie erneut das Bewusstsein. Die Gefahr, die in dem schwarzen Wasser lauerte, hatte Luxa nicht bemerkt.

42

Am nächsten Tag erwachte Matt mit einem unguten Gefühl. Er hatte wirre Träume gehabt, in denen ihm immer wieder Luxas Gesicht erschienen war. Er konnte sich nicht an den genauen Inhalt des Traumes erinnern, aber sie hatte ihn angstverzerrt angesehen. Was hatte das zu bedeuten? Brauchte sie vielleicht seine Hilfe? Er verwarf den Gedanken schnell wieder. Luxa war viele Jahre ohne ihn zurechtgekommen, warum sollte sie überhaupt seine Hilfe brauchen.

Matt beschloss, im Tauchbecken des Wasserfalls schwimmen zu gehen und kletterte nackt die Felsen hinauf. Das Wasser war noch genauso türkisblau, wie er es in Erinnerung hatte. Die Farbe war ebenso intensiv wie die der rosa- und lilafarbenen Wasserlilien mit ihren dunkelgrünen Blättern, die auf der Wasseroberfläche schwammen.

Vor einer Stunde war die Sonne aufgegangen und ihre wärmenden Strahlen durchdrangen bereits die angenehme Kühle der Nacht. Matt liebte diese erfrischenden Morgenstunden, wenn das Land erst nach und nach zum Leben erwachte. Die ersten Vögel begannen zu singen, die Luft roch würzig und alles war in ein zartes Licht getaucht. Das Wasser auf Matts nackter Haut war herrlich belebend und er tauchte tief hinunter, um den kühlen Grund des Beckens zu erreichen. Unter Wasser konnte er das fröhliche Lachen von Botj hören.

Als sein Magen knurrte, grub er am Beckenrand ein paar Wasserlilien aus, deren Wurzeln und Knospen er später über dem Feuer rösten würde. Die sellerieähnlich schmeckenden Stiele der Lilien aß er sofort und als er plötzlich eine *Sugarbagbiene* von einer Blüte auffliegen sah, konnte er sein Glück gar nicht fassen. Delikatessen hatte er nicht erwartet. Dieses Insekt jedoch, das kleiner als eine Stubenfliege war, würde ihn zu einem Festschmaus führen. *Sugarbag* war eines der begehrtesten Bushnahrungsmittel der Aborigines. Zum einen war seine Süße ein seltener Genuss und zum anderen sorgten die sich darin befindlichen Larven für das notwendige Eiweiß, das sonst schwer zu bekommen war.

Um sie nicht aus den Augen zu verlieren, griff Matt nach der fast weißen Erde und bestäubte die umhersummende Biene damit, so wie es Botj immer getan hatte. Dann entstieg er dem Becken und konnte der jetzt weißen Biene problemlos folgen. Sie führte ihn zu einem Bloodwoodbaum, in dessen hohlem Stamm sie verschwand. Matt hielt sein Ohr dicht an den Baum, um den Bienenschwarm genau zu lokalisieren. Er hatte bald Erfolg. Sugarbagbienen hatten keinen Stachel und so konnte er den dunklen Honig gefahrlos aus dem Innern des Baumstamms herausfischen. Er sang das kleine Lied, das Botj immer für die Bienen geträllert hatte, nachdem er ihnen ihren Honig geraubt hatte, als eine Art Dank. Die Jungen hätten damals nie etwas von der Erde genommen, ohne ihr dafür zu danken und niemals ein Lebewesen getötet, ohne es vorher still um Erlaubnis zu fragen. Ein gejagtes Tier gab sein Leben für das Überleben seines Verfolgers. Es hatte Anspruch auf den Respekt und die Achtung des Jägers und würde in ihm fortleben.

Tom Richardson hatte den engen Kontakt, den sein Sohn mit den Kindern seines Headstockmans pflegte, oft mit Argwohn betrachtet. Er war sich der Isoliertheit der Station bewusst und einerseits froh, dass Matt die beiden Aborigine Jungen als Spielkameraden hatte. Andererseits wäre es ihm lieber gewesen, wenn sein Sohn weniger »wild« aufgewachsen wäre. Er schien selbst ein kleiner Aborigine zu werden und Jean May unterstützte diese Tendenz. Sie erlaubte Matt, mit den Jungen im Bush zu campen, wann immer es ihnen einfiel. Matt wusste jetzt, was seinen Vaters damals bewogen hatte, ihn mit dreizehn nach Adelaide auf eine exklusive Privatschule schicken zu wollen. Jean May hatte dies jedoch kategorisch abgelehnt und keinen Widerspruch geduldet. Es war eine der wenigen Auseinandersetzungen zwischen seinen Eltern, die Matt je miterlebt hatte. Tom war hochroten Kopfes aus dem Haus gestürmt und Matt hatte seine Mutter fragend angesehen. Sie hatte ihm liebevoll über den Kopf gestreichelt, ihm lange in die Augen gesehen und schließlich mit einer Eindringlichkeit auf ihn eingesprochen, dass ihm ihre Worte immer in Erinnerung geblieben waren: »Keine Angst, mein Schatz, ich werde es nicht zulassen, dass man dich von hier wegschickt. Dieses Land ist dein Zuhause und es kann dich mehr lehren, als eine Schule es je vermag. Du musst immer tun, was du in deinem Herzen für richtig hältst und was deiner Natur entspricht. Lass dich nie von den Worten und dem Handeln anderer leiten!«

Tom Richardson hatte seine Pläne, einen Gentleman aus Matt zu machen, aufgeben müssen. Dass ihn die Liebe seiner Mutter Jean May zu einem perfekteren Gentleman machen würde, als eine Privatschule es je vermocht hätte, hatte sich Tom erst kurz vor seinem Tod eingestehen können.

43

Es war nicht seine Art, zu fluchen. Doch als Davide ihm die Nachricht überbrachte, dass man sowohl Dr. Lander als auch ihre Verfolger aus den Augen verloren hatte, konnte Olivier Leblanc sich fast nicht mehr beherrschen. Lange saß er reglos an seinem Schreibtisch, die Arme verschränkt, das Gesicht ausdruckslos. Äußerlich ließ er sich nicht anmerken, dass in seinem Innern ein Vulkan tobte. Leblanc hatte früh gelernt, die Contenance zu bewahren. Gefühle gehörten nicht in dieses Geschäft. Sie brachten ihn nicht weiter und im Grunde verabscheute er sie. Er atmete einige Male tief ein und aus, strich sich mit den Händen über die perfekt frisierten Haare und steckte sich eine seiner Nelkenzigaretten an. Nach den ersten Zügen hatte er sich wieder völlig unter Kontrolle.

Zwei Fahrzeuge waren auf der Gibb River Road kollidiert. Eines davon gehörte Luxa Lander, das andere ihren beauftragten Verfolgern. Das Seltsame war jedoch, dass in einem Auto die Überreste Luke Robsons gefunden worden waren und im anderen die seines designierten Killers. Von Dr. Lander keine Spur. Wenn die Sache nicht so ernst gewesen wäre, hätte dies Leblanc fast amüsiert. Was für eine Femme fatale – im wahrsten Sinne des Wortes. Er schien sie unterschätzt zu haben. Irgendwie musste es ihr gelungen sein, ihre beiden Verfolger gegeneinander auszuspielen und dann zu verschwinden. Er war sich sicher, dass sie noch am Leben war und er würde sie finden.

Ein Telefonanruf genügte und er würde einen *Tracker* auf sie ansetzen. Die Aufgabe, eine Person im Outback aufzuspüren, konnte nur ein Aborigine erledigen. Ein Aborigine-Tracker war in der Lage, einen umgedrehten Stein oder einen winzigen abgebrochenen Zweig als Hinweis auf den Aufenthaltsort einer gesuchten Person zu lesen. Ihm genügte das leiseste Geräusch, der entfernteste Geruch, damit seine geradezu übersinnlichen Sinne aktiviert wurden.

Was Olivier Leblanc tun würde, wenn Luxa aufgespürt worden war, darüber hatte er sich auch schon Gedanken gemacht.

44

Djawa sah das Krokodil sofort. Es war sein Clantotem. Noch bevor er es gesehen hatte, hatte er es gespürt. Und er spürte ebenso, dass es darauf wartete, zuzuschlagen. Der junge Aborigine blieb reglos stehen und wartete. Bewegungslos lag das Tier am Rande des Ufers und nur seine Augen ragten aus dem Wasser. Es hatte seine Beute bereits erspäht und konnte sich Zeit lassen. Das Salzwasserkrokodil, das sich über Millionen von Jahren weder in seiner Form noch in seiner Lebensweise verändert hatte, würde keine überflüssige Bewegung ausführen und so wenig Energie wie möglich aufwenden. Es war der perfekte Jäger. Im richtigen Moment würde das sonst so träge wirkende Tier blitzschnell zuschlagen, um sich nach einem ausgiebigen Mahl für mehrere Wochen von dieser Anstrengung zu erholen. Wenn es sein musste, konnte es sogar ein ganzes Jahr ohne Futter auskommen. Darin bestand das Geheimnis dieser Tiere, die schon die Dinosaurier überlebt hatten.

Djawa erkannte die Beute des Krokodils auf der anderen Seite des Höhlenflusses. Er war sich sicher, dass die Frau, die reglos auf dem Boden lag, noch nicht tot war. Sie musste sich kurz zuvor noch bewegt haben, um die Aufmerksamkeit des Krokodils auf sich zu lenken. Krokodile hatten nicht die beste Sehkraft und jetzt schien das Tier damit beschäftigt zu sein, seine unbewegliche Beute genau zu lokalisieren. Bei ihrer nächsten Bewegung würde es jedoch zuschlagen, damit rechnete Djawa. Rasch holte er etwas Ocker aus seiner Pandanuss-Sammeltasche und malte sich Zeichen auf Gesicht und Körper. Sie würden ihn mit seinem spirituellen Vorfahren, dem Ancestor-Krokodil verbinden. Er vollzog einen Tanz, der die Bewegungen des Tieres bis ins kleinste Detail imitierte. Dabei verließ Djawa seinen Körper und verschmolz mit dem des Krokodils, wurde selbst zum Krokodil. Sein Mund sang ein Lied, das so alt war, wie die Zeit selbst und dessen Ursprung in der *Dreamtime* lag. Das Ancestor-Krokodil hatte es gesungen, als es in der Erschaffungszeit das Land seines Clans beschritten und mit dem Schlagen seines Schwanzes die Landschaft geformt hatte. Dieses Lied verband ihn mit dem im Wasser lauernden Tier, doch Djawa musste Geduld haben. Sein leises, rhythmisches Murmeln erklang immer wieder in der Höhle und überzeugte das Tier schließlich davon, dass hier keine Beute mehr zu finden war. Zufrieden sah er, wie es lautlos untertauchte und sich verzog.

Nun näherte sich der junge Mann der leblosen Frau und trug sie behände auf eine höhergelegene Plattform. Mit geübten Händen bereitete er den Boden vor und legte sie vorsichtig darauf. Sie war noch immer ohnmächtig, aber sie würde bald zu sich kommen.

Als Luxa die Augen öffnete, lag sie nicht mehr am Fluss.

»G'day, Miss, da haben Sie aber Glück gehabt.«

Die unbekannte Stimme kam von weit weg. Vor ihren Augen erschien ein junger schwarzer Mann. Ein Aborigine. Die meisten Aborigines, denen Luxa bisher begegnet war, trugen ähnliche Kleidung wie sie selbst. Körperbemalung hatte sie nur in Touristenshows und auf Fotos gesehen. Sie fragte sich, ob sie eine weitere Erscheinung vor sich hatte, die ihr ihre angespannten Nerven vorgaukelten. Das dunkle Gesicht des Mannes war mit weißen und gelben Rechtecken und anderen Zeichen bemalt und er trug nur einen Lendenschurz.

»Sie sehen ganz schön mitgenommen aus. Ich frag mich, ob das Krokodil wirklich etwas an Ihnen gehabt hätte.« Djawa grinste über seine eigenen Worte, die Luxa nicht verstand. Als er ihr verwundertes Gesicht sah, deutete er auf die Stelle, an der das Krokodil auf sie gewartet hatte und sie erschrak, als sie begriff, was er meinte. Auch wenn sie bei vollem Bewusstsein gewesen wäre, hätte sie wahrscheinlich nicht damit gerechnet, mitten im Bush auf ein Krokodil zu stoßen. Luxa wollte den

Aborigine fragen, was genau passiert war, doch bei ihrem Versuch, zu sprechen, schmerzte ihre Kehle so sehr, dass sie es aufgab. Djawa beugte sich zu ihr hinab, hielt ihren Kopf und half ihr, ein wenig Wasser aus seiner Trinkschale zu sich zu nehmen.

»Hören Sie, Miss, ich mache mich jetzt auf den Weg, um Bushmedizin für Sie zu finden. Sie müssen dringend versorgt werden und ich versuche so schnell wie möglich wieder hier zu sein.« Der junge Aborigine sah Luxa eindringlich an und schien sichergehen zu wollen, dass ihn die Frau mit den glasigen Augen und der völlig verbrannten Haut auch verstand. Luxa versuchte zu nicken und hoffte, dass er irgendetwas mitbringen würde, das die Schmerzen in ihrem Kopf linderte. Sie betete, dass er sie nicht im Stich ließ.

Als sie von Djawa geweckt wurde, brannte in der Höhle bereits ein kleines Feuer, von dem ein köstlicher Geruch ausging. Er reichte ihr ein rötliches Getränk, in dem Blätter und Beeren schwammen. Es schmeckte etwas säuerlich, aber nicht unangenehm. Was danach kam, hatte Luxa jedoch nicht erwartet.

»Ich habe uns etwas zu essen gemacht, aber zuerst müssen Sie die hier schlucken.« Als Djawa Luxas entsetztes Gesicht sah, fügte er streng hinzu: »Ich musste bis zu den Mangrovensümpfen laufen, um sie zu finden. Sie enthalten genau das, was Sie jetzt brauchen.« Die weißlichen Würmer waren etwa einen halben Meter lang und glänzten schleimig.

»Niemals«, dachte Luxa und hätte sich bei der Vorstellung, die Würmer zu essen, fast übergeben. Djawa biss einem Wurm den Kopf ab, murmelte »zu hart« und spuckte ihn wieder aus. Den Rest ließ er wie Spaghetti in seinem Mund verschwinden.

»Hervorragendes Stärkungsmittel«, sagte er genüsslich kauend, während er Luxa einen anderen kopflosen Wurm in die Hand drückte. Sie wusste, dass er keinen Widerspruch dulden würde und sie das wunderbar riechende Essen, das er im heißen

Feuer zubereitete, nur bekäme, wenn sie diese grässlichen Dinger vertilgt hatte. Sie machte die Augen zu und schlürfte das Tier in den Mund. »Denk an Austern«, sagte sie sich. Beim dritten Wurm musste sie zugeben, dass sie gar nicht so schlecht schmeckten und biss in den vierten. Zur Belohnung servierte ihr Djawa den zweiten Gang: *Goanna*. Luxa hatte insgeheim auf Fisch oder Kängurufleisch gehofft, aber nach den Würmern bereitete ihr der Gedanke, eine Rieseneidechse zu verzehren, keine Bauchschmerzen mehr.

»Wenn Sie von meinem Clan wären, würden Sie es zu schätzen wissen, was ich Ihnen hier für Delikatessen auftische«, empörte sich Djawa. Sie waren hier schließlich mitten im Outback. Was erwartete die Fremde? Crepe Suzette?

Luxa lächelte ihn dankbar an und biss in ein großes Stück, das er ihr aus den glühenden Kohlen geholt hatte. Nach wenigen Bissen ließ sie das Fleisch jedoch erschöpft in den Schoß sinken. Sie konnte sich vor Müdigkeit kaum aufrecht halten. Djawa erhob sich und bereitete ihr neben dem Feuer ein Bett aus Blättern und Gras. Als er damit fertig war, half er ihr, sich darauf auszustrecken und eine bequeme Schlafposition zu finden. Bevor sie einschlief, rieb er ihren geschundenen Körper mit einer Art Harz ein, um den Sonnenbrand zu mildern. Schließlich legte er sich selbst mit dem Rücken zum Feuer auf den sandigen Boden.

Djawa konnte lange nicht einschlafen. Der Gedanke, dass er diese Frau kannte, ließ ihn nicht los. Doch wie war das möglich? Wer war sie?

45

Als sie am nächsten Morgen erwachte, fühlte sich Luxa erheblich besser. Die Kopfschmerzen waren fast verschwunden, ihre Augen sahen wieder klar, der Sonnenbrand war von der Paste gemildert und sie konnte ohne größere Probleme aufstehen. Von Djawa gab es keine Spur und sie beschloss, ihr neugewonnenes Leben mit einem Bad im oberen Becken des kleinen Wasserfalls zu feiern. Luxa war sich ziemlich sicher, dass Krokodile nicht kletterten.

Es war herrlich, das Wasser auf der Haut zu spüren. Sie war erstaunt, dass sich das Becken mit dem ganzen Schmutz, den sie von ihrem Körper wusch, nicht dunkelbraun verfärbte. Seine tiefblaue Farbe blieb jedoch unverändert. Wie gut meinte es das Schicksal doch mit ihr. Die Chance, hier in der Wildnis gefunden zu werden, war verschwindend gering gewesen und dann war ihr Retter genau im richtigen Moment aufgetaucht. Das konnte fast kein Zufall sein.

Luxa hatte sich gerade wieder angezogen, als Djawa zurückkam. Seine Sammeltasche war voll und enthielt vermutlich ihr Frühstück. Bei der Erinnerung an das Abendessen wusste Luxa nicht, ob sie sich darauf freuen sollte. Als Djawa jedoch den Inhalt seines Beutels vor ihr ausbreitete, atmete sie erleichtert auf.

»Bushpflaume, Bushbanane und Gobin«, erklärte er. Luxa kannte keine dieser Früchte und als sie sah, mit welchem Genuss Djawa sie verzehrte, musste sie lächeln. Stumm aßen sie und Luxa beobachtete den jungen Mann, der ihr gegenüber saß. Er hatte pechschwarze Haare, die ihm bis auf die Schultern fielen. Sein Körper war lang und drahtig und das ausdrucksstarke Gesicht mit den vollen Lippen und den dunklen Augen wirkte ernst. Die Art wie er sprach, passte irgendwie nicht zu seiner Aufmachung. Luxa vermutete, dass er nicht immer im Bush gelebt hatte, sein Englisch ließ auf eine gute Schulbildung schließen. Seine Körperhaltung und seine Bewegungen sprachen jedoch die Sprache eines Jägers, der eng mit seiner Umgebung verbunden war.

Luxa wartete darauf, dass Djawa sie danach fragte, was sie so ganz allein und ohne Fahrzeug und Ausrüstung hier draußen im Bush machte. Das schien ihn jedoch wenig zu interessieren und sie hütete sich ebenfalls, unnötige Fragen zu stellen. Als der junge Mann sein Frühstück beendet hatte, stand er auf und machte ihr ein Zeichen, ihm zu folgen. Er zeigte in Richtung Norden und sagte etwas von »Walkabout«. Luxa war perplex. Walkabout? Er meinte doch wohl nicht, dass sie aufbrechen sollten? Sie fühlte sich zwar um einiges besser als gestern, aber ein wenig Zeit würde es noch brauchen, bis sie sich wirklich erholt hatte. Bevor sie diesen Gedanken jedoch zu Ende gedacht hatte, war ihr neuer Begleiter schon losgegangen und schien zu erwarten, dass sie ihm folgte. Luxa hatte keine andere Wahl.

»Yonda Station«, sagte Luxa, nachdem sie bereits einige Kilometer zurückgelegt hatten und sie immer noch nicht wusste, wohin ihr Weg führen würde. Als Djawa sich daraufhin umdrehte, sah er sie mit einem seltsamen Ausdruck an. Dann nickte er fast unmerklich und ging wortlos weiter. Auf dem Weg pflückte er Beeren und verstaute sie in seinem Beutel. Bei einer kleinen Rast gab er ihr eine Handvoll der Früchte und Luxa genoss ihre erfrischende Säure.

Sie wusste nicht, wie viele Kilometer sie an diesem Tag bereits gelaufen waren, aber die Sonne hatte ihren Höchststand längst überschritten. Sie hoffte, dass ihr Begleiter bald anhalten würde, damit sie ihr Nachtlager aufschlagen könnten. Er war unterwegs sehr schweigsam gewesen und hatte jeden ihrer Versuche, ein Gespräch zu beginnen, ignoriert. Nur seinen Namen hatte er ihr genannt, nachdem sie sich bei ihm vorgestellt hatte. Djawa.

Nachdem sie wieder ein ganzes Stück gegangen waren, bemerkte Luxa in einiger Entfernung eine Gruppe von Felsen, die wie große Bälle aussahen. Ohne eine Erklärung abzugeben, blieb Djawa plötzlich stehen, sah sich langsam um und begann zu Luxas Erstaunen, leise zu summen. Dabei bewegten sich seine Lippen, ohne Worte zu formen. Er schloss die Augen und sein rhythmisches Summen wurde lauter, bis es schließlich zu einem Gesang wurde. In unregelmäßigen Abständen stampfte er mit dem Fuß auf den Boden und bewegte den Körper fast unmerklich wie in einer Art Tanz zu einer Musik, die Luxa nicht hören konnte. Ohne seinen Gesang zu unterbrechen, setzte er seinen Marsch fort und Luxa folgte ihm verwirrt. Er führte sie bis kurz vor einen der Felsbrocken, kniete sich auf den Boden und begann, mit beiden Händen in der Erde zu graben. Erst jetzt begriff Luxa, dass Djawa eine Songline gesungen haben musste. Eine Songline, die ihn zu Wasser führen sollte. Sie selbst hätte in der Landschaft, die sie in den letzten Stunden durchschritten hatten, keinerlei Anhaltspunkte gefunden, die der Wiedererkennung gedient hätten. Meist hatte sie beim Gehen nur auf den Boden gestarrt, um nicht auf eine Schlange zu treten oder zu stolpern. Im Gegensatz dazu war Djawa einer inneren Landkarte gefolgt. Dieses Territorium war ihm bis ins letzte Detail vertraut, selbst wenn er noch nie zuvor hier gewesen war. Er trug ein Lied in sich, das ihm alles erzählte, was er über diese Landschaft wissen musste. Und nun hatte ihn dieses Lied an eine Wasserstelle geführt.

Erst dachte Luxa, dass Djawa sich geirrt hatte. Seine Finger gruben ein Loch in die staubige Erde und nach einem halben Meter war der Boden immer noch knochentrocken. Plötzlich jedoch färbte sich der Staub dunkel und blieb an seinen Händen kleben. Nach weiteren zehn Zentimetern füllte sich das Loch mit Wasser und Djawa begann, es mit der hohlen Hand herauszuschöpfen. Er wartete, bis sich die Erde auf dem Grund gesammelt hatte und kostete das Wasser. Dann bot er Luxa eine Handvoll und sie nahm dankend an. Ihre Zunge fühlte sich trocken und rau an. Die Beeren hatten sie zwar erfrischt, aber das war nichts im Vergleich zu der Kühle dieses Wassers. Gierig trank sie aus Djawas Händen und füllte dann ihre eigenen. Es war das Köstlichste, was sie je getrunken hatte, obwohl es bräunlich in der Farbe war und einen leicht modrigen Geschmack hatte.

Djawa sah sich nach dem Stand der Sonne um und entschied, dass sie für die Nacht unter einem nahegelegenen Boabbaum schlafen würden. Er konnte sehen, dass Luxa nicht mehr die nötige Kraft hatte, um weiterzugehen.

»Yonda Station ist etwa fünfzehn Tagesmärsche von hier entfernt. Wenn wir uns beeilen und nicht zu viel Zeit mit der Nahrungsmittelsuche vergeuden, können wir es vielleicht schneller schaffen«, sagte Djawa ohne Luxa anzusehen. Er hatte in einem gleichgültigen Ton gesprochen, doch seine Worte gingen Luxa durch und durch. Djawa würde sie zu Matt führen! Am liebsten wäre sie dem jungen Aborigine um den Hals gefallen, doch sein Gesichtsausdruck hielt sie davon ab. Sein Blick war undurchdringlich und sein Mund formte einen schmalen Strich. Was ging in ihm vor? War sie ihm lästig? Luxa wollte nicht undankbar sein, aber wenn sie gekonnt hätte, wäre sie lieber alleine weitergegangen. Diese Möglichkeit stand jedoch völlig außer Frage.

Nachdem sie sich unter der spärlichen Krone des Boabs ausgebreitet hatten, sah sie zu, wie Djawa mit flinken Bewegungen heruntergefallene Boabsamen aufsammelte. Als er genügend gesammelt hatte, schüttete er einen kleinen Haufen davon auf den Boden. Dann lehnte er sich entspannt gegen den Stamm des Baumes, streckte seine langen Beine von sich und begann, einen der dunkelbraunen Samen zu öffnen. Luxa beobachtete, wie er mit den Fingern das flaumige Innere herauskratzte und es sich in den Mund steckte. Sie folgte seinem Beispiel und öffnete ebenfalls einen der Samen. Seine Konsistenz entsprach der von

Zuckerwatte und der Geschmack erinnerte an Trockenmilch. Nur das Hinunterschlucken des Flaums bereitete ihr Schwierigkeiten. Er kitzelte ihre noch immer wunde Kehle und sie musste husten. Sie hätte schwören können, dass Djawa sie aus dem Augenwinkel beobachtete und grinste. Als sie jedoch zu ihm hinübersah, schien er nur mit halbgeschlossenen Augen den Horizont zu studieren. Bei ihrem zweiten Versuch konzentrierte sie sich auf das Kauen und vermischte den Flaum mit mehr Speichel. Zufrieden genoss sie den milden Geschmack der Frucht, die ihren Hunger völlig stillte. Djawa hatte sein Mahl längst beendet und war verschwunden. Er schien die Gabe zu haben, sich plötzlich in Nichts aufzulösen. Als Luxa sich nach ihm umsah, kam er gerade mit einigen Zweigen und Sträuchern zurück. Sorgfältig schichtete er die Zweige aufeinander und häufte zum Schluss Gras darauf. Als er damit fertig war, machte er eine einladende Bewegung und Luxa verstand, dass dies ihr Nachtlager sein würde. Nachdem Djawa ihr etwas von der harzähnlichen Salbe gegeben hatte, damit sie sich diese auf die verbrannte Haut rieb, legte sie sich auf ihr Bett, das erstaunlich bequem war. Ein Gefühl der Wärme überkam sie für ihren Begleiter. Einerseits zeigte er sich ihr gegenüber so fürsorglich, dann war er wieder abwehrend, fast grob. Sie hätte sich gerne erkenntlich gezeigt, ihm zumindest ihre Dankbarkeit ausgedrückt, aber sein Verhalten ließ dies nicht zu. Nach und nach vermischten sich ihre Gedanken mit Traumbildern und Luxa ließ sich bereitwillig in den Schlaf fallen. Irgendwann mitten in der Nacht wurde sie von einem Geräusch geweckt. Djawa hatte ein Feuer entzündet und saß mit dem Rücken zu ihr. Sie hörte ihn ein Lied singen, das ihr seltsam vertraut vorkam. Woher kannte sie es? Ihre Müdigkeit hinderte sie jedoch daran, den Gedanken weiter zu verfolgen. Sie schlief sofort wieder ein und sah nicht mehr, wie Djawa sich langsam nach ihr umdrehte und seine Augen lange auf ihr ruhen ließ.

46

Hastig bestieg Jim das Flugzeug. Er wusste, dass er keine Zeit verlieren durfte. Schließlich ging es um Luxas Leben. Er würde nach Kununurra fliegen und sich dort ein Auto mieten, um Luxa und Matt in Yonda Station zu treffen. Matts Mutter hatte ihm am Telefon erzählt, dass Luxa noch nicht angekommen war und sich auch nicht bei ihr gemeldet hatte. Nach seiner Einschätzung hätte sie eigentlich längst dort sein sollen. Er hoffte, dass ihr nichts zugestoßen war. Seine Neuigkeiten waren von äußerster Dringlichkeit und er musste sie ihr auf schnellstem Wege mitteilen.

Nachdem Luxa sich von ihm verabschiedet hatte, um sich auf ihre Reise zu begeben, hatte er sich in einen Internetchatroom eingeloggt, um mit einer ehemaligen Kollegin Kontakt aufzunehmen. Die Chatrooms waren eine der wenigen Möglichkeiten, sich ungestört zu unterhalten. Im Internet wurde so viel Unsinn und Science-Fiction verbreitet, dass es nicht weiter auffiel, wenn man brisante Informationen austauschte, vor allem wenn diese sich wie Hirngespinste anhörten. Einige der anderen Chat-Teilnehmer gaben hin und wieder einen Kommentar ab, aber im Großen und Ganzen konnte Jim sich allein mit seiner Ex-Kollegin unterhalten. Er hatte den Kontakt zu Annie aufrechterhalten, obwohl sie weiterhin in die Geschäfte ihrer Auftraggeber involviert war. Sie hoffte immer noch auf ein gutes Ende und konnte ohnehin nicht heraus, auch wenn sie wollte. Schließlich war sie Leblancs Frau.

Olivier, Annie und er selbst waren etwa zum selben Zeitpunkt von ihren Universitäten abgeworben worden. Alle drei waren noch sehr jung und extrem ehrgeizige Wissenschaftler. Es blieb nicht aus, dass sich auch privat eine Verbindung zwischen ihnen entwickelte. Annie hatte sich damals für Olivier entschieden und Jim war immer ihr guter Freund geblieben.

Als Jim zum Fenster des Flugzeuges hinausblickte, fragte

er sich, ob Annie ihre Entscheidung jemals bereut hatte. Er schüttelte lächelnd den Kopf. Das spielte hier keine Rolle. Was allerdings sehr wohl eine Rolle spielte, war, was sie ihm erzählt hatte. Annie schien keine Skrupel zu haben, ihm von den Plänen ihres Mannes zu berichten. Sie wusste, dass es niemanden gab, der ihm wirklich gefährlich werden konnte und Jim war jemand, dem sie einerseits völlig vertraute und der anderseits in den meisten Kreisen nicht mehr ernst genommen wurde.

Er hatte sie nie wirklich nach Information gefragt. Bei ihren Chatroomgesprächen hatte es sich eher um freundschaftliches Geplauder gehandelt, als um einen wissenschaftlichen Austausch. Manchmal kam das Berufliche jedoch ganz nebenbei ins Spiel. Jim wusste, unter welchem Druck sie stehen musste, unter welchem Druck alle standen, die für Leblanc arbeiteten. Man durfte niemandem vertrauen, konnte Freundschaften nur oberflächlich pflegen. Als Jim sie eines Tages geradeheraus nach Information gefragt hatte, war es plötzlich aus ihr herausgeplatzt. Bis spät in die Nacht saß er an seinem Laptop und bot ihr virtuell eine Schulter, an der sie sich ausweinen konnte. Es war nicht das erste Mal. Beide wussten, dass es Annies Tod bedeutet hätte, wenn ihr Mann davon erfahren hätte. Dass sie seine Ehefrau war, hätte für ihn keine Rolle gespielt. Sie ging das Risiko trotzdem ein.

47

Luxa begann Djawa mehr und mehr zu imitieren. Sie pflückte Beeren und Samen, die sie auf dem Weg fand und sammelte sie in den Taschen ihrer Shorts. Ein paar Mal musste Djawa sie auf die Giftigkeit einiger Sorten hinweisen und sie hütete sich davor, etwas in den Mund zu stecken, bevor sie es ihm gezeigt hatte. Ihre von der Sonne verbrannte Haut hatte sich zum größten Teil geschält und eine tiefe Bräune hinterlassen. Sie hatte sich nach und nach dem Tempo des jungen Mannes angepasst und der anfängliche Muskelkater hatte sich nach ein paar Tagen gelegt. Stattdessen bildetet sie Muskeln an Stellen aus, an denen sie nie welche vermutet hätte. Ihre Schuhe hatte sie unter dem Boabbaum zurückgelassen, da ihre Füßen davon Blasen bekamen. Jetzt lief sie seit drei Tagen wie ihr Begleiter barfuß.

Luxa bewunderte Djawas Füße, die dafür geschaffen zu sein schienen, die Welt zu umwandern. Alles an ihm war ausdauernd und zäh, keine seiner Bewegungen war überflüssig. Seine Schritte folgten einem Rhythmus, der aus seinem Innern kam. Luxa versuchte ihren eigenen zu finden. Manchmal schloss sie beim Gehen die Augen, um ihren Verstand auszuschalten und sich dem Takt ihres Körpers hinzugeben. Und hin und wieder fand sie sich im Einklang mit sich selbst und der Landschaft. Dann schienen sich ihre Beine ganz von allein zu bewegen, ihre Füße verbanden sich mit dem staubigen Boden und sie konnte ihre Verankerung in der Erde spüren. Vor allem aber hatte sie in kurzer Zeit gelernt, die Augen wirklich aufzumachen und ihre Umgebung in sich aufzunehmen. Mit einem kundigen Blick auf den Weg vor ihr konnte sie feststellen, ob es Gefahrenstellen gab, ansonsten hielt sie den Blick auf den Horizont und die sie umgebende Landschaft gerichtet. Es war erstaunlich, welchen Unterschied es machte. Sie fühlte sich selbst größer und weiter und hatte das Gefühl, auf dem Weg in ihr eigenes Zentrum zu sein.

Die Reise war angenehmer, als sie erwartet hatte. Luxa begann zu verstehen, dass Djawas Wortkargheit keine Unhöflichkeit oder Abneigung ihr gegenüber war. Er schien den Worten einfach nicht zu trauen, sie vermochten nicht auszudrücken, was er dachte oder fühlte.

Sie nächtigten an Wasserlöchern, Flüssen oder auf Felsplateaus. Fast immer suchten sie sich Orte, die möglichst hoch lagen, damit sie außer Reichweite von Krokodilen waren. Djawa machte jede Nacht Feuer und Luxa sah ihm fasziniert dabei zu, wie er trockenes Gras sammelte oder kleine Holzspäne aufeinander schichtete, um dann mit beeindruckender Geschwindigkeit ein Stück Holz gegen ein anderes zu reiben. Es dauerte nicht lange, bis Rauch aufstieg und schließlich ein Funke übersprang. Als er ihre Neugier bemerkte, lud Djawa sie dazu ein, es selbst zu probieren. Er nahm ihre Hände in die seinen und zeigte ihr, wie sie sie positionieren sollte. Das einzige Feuer, das sie an diesem Abend jedoch zustande brachte, war ein Brennen in ihren Handflächen. Als sie vor Schmerz fluchte, hörte sie ihren Begleiter zum ersten Mal laut auflachen und musste mit ihm lachen.

An diesem Tag waren sie durch spärlich bewachsenes Gebiet gewandert und hatten nicht genügend Früchte gefunden, um ihren Hunger zu stillen. Luxa war sich sicher, dass das Knurren ihres Magens meilenweit zu hören war. Zumindest hatten sie Wasser, denn sie hatten ihr Lager am dschungelartigen Ufer eines kleineren Flusses aufgeschlagen. Luxa ging neben dem knisternden Feuer in die Hocke und röstete ein paar Yamswurzeln für sich und Djawa. Als sie damit fertig war und Djawa eine davon reichen wollte, war er wieder wie vom Erdboden verschluckt. Gierig verschlang sie ihre Wurzel und bemerkte erst nachdem sie fertig war, dass Djawa neben ihr Platz genommen hatte und sie schmunzelnd beobachtete. Er bedeutete ihr, mit ihm zum Fluss zu kommen und sich auf einen Felsen zu setzen. Geheimniskrämerisch holte er eine Handvoll Blätter aus seiner Sammeltasche und zerrieb sie vorsichtig zwischen den Fingern, bevor er sie ins Wasser warf. Nach wenigen Momenten tauchten Fische an der Oberfläche auf. Sie bewegten sich jedoch nicht und schwammen mit dem Bauch nach oben.

»Fischgiftpflanze«, sagte Djawa grinsend und sammelte alle Tiere ein, um sie in die heiße Asche zu legen. Der Geruch der gebackenen Fische ließ Luxa das Wasser im Munde zusammenlaufen. Das Gift hatte keinerlei Auswirkung auf Menschen, wie Djawa ihr versicherte und sie stürzten sich gemeinsam auf das Festmahl.

Die Tage vergingen schneller, als Luxa es vermutet hatte. Sie hatte sich an den täglichen Fußmarsch gewöhnt und genoss ihre Umgebung. Das Land war anders, als alles was sie bisher von Australien gesehen hatte. Boabs und Eukalyptusbäume ragten majestätisch in die Landschaft. Grasland wechselte sich mit felsigem Gelände ab, und in regelmäßigen Abständen trafen sie auf Wasserlöcher, die von Pandanusspflanzen und Fächerpalmen eingerahmt waren. Sie kamen an ausgetrocknete, sandige Flussbetten, die von roten Eukalyptus- und Teebäumen gesäumt waren und mehrmals standen sie auf Felsplateaus, die ihnen einen atemberaubenden Blick über das weite, rote Land boten. Mal war die Erde fruchtbar, dann wieder von Trockenheit und Dürre gekennzeichnet. Am Ende eines jeden Tages fand Djawa jedoch immer Wasser. Es grenzte an Zauberei.

Ihre Tage waren ausgefüllt mit Wandern und der Suche nach Nahrung. Luxa hatte an dieser Routine schnell Gefallen gefunden. Die Abende verbrachten sie meist schweigend am Feuer. Luxa beunruhigte die stumme Gegenwart ihres Begleiters nicht mehr, sondern sie genoss die gewisse Intimität, die sie teilten. Sie hing ihren Gedanken nach, die sich fast immer um Matt drehten, während Djawa am Feuer Holzfiguren schnitzte. Nicht selten bemerkte sie, dass der junge Aborigine traurig wirkte. Sie hätte ihn gerne gefragt, was der Grund für seine Trauer war, aber sie hatte es aufgegeben, direkte Fragen zu stellen. Ihre Neugierde wurde von Djawa im besten Fall mit einem Nicken oder Kopfschütteln beantwortet, meistens aber mit einem bloßen Achselzucken. Er fragte sie auch nie direkt, sondern ließ ihr immer die Möglichkeit, etwas unbeantwortet zu lassen oder von sich aus zu erzählen.

Viele Dinge mussten tatsächlich nicht besprochen werden und vieles schien ihr auch schwer, in Worte zu fassen. Der Gewaltigkeit des Himmels oder der Pracht der versinkenden Sonne war die Sprache nicht wirklich gewachsen. Wenn Djawa mit dem Finger auf etwas zeigte, wusste sie meist sofort, worauf er hinaus wollte und oft war selbst ein zustimmendes Nicken unnötig. Doch wenn sie auch auf Smalltalk verzichten konnte, so hätte sie gerne mehr über ihn erfahren. Er hatte bei einer Gelegenheit Darwin erwähnt und sie schloss daraus, dass er dort einige Jahre gelebt haben musste. Wenn er von Städten sprach, dann sagte er »Big Smoke«, das war ein Ausdruck der Aborigines für den Wahnsinn einer Existenz in Enge und Verschmutzung. Luxa konnte immer besser verstehen, warum viele Aborigines die Stadt mieden.

In nur wenigen Tagen hatte sich eine Verwandlung in ihr vollzogen. Luxa begriff, dass sie gut ohne Supermarkt und Tankstelle überleben konnte und das gab ihr ein ungeahntes Selbstvertrauen. Vor ein paar Tagen noch hätte sie hier draußen fast den Tod gefunden und jetzt fühlte sie sich wie im Garten Eden.

Natürlich gab es im Outback auch Unangenehmes, an das Luxa sich gewöhnen musste. Wann immer sie an Rinderherden vorbeikamen, verfolgten sie die Fliegen und sie versuchte erfolglos, sie abzuschütteln. Djawa schien die lästigen Insekten kaum zu bemerken. Als sie schluchzend zusammenbrach, weil sie es nicht mehr aushielt, gab ihr Djawa ein paar Blätter aus seinem Beutel. Nachdem sie sich diese aufs Gesicht gerieben hatte, blieben die Fliegen tatsächlich fern. Luxa ärgerte sich im Stillen darüber, dass er ihr die Blätter nicht früher gegeben hatte. Doch eigentlich wusste sie, warum er es nicht getan hatte. Es war immer besser, sich den natürlichen Bedingungen hinzugeben, ohne sie verändern zu wollen. Luxa wusste, dass der Schlüssel zum Überleben auf Dauer darin lag, mit der Umgebung zu verschmelzen und nicht darin, sie zu unterwerfen.

Die schwüle Hitze machte Luxa immer weniger zu schaffen. Solange sie keine allzu schnellen Bewegungen machte, war sie okay. Und von Sonnenuntergang bis etwa zwei Stunden nach Sonnenaufgang konnte sie sich von der Hitze erholen. Sehr viel gewöhnungsbedürftiger war es, ihren Durst nur zweimal am Tag stillen zu können. Morgens, wenn sie von ihrem Lager aufbrachen, und abends, wenn Djawa wieder eine neue Wasserstelle gefunden hatte. Die Beeren, die sie unterwegs aßen, waren zwar eine willkommene Erfrischung, reichten aber nicht aus, um ihren Flüssigkeitsbedarf wirklich zu decken. Luxas Kehle schmerzte jeden Abend und sie konnte nur hoffen, dass Djawas Künste im Wassersuchen ihn nie im Stich lassen würden.

An manchen Abenden wurde Djawa doch ein wenig gesprächiger und Luxa erfuhr, das er Lehrer war und in verschieden Missionen Kinder und Jugendliche von Aborigines unterrichtet hatte. Er hatte versucht, ihnen die Sprachen ihrer Clans wieder beizubringen, die nicht selten vom Aussterben bedroht waren. Als ihn die Regierung jedoch nach Darwin versetzt hatte und er mit dem Ausmaß der Verzweiflung der schwarzen Stadtkinder konfrontiert war, hatte er aufgegeben. Viele kamen nur selten zum Unterricht und dann hatten sie oft glasige Augen und rochen nach Benzin oder Klebstoff, die sie schnüffelten. Er hatte in seiner kurzen Zeit in Darwin an drei Beerdigungen von Teenagern teilgenommen. Die letzte veranlasste ihn, zu gehen. Djawa war nicht einmal mehr in seine Wohnung zurückgekehrt, um seine Habseligkeiten zu packen, sondern einfach in Richtung seines Clans aufgebrochen. Er hatte sich geschworen, den Big Smoke für immer zu verlassen. Er hatte vor, sich eine Frau aus seinem Clan zu suchen und zum traditionellen Leben zurückzukehren.

Djawas Worte machten Luxa nachdenklich. Wohin konnte sie zurückkehren? Sie wusste nicht, wo eigentlich ihr Zuhause war.

In diesem Moment wünschte sie sich, auch irgendwo einen Platz zu haben. Eine Familie, die sie mit offenen Armen empfangen würde. Zu wissen, was richtig und falsch war. Teil eines Ganzen zu sein und nicht nur ein loses Etwas, das mal hierhin und mal dahin rollt.

Djawa bemerkte ihren verträumten Blick und sagte ernst: »Unser Leben ist nicht das Paradies. Es gibt genau festgeschriebene Gesetze, wie wir uns zu verhalten haben. Das Gesetz dient immer dem Überleben und wer ihm nicht folgt, wird bestraft.« Er wollte ihr damit klarmachen, dass das Clanleben kein Zuckerlecken war. »Mein Bruder hat sich in eine Frau aus unserem Clan verliebt, die bestimmten Regeln zufolge seine Schwester war.« Djawa zögerte, bevor er weitersprach. »Beide wurden mit dem ›Pointing the bone‹ bestraft.«

»Pointing the bone!« Soweit Luxa sich erinnern konnte, handelte es sich dabei um eine Art metaphysisches Todesurteil. Dabei wurde mit einem Knochen auf den für schuldig Befundenen gezeigt und er musste seinen Clan verlassen. In der nahen Zukunft erwartete ihn der Tod. Es war wie eine Prophezeiung, die sich selbst erfüllte. Nachdem Djawas Bruder und die Frau, die er liebte, so bestraft worden waren, waren beide nach Darwin aufgebrochen. Botj war wegen einer Lappalie ins Gefängnis gesteckt worden und hatte sich dort schließlich erhängt. Von der Frau hatte man nie wieder etwas gehört.

Bedächtig legte Djawa ein großes Stück Holz auf das Feuer. »Willst du ihn heiraten?«, fragte er plötzlich.

Luxa war sich nicht sicher, ob sie ihn richtig verstanden hatte. »Von wem sprichst du?«, gab sie mit einem fragenden Blick zurück. Wie so oft, vermied es der junge Aborigine, sie anzusehen und sah stattdessen ins Feuer. »Du siehst nicht aus, als ob du nach Yonda unterwegs bist, um dort Rinder zu kaufen. Matt ist mein Blutsbruder.«

48

Das Qantasflugzeug aus Adelaide und der Helikopter aus Sydney näherten sich gleichzeitig dem australischen Nordwesten. Fast hätten sich Crazy Jim und Olivier Leblanc in der Luft zuwinken können, als sie das rote Zentrum überflogen.

Leblanc war seinem Ziel der Entschlüsselung der Bradshaws so nahe, dass ihn der Gedanke innerlich in Aufruhr versetzte. Der Tracker, den er auf Luxa angesetzt hatte, leistete gute Arbeit. Er hatte sie bereits aufgespürt. Olivier Leblanc hatte gewusste, dass ihn der Aborigine nicht enttäuschen würde, schließlich war er einer der Besten.

Langsam und bedächtig zündete sich Leblanc eine weitere Nelkenzigarette an und betrachtete die Fotografien in seiner Hand. Darauf war Luxa völlig nackt zu sehen. Die Narben auf ihrem Oberkörper zeichneten sich deutlich ab. Er wusste sogar, mit welchen Orten sie korrespondierten. Und auch das Lied, das sie immer wieder im Schlaf sang, hatte er aufgenommen und entschlüsselt. Warum aber sang sie immer nur einen Bruchteil des Liedes? So war es für ihn von keinerlei Nutzen. Er musste die gesamte Information haben, um den Narben folgen zu können. Um endlich an das Geheimnis von Mu zu kommen.

49

»Yonda Station« stand in großen weißen Buchstaben auf dem Schild an der Kulumburu Road. Djawa versuchte Luxas Enthusiasmus zu dämpfen und erklärte ihr, dass sie immer noch einhundert Kilometer bis zum Homestead vor sich hatten. Die Station erstreckte sich über einhundertfünfzigtausend Hektar und man brauchte mehrere Stunden, um zur eigentlichen Ranch zu gelangen.

Als Djawa ihr auf den Kopf zugesagt hatte, warum sie nach Yonda unterwegs war, war Luxa aus allen Wolken gefallen. Am meisten hatte sie die Tatsache überrascht, dass dieser Mann Matt kannte, sogar sein Blutsbruder war. All dies schien darauf hinzuweisen, dass sie ihrem Schicksal entgegenging. Zufälle gab es einfach nicht.

Ihr Begleiter war bereits einige Meter gegangen, als Luxa eine Staubwolke am Horizont entdeckte, die sich ihnen näherte. Für den Bruchteil einer Sekunde dachte sie an einen Wirbelsturm. Dafür war es jedoch die falsche Jahreszeit, Hurrikane waren nicht vor November zu erwarten. Sie kniff die Augen zusammen und versuchte in der grellen Sonne auszumachen, was da auf sie zukam. Djawa ahnte es bereits und versuchte noch, Luxa zum Weitergehen zu drängen, doch es war zu spät.

Mit einer Vollbremsung kam der erste Wagen genau vor ihrer Nase zum Stehen. Zwei weitere nagelneu wirkende Geländewagen hielten ebenfalls direkt vor ihnen. Sie waren umzingelt. Luxa glaubte, Djawa leise fluchen zu hören und drehte sich fragend nach ihm um. Seinen Gesichtsausdruck konnte sie nicht deuten, doch er schien nicht glücklich. Sie blieb wie angewurzelt stehen.

Seit zwei Wochen hatte sie in einer völlig anderen Welt gelebt, es schien ihr wie eine Ewigkeit. Hier plötzlich auf andere Menschen zu treffen, hatte sie nicht erwartet. Sofort wurde ihr bewusst, was sie für ein Bild abgeben musste. Sie konnte sich nicht daran erinnern, wann sie sich zuletzt das Haar gebürstet hatte. Es musste völlig verfilzt sein. Ihre Shorts waren staubig und ebenso zerrissen wie ihr T-Shirt. Außerdem hatte sie noch immer einen Teil ihres Schlafsacks um die Schultern gebunden. Dazu war sie barfuß und hatte Abschürfungen auf Armen und Beinen sowie Harz auf der Nase. Zusammen mit Djawa in seinem Lendenschurz war sie bestimmt ein interessanter Anblick.

Die Zuschauer ließen nicht lange auf sich warten. Aus den Autos sprangen drei Touristenpaare und stürmten begeistert auf sie zu. Die Männer hatten teuer aussehende Kameras um die dicken Hälse hängen. Ohne zu fragen, richteten sie ihre Objektive auf die beiden Wanderer und knipsten wie wild darauf los. Einer der Männer hatte einen Fünf-Dollar-Schein in der Hand und warf ihn Djawa vor die Füße. »Dollar, Dollar für klick klick«, rief er aufgeregt und deutete auf seine Kamera.

Inzwischen waren die Frauen, die alle blütenweiße Blusen, Shorts mit Bügelfalte und Lippenstift trugen, auch ausgestiegen und zeigten kichernd auf Djawas Lendenschurz. Bevor Luxa jedoch nur ein Wort herausbrachte, waren die Outbacktouristen schon wieder in ihren dicken Autos verschwunden und losgefahren. Alles, was von ihnen übrig blieb, war eine Staubwolke, drei leere Bierdosen und die Zigarettenkippen aus dem Aschenbecher. Luxa war sprachlos. Sie war wütend und fühlte sich gedemütigt. Djawa schien den Vorfall gelassener zu nehmen. Es war sicher nicht seine erste Begegnung mit der Spezies Tourist. Wortlos setzte er sich in Bewegung und folgte dem Weg, den sie eingeschlagen hatten.

Das Land von Yonda Station unterschied sich nicht von dem, das sie vorher durchwandert hatten. Vereinzelt standen Boabs und Eukalyptusbäume in der Landschaft, sonst gab es wieder hauptsächlich Spinifexgras. Manchmal sahen sie in einiger Entfernung Rinder, meist jedoch nur das, was diese zurückgelassen hatten. Wenn sie nicht hin und wieder an Windmühlen vorbeigekommen wären, die Wasser für die Rinder aus der Erde pumpten, hätte Luxa nicht geglaubt, dass sie auf dem Weg zum Homestead einer Ranch waren.

Sie wusste, dass Djawa ohne sie nur die Hälfte der Zeit gebraucht hätte und hatte manchmal ein schlechtes Gewissen, ihn davon abzuhalten, zu seinem Clan zu gelangen. Er schien jedoch nie in Eile und schlug immer gerade dann eine Rast vor, wenn sie sich erschöpft fühlte. Djawa hatte ihr erklärt, dass sie die unbefestigte Straße, die zum Homestead führte, nicht benutzen konnten, weil sie an ihr weder Nahrung noch Wasser oder einen geschützten Schlafplatz finden würden. Daher wanderten sie querfeldein und die Landschaft erschien Luxa unbeschreiblich schön. Sie war nach und nach hügeliger geworden und die Vegetation saftiger. Ein Teil ihres Weges führte sie an einem Fluss entlang, an dessen Ufer regenwaldartige Pflanzen wuchsen. Ihr dunkles Grün bildete einen starken Kontrast zum tiefen Rot der trockenen Erde. Die höheren Bäume dienten großen Schwärmen von schwarzen, weißen und rosafarbenen Kakadus als Rastplatz. Ihr Gekrächze und das laute Zirpen der Grillen und Zikaden bestimmte die Geräuschkulisse dieser magischen Landschaft.

Am Abend vor ihrer Ankunft am Homestead führte Djawa sie an einen Billabong, damit sie darin baden konnte. Er selbst ging auf die Jagd, um ihr Abendessen zu besorgen. Wieder hatte er ihre Gedanken gelesen. Luxa hatte sich gefragt, ob Matt sie unter all dem Staub und Dreck überhaupt wiedererkennen würde. Sie freute sich auf ein ausgiebiges Bad im Billabong, dessen erdiger Geruch ihr in die Nase stieg. Noch vor kurzer Zeit hätte sie sich vor dem braunen Morast geekelt. Jetzt jedoch bewunderte sie die Fruchtbarkeit, die in dieser Substanz steckte. Mit beiden Händen tauchte sie tief in den weichen Schlamm und bemalte sich den Bauch und ihre inzwischen muskulösen Oberschenkel damit. Dann stürzte sie sich mit einem freudigen Aufschrei kopfüber in das kühle Zentrum des kleinen Gewässers und tauchte bis zu seinem überraschend tiefen Grund. Sie planschte darin, bis sie völlig außer Atem war, dann legte sie sich still an den Rand, um auszuruhen. Mit einem Lächeln begrüßte sie den leichten Wind, der die Äste über ihr bewegte.

Versonnen beobachtete Luxa die überdimensionalen Schmetterlinge, die an ihr vorbeiflatterten und sah den ebenfalls riesigen Ameisen zu, die am Ufer ihr Tagwerk verrichteten. Obwohl sie aus eigener Erfahrung wusste, wie sehr der Biss dieser Bulldoggenameise schmerzen konnte, löste ihre Anwesenheit keine Panik mehr in ihr aus. Ganz im Gegenteil, sie hegte einen tiefen Respekt für diese furchtlosen Kreaturen, die es, wenn es darauf ankam, sogar mit einem Gegner wie dem Menschen aufnahmen. In diesem Moment spürte sie die Vibration, die alles um sie herum zum Schwingen brachte, fühlte mit jeder Zelle ihres Körpers die Energie, lauschte der Melodie der Natur.

Abrupt wurde sie aus der Magie dieses Augenblicks herausgerissen. Luxa spürte, wie sich ein Blick in ihren Rücken bohrte und drehte sich schlagartig um. Er stand keine fünfzig Meter von ihr entfernt. Sein Blick erschreckte sie und sie wich zurück und versuchte ihre Nacktheit mit den Händen zu bedecken. Langsam umkreiste Djawa sie und Luxa fühlte Panik in sich aufsteigen. Er betrachtete sie auf eine Art, wie er es nie zuvor getan hatte. Dabei schien er auf seltsame Weise weggetreten zu sein, gleichzeitig spürte sie die Schärfe seines Blicks auf ihrem nackten Körper. Es war kein lüsterner Blick, so viel hatte sie begriffen. Es war, als würde er ihren Körper nach etwas absuchen und nicht glauben können, was er sah. Einige Minuten standen sie sich so gegenüber, bis sich Djawa schließlich wortlos abwandte und zur Feuerstelle ging, um den Goanna zuzubereiten, den er gefangen hatte.

Luxa beendete ihr Bad und schlüpfte hastig in ihre Kleidung, die sie gewaschen hatte. In der Hitze war sie bereits wieder getrocknet. Ihr Herz schlug ihr noch immer bis zum Hals. Was war mit Djawa passiert? Sie betrachtete seinen Rücken, als ob sie die Antwort auf seiner weichen, dunklen Haut zu finden hoffte.

Er briet den Goanna, wie er es all die anderen Male getan hatte und doch glaubte sie eine Steifheit in seinen sonst so geschmeidigen Bewegungen entdecken zu können. Zunächst blieb Luxa nichts anderes übrig, als weiterzumachen wie bisher. Schweigend verspeisten sie ihr Abendessen. Djawa schien in seine Gedanken versunken und sie wollte ihn nicht dabei unterbrechen. Wie immer hatte sie dadurch die Gelegenheit, ihren eigenen nachzuhängen.

Morgen würde sie endlich Matt wiedersehen. Der Gedanke daran trieb ihr Tränen in die Augen. Dieses Land hier war sein Zuhause. Hier war er aufgewachsen. Als sie daran dachte, was sie vorhin am Billabong empfunden hatte, wie sie völlig mit der Umgebung verschmolzen war, da wusste sie auf einmal, dass auch sie ihr Zuhause gefunden hatte. Sie gehörte hierher, wie sie nie irgendwo sonst hingehört hatte. Luxa spürte, dass sie fast am Ende ihres Weges, ihres Suchens angekommen war. Mit diesem Gedanken überkam sie eine gewisse Gelassenheit. Sie konnte jetzt alles auf sich zukommen lassen, sich zurücklehnen und dem Schauspiel ihres Lebens zusehen.

Als sie versunken am lodernden Feuer saß, sah sie noch einmal zu Djawa hinüber. Er starrte ins Feuer und hatte seit Stunden keinen Laut mehr geäußert. Irgendetwas hatte ihn aus der Fassung gebracht und Luxa fragte sich, was vorhin am Billabong in ihm vorgegangen war. Da erinnerte sie sich plötzlich an die letzte Begegnung mit Luke und was er über die Narben auf ihrem Körper gesagt hatte. Hatten sie Djawa vielleicht schockiert? Gerne hätte sie ihn danach gefragt, doch sie wusste, dass das bei ihm auf taube Ohren stoßen würde. Sie musste sich damit zufrieden geben, dass sie zumindest in diesem Moment nicht erfahren würde, was er gesehen hatte.

50

Djawa hatte die Gegenwart des anderen Mannes längst gespürt. Er konnte ihn weder sehen noch hören, aber er nahm ihn dennoch mit einer solchen Intensität wahr, als stünde er leibhaftig neben ihm. Warum verfolgte er sie?

Als er Luxas Narben gesehen hatte, hatte sich seine Vermutung bestätigt. Er wusste nun, wer sie war, so unwahrscheinlich dies auch schien. Und nach seinem Verfolger zu urteilen, war er nicht der einzige, der über sie Bescheid wusste. Der Mann musste ein Tracker sein und ein sehr geschickter dazu. Irgendjemand hatte ihn auf sie angesetzt. Mit welchem Ziel?

Luxa schien nichts über ihre eigene Identität zu wissen. Sie war scheinbar nur in dieses entlegene Stückchen Erde gekommen, um seinen Bruder Matt zu finden und ahnte nicht, wie verzweifelt all die Jahre nach ihr gesucht worden war. Sie war vier gewesen, als er sie zuletzt gesehen hatte. Mit Blumen im Haar und Ocker auf der Haut. Damals war sie eine Braut gewesen.

51

Wie immer waren sie im Morgengrauen aufgebrochen und hatten erst gegen Mittag eine kurze Pause eingelegt. Es waren noch etwa zwei Stunden bis Sonnenuntergang da zeigte Djawa in Richtung Norden und Luxa versuchte zu erkennen, was vor ihnen lag. Eine Oase? Sie konnte hohe Bäume und Palmen erkennen. Wenig später sah sie das weiße Haus, das im Queensland-Stil auf Stelzen gebaut war. Es stand mitten in einem tropischen Garten mit Mango- und Papayabäumen, Bananenstauden und Kokosnusspalmen. Eine Treppe führte zu der breiten, schattigen Veranda, die es umgab und auf der mehrere schwere Korbstühle und ein Rattansofa um einen einfachen Holztisch standen.

Luxa verliebte sich auf den ersten Blick in das Haus. Sie konnte sich sofort vorstellen, wie sie lange Sommerabende in der Hängematte auf der Veranda verbrachte. Oder beim Abendessen dem schweren Monsunregen zuzusehen. Zwei Hunde kamen bei ihrem Eintreffen auf sie zugelaufen und verrieten durch ihr Bellen die Ankunft von Besuch.

Luxa sah, wie eine zierliche, etwa sechzigjährige Frau vor die Tür trat und ihnen zuwinkte. Sie trug ein einfaches schwarzes Kleid und hatte ihr Haar in einem lockeren Knoten hochgesteckt. Als sie Djawa erkannte, kam sie mit ausgestreckten Armen die Treppe hinuntergelaufen und schloss den jungen Mann, der sie um zwei Kopflängen überragte, in eine lange, herzliche Umarmung.

»Djawa, Liebling, ich hätte dich fast nicht wiedererkannt«, sagte Jean May voller mütterlicher Wärme. Djawa lächelte wie ein kleiner Junge und Luxa musste grinsen, als sie ihn so sah.

»Jean May«, stellte sich die Frau selbst vor und gab Luxa einen Kuss auf die Wange.

»Luxa Lander«, erwiderte sie.

»Herzlich willkommen auf Yonda Station, meine Lieben. Kommt erst mal auf die Veranda, ihr seht aus, als ob ihr ein kühles Getränk gebrauchen könnt«, sagte sie lachend und wies ihre Besucher an, in den gemütlichen Korbstühlen Platz zu nehmen. Dann verschwand sie im Haus und kam wenig später mit frischen Melonenstücken und einer großen Karaffe Eistee zurück. Luxa konnte das Klirren der Eiswürfel vernehmen und glaubte zu träumen. Die Kälte des Getränks traf sie wie ein Schock, doch es war ein angenehmer Schock.

Djawa und Jean May unterhielten sich wie alte Freunde und Luxa spürte, dass die beiden viel verband. Nie hatte sie Djawa gesprächiger gesehen und mehr lachen hören als mit dieser warmherzigen Frau, Matts Mutter. Die Szene bewegte und fesselte sie, obwohl sie innerlich darauf brannte, zu erfahren, wo Matt war.

Erst nach geraumer Zeit beendete Djawa Luxas Qual, indem er Jean May nach ihrem Sohn fragte. Dabei sah er kurz zu Luxa herüber, um Jean May zu signalisieren, dass seine Begleiterin eine besondere Rolle spielte.

»Ach, es tut mir so Leid«, sagte Jean May. »Matt ist gerade

nicht hier. Vor zwei Wochen hat er sich auf den Weg gemacht, um irgendwo draußen zu campieren. Ich erwarte ihn nicht so bald zurück.«

Luxa konnte ihre Enttäuschung kaum verbergen. Etwas schien sie von Matt entfernt zu halten. Was musste noch alles passieren, damit sie ihn endlich wiedersah? Oder waren all die Ereignisse der letzten Wochen ein schlechtes Omen? Sollten sie sich nicht sehen? Und was hieß »nicht so bald«? Eine Woche, zwei Wochen, einen Monat? Djawa schien die Information erst einmal zu genügen, aber Luxa hatte es die Sprache verschlagen. Jean May legte ihr mitfühlend die Hand auf den Arm. Dann sagte sie: »Sie möchten sicher gerne baden, meine Liebe. Ich führe Sie auf Ihr Zimmer, dann können Sie sich erst einmal ein wenig ausruhen. Und dann sehen wir weiter.«

Luxa fühlte sich wirklich erschöpft und war fast den Tränen nahe. Sie ließ sich von Matts Mutter eine Treppe hinauf und dann durch einen langen Korridor führen. Ihr Zimmer war ein kleiner, weiß gestrichener Raum, der von einem antiken Himmelbett dominiert wurde. Neben dem Bett stand eine Vase mit prächtigen Helikonien, deren tropisches Rot Luxa etwas aufmunterte. Im angrenzenden Badezimmer ließ Jean May ihr bereits ein Bad einlaufen und als sie damit fertig war, legte sie mehrere flauschige Handtücher sowie frische Kleider auf das Bett. Mit einem mitfühlenden Lächeln ließ sie Luxa allein.

Als sie in die Badewanne stieg, färbte sich das Wasser sofort rötlich-braun. In diesem Moment konnte Luxa ihre Tränen nicht mehr zurückhalten. Nachdem sie sich ausgeweint hatte, schaffte sie es gerade noch von der Badewanne zum Bett und fiel sofort in einen tiefen Schlaf. Erst durch ein Klopfen an der Tür wurde sie wieder wach.

»Abendessen!«, rief Jean May fröhlich. Luxa schlüpfte in das weiße Hemd und die Jeans, die Matts Mutter ihr gegeben hatte und wunderte sich darüber, dass ihr die Kleider so gut passten. Dann machte sie sich auf den Weg nach unten.

»Das Haus hat zwar ein richtiges Esszimmer, aber ich persönlich finde es viel netter, in der Küche zu essen. Ich hoffe, das macht Ihnen nichts aus«, erklärte Jean May.

Nach zweieinhalb Wochen im Bush wäre sich Luxa mit Silberbesteck und Leinentischdecke albern vorgekommen. Als sie das sagte, musste Jean May herzlich lachen. Luxa fühlte sich wohl in der Gegenwart dieser Frau, die eine seltene Zufriedenheit ausstrahlte. Matt musste als Kind viel Liebe und Zärtlichkeit erfahren haben.

Nach dem Abendessen wurde am Tisch über alte Zeiten gesprochen und Luxa genoss es, Jean May und Djawa zuzuhören. Wann immer Matts Name fiel, horchte sie auf und fühlte sich ihm dadurch ein wenig näher. Sie erfuhr unter anderem, dass Matts Vater vor kurzem gestorben war und fragte sich, ob er sich deshalb in die Einsamkeit des Outbacks zurückgezogen hatte. Sie würde es hoffentlich bald erfahren.

Kurz nach Einbruch der Dunkelheit entschuldigte sich Djawa und erklärte, dass er sich einen Schlafplatz unter den Sternen suchen würde. Jean May schlug Luxa vor, sich vor dem Schlafengehen noch ein wenig auf die Veranda zu setzen. Die Abendluft war angenehm lau und als sie in die klare Nacht hinaustraten, wurden die Frauen vom schweren Duft der Jasminbüsche begrüßt. Stumm saßen sie beieinander und wieder einmal hatte Luxa das Gefühl, dass Worte unnötig waren. Jean May schien bereits alles über sie zu wissen.

»Ich erwarte übermorgen einen Besucher, ein Freund von Ihnen hat sich angekündigt«, unterbrach Jean May schließlich das gemeinsame Schweigen.

Crazy Jim! Luxa hatte ihn fast vergessen. Er hatte in seiner E-Mail geschrieben, dass er so bald wie möglich nach Yonda Station kommen wollte.

»Er ist eher ein Freund von Matt«, entgegnete sie.

»Er hat sich jedenfalls sehr besorgt angehört, als er vor einer Woche anrief und hörte, dass Sie noch nicht eingetroffen waren. Ich habe ihn heute Abend gleich zurückgerufen und ihm die Nachricht hinterlassen, dass Sie gut angekommen sind«, sagte Jean May und erhob sich. Nachdem sie Luxa eine gute Nacht gewünscht hatte, drehte sie sich noch einmal um und fügte hinzu: »Sie wissen, Luxa, dass Sie hier so lange willkommen sind, wie Sie bleiben wollen. Djawa hat mir allerdings gesagt, dass er zu wissen glaubt, wo Matt sich aufhält. Wenn Sie sich also morgen wieder auf den Weg machen wollen, wird er Sie begleiten.«

52

Jim konnte sich nicht erinnern, die Gibb River Road je in diesem Zustand gesehen zu haben. Er hatte sich große Sorgen um Luxa gemacht, als ihm der Polizeibeamte in Kununurra erzählte, dass sich die von ihm beschriebene Frau bereits vor zwölf Tagen auf den Weg gemacht hatte. Zu seiner Erleichterung hatte ihm Matts Mutter eine Nachricht auf seinem Funktelefon hinterlassen. Luxa war nach einem Unfall endlich heil angekommen. Ein Unfall! Er konnte sich denken, wer dahinter steckte. Der Tracker hatte sie bereits aufgespürt. Annie hatte ihm zwar nicht genau sagen können, was sein Auftrag war, aber Jim konnte eins und eins zusammenzählen. Sobald Luxa das ganze Lied sang, würde Olivier keine Verwendung mehr für sie haben. Sie war in höchster Gefahr! Vielleicht hatte sie ja bereits gesungen? Es war einfacher, sie irgendwo im Bush zu beseitigen, als zu riskieren, dass sie Schwierigkeiten machte. Jim trat fester auf das Gaspedal.

53

Luxa war noch vor Sonnenaufgang aufgestanden. Als sie ein wenig schläfrig die Treppen herunterkam, begegnete sie Djawa, der sie fragte, ob sie reiten könne. Jean May hatte ihnen ihre Pferde angeboten, damit sie den Weg in einem Tag zurücklegen könnten. Luxa hatte als Teenager öfters Ferien auf einem Reiterhof gemacht, hätte von sich selbst aber nicht behauptet, eine gute Reiterin zu sein. Es war über zehn Jahre her, dass sie zuletzt im Sattel gesessen hatte.

Das Pferd, das Jean May für sie ausgesucht hatte, war sicher das harmloseste der ganzen Station, aber es dauerte trotzdem eine ganze Weile, bis sie sich einigermaßen wohl auf dem Tier fühlte. Djawa sprang behände in den Sattel und ritt seinen pechschwarzen Hengst ebenso elegant wie er zu Fuß unterwegs war. Wie so oft bewunderte Luxa die Geschmeidigkeit seiner Bewegungen, die sie an die eines Balletttänzers erinnerten. Mühelos, schwerelos, lautlos.

Sie verabschiedeten sich dankend von Jean May, die ihnen lange nachsah. Sie konnte ihre Gefühle nicht in Worte fassen, aber etwas war sonderbar an Luxa. Was war es nur? Es war leicht nachzuvollziehen, warum Matt sich in diese Frau verliebt hatte. In Luxas Augen hatte sie ihren Sohn gesehen. Beide hätten Bruder und Schwester sein können. Und doch hatte diese junge Frau etwas Fremdes, etwas Gefährliches an sich. Jean May konnte es nicht deuten, aber es ließ ihr keine Ruhe. Fröstelnd ging sie zurück ins Haus.

54

Nach einer Stunde hatte Luxa jegliches Gefühl für ihren Körper verloren. Das Gelände, das sie beritten, war etwas anderes, als die Wiesen und Auen, die sie als Kind auf dem Rücken eines Pferdes durchquert hatte. Hier war es steinig, rutschig und teilweise Schwindel erregend steil. Den Pferden schien all das nichts auszumachen, doch Luxa konnte nur hoffen, dass sie nicht tot aus dem Sattel kippte, bevor sie Matt sah.

Als die Sonne bereits im Zenit stand, drehte sich Djawa endlich zu ihr um, um eine Pause vorzuschlagen. Mit großer Mühe stieg Luxa vom Pferd und war sich sicher, dass sie nie wieder gerade laufen würde. Djawa lachte nur, doch als sie weiterritten, verlangsamte er das Tempo und sah sich immer wieder nach ihr um. Am späteren Nachmittag schlug Djawa wieder vor, eine längere Rast einzulegen. Sie waren an einem kleinen Wasserloch angekommen, das von Felsbrocken und Eukalyptusbäumen eingerahmt war. Es war fast ausgetrocknet, doch die Abdrücke von Tieren ließen darauf schließen, dass es ihnen als Trinkstätte diente. Die Pferde waren ebenso durstig wie Luxa und beugten die Köpfe zum Wasser. Als Djawa sich ebenfalls hinunterbeugen wollte, hielt er plötzlich in seiner Bewegung inne. Luxa zuckte zusammen. Sie verstand die Warnung in Djawas Starre und hörte auf zu atmen. Was war passiert? Was hatte Djawa erschreckt? Sie konnte nichts Ungewöhnliches entdecken und trotzdem verharrte sie ebenso unbeweglich wie ihr Begleiter. In Zeitlupe hob sich Djawas Arm. Er schien auf etwas zu zeigen. Luxa drehte sich um, konnte jedoch nur einen größeren Felsbrocken sehen. Ein Blick in das fast ausdruckslose Gesicht des Aborigines sagte ihr, was sie zu tun hatte. Vorsichtig setzte sie einen Fuß vor den anderen und ging so langsam sie konnte zum schützenden Felsen hinüber. Erst als sie dort angelangt war, holte sie wieder Luft.

Von ihrer Position hatte sie einen guten Blick auf Djawa, der sich langsam zu den vor ihnen liegenden Hügeln umdrehte. Seine Augen waren auf einen einzigen Punkt gerichtet. Außer einem Schatten konnte Luxa dort nichts entdecken. Ihr Blick folgte Djawa, der sich mit fast komisch wirkender

Behutsamkeit den Pferden näherte und ihres sorgfältig an einem Baum festband. Sein Körper war gespannt wie ein Bogen und seine Augen fixierten weiterhin den einen Punkt. Jetzt schien der Schatten in den Hügeln sich plötzlich in Bewegung zu setzen und auf sie zuzukommen. Luxa erkannte, was es war, doch das Ausmaß der Gefahr begriff sie nicht. Seinem eigenen Pferd gab Djawa einen Klaps auf das Hinterteil, bevor er ebenfalls Schutz hinter dem Felsen suchte. Er packte Luxa und hielt ihr die Hände vor Augen und Mund.

Sie hörte die Pferde mit rasender Geschwindigkeit näherkommen. Das Toben ihrer Hufe wurde immer lauter und sie vernahm ihr Wiehern und Schnauben. Luxa spürte nur Djawas Hände, die sie in einem eisernen Griff hielten. Es dauerte lange, bis die Herde vorübergedonnert war. Djawa wartete noch einige Minuten, bevor er den Schutz der Felsen verließ. Zögernd folgte Luxa ihm.

»Brumbys«, erklärte er, »Wildpferde.«

Luxa sah sich um und schrie auf. Etwa hundert Meter vor ihnen lag Djawas Pferd reglos auf dem Boden. Blut strömte aus seinem Körper.

»Ein Brumbyhengst duldet keinen anderen Hengst in seiner Nähe«, sagte Djawa nüchtern. »Diese Tiere sind sehr gefährlich, wir hatten Glück, dass wir nicht im Weg waren und dass er deine Stute nicht mitgenommen hat.«

Luxa sah, dass ihr zahmes Pferd völlig verstört war und verzweifelt versuchte, sich von seiner Leine zu befreien. Als Djawa sich ihm näherte, schlug es aus und wieherte nervös. Djawa sprach langsam und monoton auf das verängstigte Tier ein und band es dabei los. Es schnaubte und wollte sich erst wieder von ihm losreißen, doch nach einer Weile konnte er es so weit beruhigen, dass er es besteigen konnte. Wiehernd bäumte sich die Stute auf, aber Djawa gab ihr keine Chance, ihn abzuwerfen. Sie drehten eine Runde, um schließlich zu Luxa zurückzukehren und sie ebenfalls aufsteigen zu lassen.

Luxa hatte der Vorfall und der Tod des anderen Pferdes innerlich erschüttert. Die Natur kam ihr plötzlich grausam vor. Djawa schien das Geschehene wieder achselzuckend hinzunehmen. Leben und Tod lagen so nahe beieinander, eines war für ihn ebenso gut wie das andere.

Zu zweit auf einem Pferd kamen sie wesentlich langsamer voran als zuvor. Luxa versuchte sich auf die Umgebung zu konzentrieren und nicht an das tote Pferd zu denken, das sie zurückgelassen hatten. Sie war froh, sich nicht mehr um das Reiten kümmern zu müssen. Djawa saß hinter ihr und hielt die Zügel in der Hand. Luxa konnte seinen Atem in ihrem Nacken fühlen und ihr Körper lehnte sich an seinen. In der ganzen Zeit, in der sie zusammen das Land durchwandert hatten, waren sie sich nie körperlich nahe gekommen. Die Intimität, die dieser gemeinsame Ritt mit sich brachte, war neu, aber nicht unangenehm.

55

Als Jean May ihnen von Matts Camping-Tour erzählt hatte, wusste Djawa sofort, wo sein Blutsbruder sein musste. Die Nangirra-Schlucht war ihr zweites Zuhause gewesen. Sie waren voller Energie und unbändiger Lebensfreude gewesen, ihre Tage ausgefüllt mit Lachen und Unschuld. Damals war ihre Welt noch heil gewesen. Mit einem bitteren Lächeln dachte Djawa an ihre gemeinsame Kindheit zurück. Er liebte Matt noch immer wie seinen eigenen Bruder und hätte es zu jeder anderen Zeit kaum erwarten können, ihn wieder in die Arme zu schließen. Dieses Mal allerdings hatte das Schicksal sie als Rivalen zusammengeführt. Als Rivalen im Kampf um dieselbe Frau.

56

Luxa staunte, als sie zu Fuß die Schlucht betraten. Die Pracht der Vegetation, die auffliegenden Vögel, das goldene Licht, all das kam ihr paradiesisch vor. Am Ende der Schlucht sah sie den Wasserfall und die Wucht der herabdonnernden Wassermassen ließ ihren Magen vibrieren. Oder war es nur die Aufregung?

Sie hatte sich unzählige Male vorgestellt, wie das Wiedersehen mit Matt sein würde, unzählige Male überlegt, was sie sagen würde. Es schien eine Ewigkeit her, dass Matt sie in den Armen gehalten hatte und vielleicht hatte sie sich am Ende nur eingebildet, dass er etwas für sie empfand. Und was, wenn sie sich in ihren eigenen Gefühlen getäuscht hatte? Sie kannte ihn so gut wie überhaupt nicht. Wie konnte sie sich da sicher sein, dass sie ihn liebte?

Ihre zweifelnden Gedanken wurden von Djawa unterbrochen, der vor dem Wasserfall stehen geblieben war und mit einem unergründlichen Lächeln sagte: »Auf Wiedersehen, Schwester.« Dann befestigte er das Pferd an einem Baum.

Luxa brauchte eine Weile, bis sie verstand, dass Djawa sich tatsächlich von ihr verabschiedete. »Wohin gehst du?«, fragte sie heiser. Djawa war für sie mehr als ein Freund geworden, sie hatte keinen Ausdruck für das, was sie für ihn empfand, aber es war mehr als Dankbarkeit. Es war unvorstellbar, dass sie sich jetzt von ihm verabschieden sollte, ohne zu wissen, ob sie ihn je wiedersehen würde.

»Keine Angst Schwester, ein Teil deiner Seele bleibt für immer bei mir«, sagte er und sah zu Boden. Luxa trat an ihn heran und umarmte ihn lange und fest. Djawa fühlte ihre Tränen, die auf seiner Haut zu brennen schienen. Dann drehte er sich um und machte sich auf den Weg aus der Schlucht. Djawa wusste, dass es nicht das letzte Mal sein würde, dass sie sich begegneten. Nicht umsonst hatte das Schicksal sie alle drei wieder zusammengeführt.

57 Matt spürte Luxas Anwesenheit noch bevor sie in Erscheinung trat. Als er sie dann im Licht der untergehenden Sonne auf sich zukommen sah, wusste er, dass es keine Illusion war.

Luxa stand vor ihm und sah, wie die Wassertropfen von seiner weichen, dunkelbraunen Haut abperlten. Seine tiefblauen Augen blickten unverwandt in ihre. Dann glitt sein Blick langsam an ihrem Körper auf und ab und er lächelte. Luxa hatte sich verändert. Er hätte es nicht in Worte fassen können, aber sie schien ihm näher als je zuvor. Ihre Haut hatte einen dunkelbraunen Ton angenommen und ihre Augen leuchteten. Doch da war noch etwas, das ihm neu erschien. Die Landschaft um Luxa herum schien mit ihrer Silhouette zu verschmelzen. Sie war ein Teil des Landes, der Erde, der Sonne, des Windes geworden. Sie war ein Teil von allem und alles war ein Teil von ihr.

Als Luxa zu sprechen anfangen wollte, schüttelte Matt fast unmerklich den Kopf und sie blieb stumm. Die Welt hielt für einen Moment den Atem an, als sich ihre Körper wiederfanden. Im goldenen Licht der letzten Sonnenstrahlen hielten sie sich umschlungen. Als Luxa in Matts Gesicht sah, war es das schönste Gesicht, das sie je gesehen hatte. So fremd und doch völlig vertraut.

58 Es war nicht leicht gewesen, sie gehen zu lassen, aber Djawa wusste, dass es nur für kurze Zeit sein würde. Es gab Dinge zu tun, die nicht warten konnten. Erst musste er um Erlaubnis fragen, dann konnte er handeln. Der Tracker verfolgte sie immer noch. Zuerst hatte Djawa geglaubt, dass er ihre Spur verloren hatte, doch beim Verlassen der Schlucht war ihm klar geworden, dass er ihnen weiterhin dicht auf den Fersen war. Djawa konnte die Gefahr spüren, die von ihm ausging. Er

durfte keine Zeit verlieren. Der Tracker kannte seine Gedanken, ebenso wie er seine kannte. Beide spielten mit offenen Karten.

Vor dem Eingang zur Schlucht entzündete Djawa mehrere Feuer und bestrich seinen gesamten Körper mit weißer Asche. Seine Augen bemalte er schwarz. Rhythmisch bewegte sich sein Körper zu einer Musik, die aus seinem Inneren kam. Seine tiefe Stimme, die wieder und wieder ein uraltes Lied sang, klang in der Stille der hereinbrechenden Nacht wie der Ruf aus einer anderen Dimension. Er war bereit.

59

Als Luxa am nächsten Tag erwachte, umarmte Matt sie und küsste sie liebevoll auf den Mund. Er hatte bereits Beeren und Samen für ein ausgiebiges Frühstück gesammelt. Einige davon kannte Luxa schon, andere waren ihr neu. Während er das Essen über einem Feuer zubereitete, erzählte Luxa Matt von ihrer Suche nach ihm. Er hörte schweigend zu und sah sie einige Male verwundert oder lächelnd an. An manchen Stellen schüttelte er nur den Kopf und konnte nicht glauben, was diese Frau alles auf sich genommen hatte, um ihn zu finden. Dass sie Djawa getroffen hatte, konnte kein Zufall sein. Es verwunderte ihn nicht, dass mit der Frau, die er liebte auch sein bester Freund wieder in sein Leben treten sollte. Luxa schien die Zeit mit Djawa auf eine bestimme Art genossen zu haben, doch Matt spürte deshalb keinerlei Eifersucht. Was ihn viel mehr beunruhigte war, dass Luxa offensichtlich verfolgt wurde und ihm den Grund dafür verheimlichte.

Nach dem Essen saß Luxa mit angezogenen Beinen auf dem Swag und Matt ging vor ihr in die Hocke. Er hob ihr Kinn und sah ihr direkt in die Augen. Sein Blick war liebevoll und forschend zugleich.

»Du weißt mehr, als du dir selbst eingestehen willst«, sagte er leise und Luxa erschrak.

»Aber Matt, das ist doch alles jetzt ganz egal, ich bin bei dir …«

»Vor manchen Dingen kann man nicht davonlaufen, Luxa. In der Nacht, als du noch halb bewusstlos in meinem Haus lagst, habe ich dich singen hören. Gestern Nacht hast du wieder im Schlaf gesungen, in einer Sprache, wie aus einer anderen Welt. Wer bist du wirklich, Luxa Lander?«

Die Worte hallten in ihrem Kopf wider und mit aller Gewalt kamen die Bilder aus ihrer Vergangenheit zurück. Sie hörte Geräusche, die von sehr weit weg zu kommen schienen. Die Gesichter ihrer Eltern tauchten vor ihr auf und andere Gesichter, die irgendwie vertraut wirkten. Sie erkannte Feuer, sah Zeichen im Sand und hörte rhythmisches Klatschen und einen Gesang, der sie in den Schlaf wiegte. Man hatte ihr etwas zum draufbeißen in den Mund geschoben und ihr Kiefer spannte sich immer mehr an, als sie die Schnitte des scharfen Instruments spürte. Jemand strich ihr über den Kopf und sang ihr dabei in ewigen Wiederholungen ein Lied vor, dessen Worte sie niemals vergessen durfte. Niemals!

Matt sah, dass Luxa weggetreten war. Ihre Augen schienen ins Leere zu starren und sie stammelte etwas Unverständliches vor sich hin. Hin und wieder huschte ein Lächeln über ihr Gesicht, dann schrie sie plötzlich auf.

Hatte er sie in diesen Zustand versetzt? War er zu direkt gewesen? Matt schloss sie besorgt in seine Arme und strich ihr sanft über den Kopf. Nach einer Weile schlief sie ein und Matt trug sie in den schützenden Schatten der Felsen, um sie behutsam auf seinen Swag zu betten. Ihr Atem war jetzt ruhig und gleichmäßig und er glaubte, sie eine zeitlang allein lassen zu können, um sich auf die Suche nach Holz und Essen für den Abend zu machen. Als er zum Camp zurückkehrte, schlief Luxa noch immer und Matt begann, Feuer zu machen.

»Ich bin eine Aborigine«, hörte er ihre Stimme hinter sich sagen und drehte sich langsam zu ihr um. Luxa sah ihn fast nüchtern an. Sie stützte sich auf die Ellenbogen und wiederholte ihre Worte: »Ich bin eine Aborigine.«

Matt nickte nur stumm, blieb reglos an der Feuerstelle sitzen und lauschte ihrer Geschichte.

60

Franz Lander hatte seinen Vater im Krieg verloren und wenig später auch seine Mutter, die nie über den Verlust ihres geliebten Mannes hinweggekommen war. Franz verließ sein Heimatdorf, da dort keine Arbeit zu finden war und ging nach Berlin, um sich ein neues Leben aufzubauen. Bald hatte er in einem großen Unternehmen einen Job als Dreher gefunden. Es war harte körperliche Arbeit, aber er war jung und stark genug, sodass sie ihm nicht allzu viel ausmachte. Hierbei lernte er Ernst Rowald kennen, seinen draufgängerischen Kollegen. Franz, der eher schüchtern war, fühlte sich von der Persönlichkeit des anderen jungen Mannes angezogen und bald verbrachten die beiden ihre gesamte freie Zeit miteinander.

Franz war meist stiller Beobachter, wenn Ernst wieder eine neue Freundin anschleppte, sie abknutschte und ihr abends, wenn sie zusammen in ihrem Stammlokal saßen, Unverschämtheiten ins Ohr flüsterte. Häufig trank Franz ein Bier nach dem anderen, während Ernst mit seiner neuen Eroberung abzog und ihn mit einem Augenzwinkern allein zurückließ. Franz nahm es ihm nicht übel, hätte er diese Wirkung auf Frauen gehabt, hätte er bestimmt auch seine Chancen wahrgenommen. Von ihm schienen die Frauen allerdings kaum Notiz zu nehmen und er hatte sich fast damit abgefunden.

Eines Tages jedoch sollte sich alles ändern. Es war der erste warme Frühlingstag und Franz hatte sich vorgenommen, ein wenig den Kurfürstendamm entlang zu flanieren. Er hatte zwar Nachtschicht gearbeitet, aber so einen Tag konnte man schließlich nicht verschlafen. In einem der Cafés, die gerade ihre Stühle und Tische ins Freie gestellt hatten, sah er eine junge Frau sitzen, die ihm bekannt vorkam. Sie hatte ihren Kopf auf den Arm gestützt und weinte bitterlich. Der Kaffee vor ihr wurde kalt und sie schien zunächst nicht zu bemerken, dass Franz sie anstarrte. Als sie jedoch den Kopf hob und ihn mit tränenverschleiertem Blick ansah, fiel Franz wieder ein, woher er sie kannte. Sie hatte gestern Arm in Arm mit Ernst das Lokal verlassen. An ihren Namen konnte er sich nicht mehr erinnern. Franz konnte sich schon denken, was passiert war. Ernst sprang nicht gerade zimperlich mit den Mädchen um. Wenn es für ihn vorbei war, machte er kurzen Prozess und hatte abends schon wieder die nächste an seiner Seite.

Franz näherte sich dem Tisch der dunkelhaarigen Frau. Sie hatte ihn erkannt und lächelte ihm zu, was ihn rot werden und fast stolpern ließ.

»Sie sind doch der Freund von Ernst, nicht wahr?«, begrüßte sie ihn. Er nickte nur und sie bot ihm einen Stuhl an. Nachdem er sie zu einem weiteren Kaffee eingeladen hatte, kamen sie ins Gespräch und verbrachten schließlich den gesamten restlichen Tag miteinander. Sie hieß Barbara.

Am Abend begleitete er sie auf ihr Zimmer. Sie schloss die Tür hinter ihm ab und er blieb wie angewurzelt stehen, als sie langsam ihre Bluse aufknöpfte und ihm dabei direkt in die Augen sah. Sie machte ihm ein Zeichen, näher zu kommen und er zögerte nicht lange. Er küsste sie und sie führte seine Hand zwischen ihre Beine, wo diese unbeholfen liegen blieb. Nach einer Weile seufzte Barbara enttäuscht, öffnete den Reisverschluss seiner Hose und legte sich einladend aufs Bett. Franz wusste immer noch nicht, wie ihm geschah, doch er folgte ihrer Einladung. Schon bald sackte er überwältigt über ihr zusammen. Barbara zündete sich eine Zigarette an und fragte ihn den Rest des Abends nach Ernst aus.

Ernst klopfte Franz kumpelhaft auf die Schulter, als dieser ihm mit hochrotem Kopf seine Liebe zu Barbara gestand. Franz hatte sogar vor, sie zu heiraten.

»Ist ja wunderbar«, sagte Ernst, »ich hab mich nämlich auch entschlossen zu heiraten. Man kann ja nicht ewig herumhuren.«

Es dauerte nicht lange, bis Franz herausfand, dass Barbara ihn nur geheiratet hatte, um sich an Ernst zu rächen. Doch selbst wenn er sich dieser Tatsache vorher bewusst gewesen wäre, hätte sie doch nichts an seiner Entscheidung geändert. Er war dieser Frau verfallen. Sobald sie ihn mit ihren feurigen Augen ansah, war es um ihn geschehen. Er hätte alles für sie getan. Dass sie eigentlich noch immer Ernst liebte, musste er einfach hinnehmen.

Der Wendepunkt kam, als Ernst von der Firma, für die sie beide arbeiteten, auf Montage nach Australien geschickt werden sollte. Seine Frau Erika würde ihn begleiten und er schlug Franz vor, auch mitzukommen. Die Firma bezahlte ihre Monteure gut und es wäre sicher ein Abenteuer. Franz wäre froh gewesen, Ernst in weiter Ferne zu wissen, aber Barbara setzte ihre gesamte Überzeugungskraft ein und so sagte er schließlich zu.

Die beiden Männer verpflichteten sich, zwei Jahre in einer der nordaustralischen Minen zu arbeiten, um dort ein System zu installieren, das den Abbau von Uran erleichtern würde. Die Firma bezahlte für Reise und Unterkunft. Als sie im Norden Australiens ankamen, waren vor allem ihre Frauen entsetzt festzustellen, dass sie hier die nächsten zwei Jahre ihres Lebens verbringen sollten. Keiner der anderen Monteure hatte seine

Frau mitgebracht und so waren Barbara und Erika auf sich allein gestellt. Ihre Männer arbeiteten täglich vierzehn Stunden und fielen abends völlig übermüdet in ihre Betten. Die Frauen kämpften dagegen mit Langeweile, Einsamkeit und Heimweh. In ihrem geteilten Leid entwickelten Erika und Barbara fast eine Art Freundschaft.

Es war naheliegend, dass sich beide Paare in dieser Zeit um Nachwuchs bemühten. Die Männer hofften, dass ihre Gattinnen dadurch auf andere Gedanken kämen. Und tatsächlich wurde Erika nach zwei Monaten schwanger. Sie war überglücklich und selbst das Leben in diesem einsamen, unwirtlichen Land konnte ihre Freude nicht trüben. Als sich bei Barbara nach über sechs Monaten immer noch nichts tat, während Erika bereits mit einem runden Bauch herumlief, bahnte sich ein Konflikt an. Barbara wurde von Monat zu Monat verbitterter und Franz verzweifelte langsam. Sie warf ihm vor, zeugungsunfähig zu sein und drohte damit, sich einen anderen Vater für ihr Kind zu suchen.

Schließlich beschloss Franz, die Reise nach Darwin anzutreten, um im dortigen Krankenhaus der Sache auf den Grund zu gehen. Nach mehreren Tests wurde herausgefunden, dass es nicht an Franz, sondern an den zahllosen Schwangerschaftsabbrüchen lag, die Barbara vor ihrer Ehe von ungeschickten Pfuschern hatte machen lassen. Auf der Rückfahrt von Darwin saß Barbara zusammengesunken auf dem Beifahrersitz und sprach kein Wort. Zu Hause angekommen, ging sie sofort ins Bett. In den nächsten Wochen verließ sie dieses nur mehr, um zur Toilette zu gehen. Franz arbeitete seine Schicht, kochte, putzte und wusch die Wäsche. Er hoffte, dass sich der Zustand seiner Frau bald bessern würde, aber als nach zwei Monaten noch keine Veränderung eingetreten war, bat er in seiner Verzweiflung Ernst um Hilfe. Ernst schlug vor, dass sie es mit Adoption versuchen könnten und kam wenige Tage später mit der Adresse eines christlichen Waisenhauses wieder.

Das Waisenhaus befand sich in Darwin, nicht unweit des Krankenhauses, wo Franz und Barbara die schlechte Nachricht erhalten hatten. Eine Nonne führte Franz in das spärlich eingerichtete Büro, in dem ein grauhaariger Mann im dunklen Anzug bereits Platz genommen hatte. Franz vermutete, dass es sich dabei um einen Priester handelte, war sich aber nicht sicher und hätte es nicht zu fragen gewagt.

»Sie und ihre Frau wünschen sich also Kinder, Herr Lander?«

Franz zuckte bei diesen Worten zusammen. Schließlich nickte er zustimmend. Es folgten einige Fragen über ihre Herkunft, Religionszugehörigkeit und so weiter. Franz beantwortete sie in der Hoffung, dass seine Antworten den Mann zufrieden stellen würde. Als er gefragt wurde, ob er gedachte, Australien wieder zu verlassen, verneinte Franz und blickte zu Boden.

»Nun gut«, sagte der Mann im schwarzen Anzug und erhob sich. »Lassen Sie uns sehen, was wir für Sie haben.« Er führte ihn in einen Saal, in dem etwa hundert Kinder aufgereiht standen. Franz schockierte die Mischung aus Angst und Mutlosigkeit, die er in ihren Augen erkennen konnte. Die meisten Kinder waren etwa fünf bis zehn Jahre alt, aber im Hintergrund hörte er auch Babys schreien. Franz war überrascht, dass dies ausschließlich Aboriginekinder zu sein schienen. Manche waren dunkel, andere etwas heller. Er sah den Mann an und räusperte sich. »Äh, ich habe … also meine Frau und ich … wir …« Er brachte den Satz nicht zu Ende.

»Sie wollen ein helleres Kind?«, fragte der scheinbare Priester mit einem verständnisvollen Lächeln. Franz nickte dankbar und der Mann fuhr fort: »Wir haben auch solche, aber das wird Sie extra kosten, Herr Lander. Mischlingskinder sind begehrt.«

»Geld spielt keine Rolle«, antwortete Franz.

»Sehr gut, sehr gut.«

Sie gingen in einen anderen Raum, wo wieder Reihen von Kindern vor ihnen standen, um sich ansehen zu lassen. Die meisten von ihnen waren etwa drei, vier Jahre alt und hatten schon denselben Ausdruck der Verlorenheit in den Augen. Franz schämte sich dafür, diese Kinder wie bei einer Viehauktion zu begutachten. Der Priester stand mit verschränkten Armen hinter ihm. »Leider haben wir im Moment keine Babys«, hörte er ihn sagen.

Franz wollte beinahe umkehren und aus dem Saal laufen. Ihm war auf einmal übel geworden und er brauchte dringend frische Luft. Als er sich umdrehte, hatte ein kleines Mädchen seine Hand ergriffen und folgte ihm. Er wunderte sich, hielt jedoch ihre Hand fest. Irgendwie beruhigte ihn der Gedanke, dass sie ihn und nicht er sie gewählt hatte.

Der Priester schien zufrieden und sagte ihm, dass dieses Mädchen wegen der Narben auf der Haut etwas günstiger wäre. »Das Waisenhaus nimmt das Geld natürlich nur als freiwillige Spende entgegen. Es wird zur Ausbildung dieser armen, gottlosen Kreaturen verwendet«, sagte er nicht ohne Stolz. »Wir werden schon gute Christen aus ihnen machen, da gibt es Mittel und Wege.«

Franz schnürte es die Kehle zusammen, doch das kleine Mädchen hielt noch immer seine Hand fest. Er musste einige Papiere unterschreiben und entrichtete dann seine »Spende«. Dann saß er schon mit dem Kind im Auto und war auf dem Weg zurück zu Barbara. Als sie zu Hause eintrafen und er das Kind in ihr Schlafzimmer brachte, reagierte Barbara zuerst mit Entsetzen. Sie konnte nicht glauben, dass ihr Mann so etwas getan hatte und schickte sie aus dem Zimmer. Nach einer Weile kam sie jedoch heraus und betrachtete das Mädchen. Franz traute seinen Augen nicht, als Barbara plötzlich das verstörte Kind in die Arme schloss und zu weinen anfing.

Schon wenige Monate später verließen sie Australien und kehrten zu dritt nach Berlin zurück.

61

»Meine Eltern haben meine Adoption nie erwähnt. Noch nicht einmal über den Aufenthalt in Australien ist in unserer Familie jemals gesprochen worden. Ich erfuhr erst davon, als mich in Sydney der Brief eines Rechtsanwaltes erreichte. Er enthielt eine Kopie des Testamentes meines Vaters und einen Abschiedsbrief.« Luxa erinnerte sich an das Zittern ihrer Finger, als sie ihn zu lesen begann. Zwischendurch machten ihr die Tränen, die auf das Papier tropften, das Weiterlesen fast unmöglich. Der Brief erzählte alles, beginnend mit Barbaras Depression und ihrer Unfähigkeit, Kinder zu bekommen. Franz Lander hatte kein Detail ausgelassen. Er hatte nicht gewollt, dass Luxa zu seinem Sterbebett kam. Er hatte ihr die Wahrheit lieber in einem Brief mitteilen wollen, damit sie diesen wieder und wieder lesen und sich in Erinnerung rufen könnte, wie sehr ihre Adoptiveltern sie geliebt und sie wirklich als ihr eigenes Kind angenommen hatten. Er schrieb davon, wie schuldig er sich immer gefühlt hatte. Auch wegen der ständigen Lügen.

Luxa hatte den Brief damals gleich mehrere Male gelesen, ihn dann sorgfältig gefaltet und wieder in sein Kuvert gesteckt. Dann hatte sie hastig ihre Sachen gepackt und war in das nächste Flugzeug nach Deutschland gestiegen. Ihr Vaters, der nicht ihr richtiger Vater war, lag bereits unter der Erde, aber sie wollte wenigstens so schnell wie möglich an seinem Grab stehen.

An einem einzigen Tag hatte sich ihr Leben völlig verändert. Sie wusste nicht mehr, wer sie war und wohin sie gehörte. Sie hatte keine Familie mehr. Nur Lena war noch da, um sie in dieser schweren Zeit aufzufangen. Das Wissen um die Adoption und der Verlust ihrer Eltern waren schon Grund genug, in eine Krise zu geraten, aber das Bewusstsein, dass sie in einem Land, in einer Kultur lebte, die nicht ihre eigene war, überwältigte Luxa. Wer waren ihre eigentlichen Eltern? Woher kam sie?

Plötzlich verstand sie die Träume, die sie immer geplagt hatten. Es mussten Erinnerung an ihre frühe Kindheit sein. Ihr Vater hatte geschrieben, dass sie ungefähr drei Jahre alt war, als sie sie adoptiert hatten. Das war genug Zeit, um Erinnerungen zu speichern. Warum hatten ihre Adoptiveltern bloß geschwiegen? Hätte sie von ihrer Herkunft gewusst, wäre dann ihre Kindheit und Pubertät weniger traumatisch verlaufen? Fragen über Fragen, die niemand beantworten konnte.

Die Worte brachen wie eine Flut aus Luxa hervor. Matt stand auf und wischte ihr die Tränen aus dem Gesicht. Er war sich nicht sicher, ob sie noch wusste, wo sie war und dass er sie in seinen Armen hielt.

Sie hatte nicht erwähnt, ob sie wusste, dass sie höchstwahrscheinlich ein Kind der »gestohlenen Generation« war, ein Pflegekind. Weit über fünfzigtausend Aboriginekinder und solche, die von Aborigines und Weißen stammten, hatte man ihren Müttern entrissen und in Waisenhäuser gesteckt, die Gefängnissen ähnelten. Viele waren von weißen Pflegefamilien adoptiert worden, um nach so genannten christlichen Prinzipien erzogen und »entaborigenisiert« zu werden. Matt wusste, dass diese grausame Maßnahme von der australischen Regierung bis in die 70er Jahre durchgeführt worden war. Viele Aborigines suchten bis heute nach ihrer wirklichen Herkunft und Identität. Viele hatten nie herausgefunden, wer sie eigentlich waren und wohin sie gehörten. Doch auch jene, denen es gelang, fühlten sich nicht selten verloren. Ihnen war ihre Vergangenheit gestohlen worden, ihre Familien und deren Sprache und Kultur waren ihnen fremd.

Dass Luxa zumindest zum Teil Aborigine war, hätte Matt überraschen müssen, aber es schien wie ein Puzzlestück in ihre Geschichte zu passen. Was es mit ihrer Verfolgung auf sich hatte, war jedoch eine andere Sache. Sie hatte erwähnt, dass Jim auf dem Weg nach Yonda Station war und in den nächsten Tagen eintreffen sollte. Matt kannte Jim gut und wusste, dass er seinen Garten nie verließ. Es musste sich hier um eine Sache von äußerster Dringlichkeit handeln. Ein ungutes Gefühl stieg in ihm auf.

62

Luxa hatte Matts Hand genommen und sich an ihn gedrängt. Er spürte, wie sehr sie von ihren Emotionen überwältigt war und wünschte, dass er mehr für sie tun könnte, als sie zu halten.

»Wir müssen zurück nach Yonda um Jim zu treffen«, sagte er behutsam, aber bestimmt. Es war überrascht, als Luxa mit ernster Miene nickte. Nach einem schweigsamen Abendessen gingen sie zu Bett. In jener Nacht hielt Matt Luxa fest in seinen Armen und sie schlief wie ein Kind.

Am nächsten Morgen brachen sie früh nach Yonda Station auf. Als sie bei Sonnenuntergang die Station erreichten, erkannten sie vor dem Homestead einen Leihwagen, der Jim gehören musste. Matt und Luxa wurden von Jean May und Jim begrüßt, die auf der Veranda Limonade tranken.

»Gott sei Dank habt ihr euch gefunden«, sagte Jean May erleichtert. Sie küsste ihren Sohn und Luxa und schenkte ihnen gleich zwei große Gläser ein.

Jim räusperte sich umständlich, bevor er zu Luxa sagte: »Ihre Freundin Mary hat mich gebeten, Ihnen einen besonders lieben Gruß auszurichten. Sie hat sich liebenswürdigerweise bereit erklärt, auf meinen Garten aufzupassen.« Bei diesen Worten tauschten Matt und Luxa vielsagende Blicke aus, stellten jedoch keine weiteren Fragen.

Das Abendessen bestand aus geröstetem Kürbis und Kängurusteaks. Die vier unterhielten sich währenddessen ausführlich über Jims Reise. Matt kannte seinen Freund zu gut, um sich von dessen Pokerface täuschen zu lassen. Er wusste, dass Jim darauf brannte, zum eigentlichen Grund seines Auftauchens in Yonda Station zu kommen. Hinter der Fassade des liebevollen älteren Mannes, der einem verwirrten Professor ähnelte, verbarg sich ein messerscharfer Verstand, der Matt manchmal fast unheimlich vorkam. Als sie bei Portwein und Kaffee angekommen waren, räusperte sich Jim erneut. Matt musste grinsen, als er bemerkte, wie sich der Wandel in seinem Freund vollzog. Er war gerade dabei, zum Sprung in seine andere Persönlichkeit anzusetzen.

»Ihr könnt euch sicher vorstellen, dass ich diesen weiten Weg nicht gemacht habe, nur um eure lieben Gesichter wiederzusehen«, sagte Jim und sah Luxa und Matt für einige Momente nachdenklich an. Dann fuhr er fort: »Ich weiß, ihr seid wahrscheinlich todmüde und habt bestimmt besseres vor, als einem verrückten alten, na sagen wir mal älteren Mann zuzuhören. Wir dürfen jedoch keine Zeit verlieren, es handelt sich hier um eine äußerst dringende Angelegenheit und wir haben noch einiges vor.« Mit ernstem Gesichtsausdruck setzte Jim zu einem langen Vortrag an. »Luxa, es wird Ihnen vielleicht nicht verborgen geblieben sein, dass Sie die Hauptrolle in einem höchst brisanten Stück spielen«, sagte er und sah zu Luxa, die sich dafür wappnete, was sie jetzt zu hören bekäme. Er holte tief Luft, bevor er weitersprach: »Vor vielen Jahren bin ich gemeinsam mit meinen ehemaligen Kollegen, zu denen auch Leblanc zählt, von meinem Job abgeworben worden. Wir waren Koryphäen auf unseren jeweiligen Sachgebieten, wie ich ohne jegliche Bescheidenheit hinzufügen muss. Die Bezahlung, die uns angeboten wurde, war spektakulär und die Arbeit interessanter als wir je zu träumen gewagt hätten.« Jim lächelte versonnen in sich hinein und rieb sich die Stirn, bevor er fortfuhr: »Es tut mir Leid, wenn ich weit ausholen muss, aber was ich zu sagen habe, ist keine leichte Kost. Ich selbst habe lange Zeit gebraucht, um zu glauben, worum es hier tatsächlich geht. Seht ihr, wir leben in einer Zeit, in der Wissen nicht mehr heilig ist. Insbesondere seit der Erfindung des Internets hat fast jeder Mensch Zugang zu einer überwältigenden Menge an Information. In den alten Zeiten, so nenne ich sie, konnte Wissen nur durch ein bestimmtes, langwieriges Training erworben werden. Charakter, Ausdauer und Geduld waren neben einer ausgesprochenen Sensibilität und Intelligenz die Voraussetzung dafür. Es gab Initiationen, die eine graduelle Einweihung in Geheimnisse mit sich brachten. Das alles sollte sicherstellen, dass Wissen nicht einfach in die Hände von Menschen mit niederen Motiven geriet. Alle Kulturen schienen sich darin einig zu sein, dass Wissen in den falschen oder in uneingeweihten Händen eine Katastrophe hervorrufen konnte. Das geschah ja gar nicht selten.«

Luxa hatte nicht die geringste Ahnung, worauf Jim hinauswollte und wenn sie ehrlich war, hätte sie am liebsten Reißaus genommen. Matt drückte leicht ihre Hand, fast als wolle er sie davon überzeugen, seinem Freund weiter zuzuhören. Sie sah Jim an, der angespannt auf und ab lief. Als sich ihre Augen trafen, durchlief sie ein Schauer.

»Es gab schon immer das Problem, dass sich Wissen nicht wirklich absolut geheim halten ließ. Es gab immer eine Quelle, die nicht dichthielt.« Jim schmunzelte und rieb mechanisch an seiner Brille. »Die Lösung dafür war, bewusst Informationen zu streuen, die entweder falsch oder unwichtig waren. Man vermischte Wahrheit und Unwahrheit, Belangloses und Brisantes derart, dass man das eine nicht mehr vom anderen unterscheiden konnte. Der Uneingeweihte stand in einer Art Labyrinth und konnte nicht mehr wissen, welchen Weg er nehmen sollte, um der Wahrheit näher zu kommen.«

»Du denkst also, dass die Massenmedien nur zu dem Zweck erfunden wurden, um geheimes Wissen in einer Masse an belangloser Information zu verstecken?« Matt sah seinen Freund fragend an.

»Das denke ich nicht nur, mein lieber Matt, davon bin ich absolut überzeugt. Zudem hat man andere Ablenkungen erfunden, ›Brot und Spiele‹, wie es die alten Römer so schön ausdrückten, um das Volk in seliger Ignoranz zu lassen und wichtiges Wissen zu verschleiern. All das ist ein höchst komplexes Manipulationsgeflecht. Und wenn Sie sich die Medien in der westlichen Welt ansehen, sind wir heute auf dem Gipfel der Informationsverwirrung angekommen. « Jims verzog den Mund. Luxa verstand jedoch immer noch nicht, was er ihnen sagen wollte.

»Was hat das denn alles mit mir zu tun?«, warf sie ein wenig ungeduldig ein.

»Nur die Ruhe, meine Liebe.« Jim lächelte sie verständnisvoll an und fuhr fort: »Irgendetwas ist schief gelaufen. Ein schlauer, skrupelloser Kopf kam darauf, dass die Informationsflut nicht nur geheimes Wissen verbergen und es damit vor Ausbeutung schützen kann, sondern auch, dass man Macht und Geld erringen kann, wenn man den Massen vorschreibt, was sie wichtig nehmen sollen. Es ist ganz im Sinne einiger weniger, dass nicht mehr nach dem eigentlichen Wissen gesucht wird. Stattdessen jagen die meisten von uns den materiellen Götzen nach, die für uns geschaffen wurden. Mit unserem Hunger nach Dingen befriedigen wir die Machtgier und Habsucht einer Handvoll mächtiger Menschen. Leblanc arbeitet für sie und sie waren einmal auch meine Auftraggeber.«

Luxa wollte wieder etwas sagen, aber Jim sprach schnell weiter. »Ich erzähle euch das alles, damit ihr mir das, was ich nun zu sagen habe, glaubt. Denn es wird euch im wahrsten Sinne des Wortes sagenhaft oder gar verrückt erscheinen.« Jim nahm sich eine Zigarette aus einem Etui und zündete sie mit einer fahrigen Bewegung an. Seine Augen waren unverwandt auf Luxa gerichtet und seine Stimme klang eindringlich, als er seine nächsten Worte an sie richtete. »Wir wissen heute mit absoluter Sicherheit, dass es vor unserer Welt, wie wir sie kennen, eine hochzivilisierte Kultur gegeben hat. Ich spreche nicht von den Ägyptern oder Mayas, ich spreche von einer Kultur, die vor fünfzigtausend oder vielleicht sogar hunderttausend Jahren vor unserer Zeit existiert hat und uns in unserer Entwicklung weit voraus war.« Jim wusste, dass er mit diesen Worten Protest ernten würde.

»Das ist unmöglich Jim, wir haben nie Beweise für diese Theorie gefunden, keine Knochenreste oder sonstigen Anhaltspunkte«, sagte Luxa. Sie wollte nicht unhöflich sein, aber was Jim sagte, klang zu fantastisch, als dass sie es einfach so hätte stehen lassen können.

»Da muss ich Ihnen widersprechen Luxa, wir haben viele Anhaltspunkte und Beweise dafür gefunden und finden sie immer noch. Manche davon erreichen nie die Öffentlichkeit, andere werden als Hirngespinste abgetan, womit ich wieder bei der genialen Erfindung der Informationsverwirrung angekommen bin.« Er machte eine kleine Pause, bevor er fortfuhr: »Wem es gelingt, die Hinterlassenschaft vergangener Kulturen zu entschlüsseln, könnte unseren Fortschritt rasant beschleunigen. Denken wir nur an die alten Ägypter. Ihre Kultur und alles, was damit zusammenhing, entwickelte sich dermaßen schnell. In der modernen Zeit haben wir dafür mehr als dreimal so viel Zeit gebraucht und unsere Technologie reicht trotzdem nicht dazu aus, die Pyramiden nachzubauen. Was hatten die alten Ägypter, das wir nicht haben? Wo hatten sie ihr Wissen her?« Jim wusste um die Wirkung seiner Worte und sah in die fragenden Gesichter seiner Zuhörerschaft, bevor er weitersprach. »Sie wussten, wie sie eine bestimmte Energie anzapfen konnten, die wir zwar kennen, von der wir jedoch noch immer relativ wenig wissen. Eine Kraft, der wir gerne alles zuschreiben, was uns ein Rätsel ist. Es geht um den Elektromagnetismus! Und damit kommen wir endlich wieder nach Australien. Australien war während meiner Arbeit für diese Auftraggeber immer ein Zentrum unserer Forschungen. Das hat einerseits mit seiner Lage auf der südlichen Welthalbkugel zu tun, andererseits mit dem Alter seiner Formationen und vor allem mit dem Volk der Aborigines, die dieses Land seit über vierzigtausend Jahren verehrt und in seiner natürlichen Form belassen haben. Das ist auf unserem Planeten einzigartig.« Der Sarkasmus in Jims Stimme war nicht zu überhören. »Die so genannten Songlines der Aborigines strahlen erstaunlich viel elektromagnetische Energie aus, was neben Wasserquellen auch das Entstehen von Gold, Diamanten und Uran begünstigt. Von den Aborigines selbst wurde dies nie als etwas Ungewöhnliches betrachtet. Gold war zum Beispiel einfach ein Teil der Erde, geladen mit Schwingungen, die für bestimmte spirituelle Zwecke angezapft werden konnten. Was der Anblick dieses Metalls bei uns auslöst, hat nichts mehr mit einem spirituellen Hintergrund zu tun.« Jim schüttelte den Kopf und erzählte weiter: »Damals wurde das Land gleich von verschiedenen Firmen aufgekauft und auf den geheiligten Stätten der Aborigines begann man mit Minenarbeiten. Die sich dort befindlichen Höhlenmalereien wurden entweder abgesperrt oder sogar zerstört, damit niemand

Anspruch darauf erheben konnte. Die Landrechtsbewegung der Aborigines oder das Weltkulturerbe zählten nicht. In den Jahren, in denen ich aktiv war, arbeitete man daran, die Kunst und das Liedgut der Aborigines zu entschlüsseln, um die Songlines zu finden und dadurch an versteckte Schätze zu gelangen.

»Die elektromagnetische Energie der Songlines soll also das Entstehen von Bodenschätzen begünstigt haben?«, fragte Matt perplex und Jim nickte. Luxa erinnerte sich an ihr erstes Gespräch mit Luke, als er ihr enthusiastisch von den Songlines erzählt hatte.

»Wir wissen seit langem – es steht sogar überall im Internet –, dass die gesamte Erde von Linien überzogen ist, die den australischen Songlines entsprechen. Hitler verlegte seinen Parteitag in die eher unbedeutende Stadt Nürnberg, nicht wegen der schönen Landschaft, sondern weil sich dort drei der wichtigen Meridiane des europäischen Kontinents kreuzen. Welche grausame Auswirkung seine Nutzung dieser Energien hatte, muss ich euch nicht erzählen. Auch die mittelalterlichen Kathedralen und die Pyramiden wurden strategisch platziert. Die meisten der Linien, von denen wir wissen, verlaufen unter Wasser und viele ihrer Kreuzungspunkte liegen in den Tiefen der Ozeane. Die meisten dieser Punkte auf dem Festland finden sich in Australien. Die Strahlung hier ist so stark, dass sie nicht mit Bauten oder Ähnlichem verstärkt werden muss, sondern einfach angezapft werden kann – wenn man weiß, wie. Die Aborigines selbst nutzen diese Kreuzungspunkte für ihre Rituale, für spirituelle Zwecke. Sie haben die Energie dieser Punkte jedoch nie für, sagen wir, ›niedere‹ Motive missbraucht, oder es darauf angelegt, das Gleichgewicht der Energie zu beeinflussen.«

»Und was würde ihre Ausbeutung zur Folge haben?«, fragte Matt. Jim kniff die Lippen zusammen und Matt wusste, dass sein Freund lieber nicht daran gedacht hätte.

»Das gesamte Ausmaß ist uns noch nicht ganz klar, Matt. Aber wir wissen mit Sicherheit, dass mit der Manipulation dieser Punkte das Wettergeschehen, die Gezeiten und sogar andere natürliche Kräfte, wie etwa die Schwerkraft beeinflusst werden könnten. Im schlimmsten Fall könnten überall auf der Welt Naturkatastrophen ausgelöst werden – Erdbeben, Vulkanausbrüche, Dürre, Tsunamis ... Verglichen mit der gekonnten Ausbeutung elektromagnetischer Energie ist das Zünden einer Atombombe ein lächerliches Feuerwerk.«

Im Raum war es bedrückend still geworden. Die Luft hätte man mit einem Messer schneiden können. Jim schien für einen Moment seinen Gedanken nachzuhängen und seine Zuhörer fast vergessen zu haben, doch dann sprach er weiter: »Die hochzivilisierte Kultur, die ich erwähnt habe, wusste, wie man diese Energien nutzt. Bis zum Auftauchen der Bradshaws haben wir geglaubt, dass der versunkene Kontinent Mu seine Geheimnisse mit in die Tiefen genommen hat und die wenigen Überreste seines Wissens für immer in den Pyramiden verschlüsselt bleiben würden. Doch dann hat sich plötzlich alles geändert.«

»Nicht so schnell Jim«, unterbrach ihn Matt. »Um was handelt es sich bei Mu?«

»Der Kontinent Mu wird von vielen Kulturen als Mutterland gesehen. Er soll sich neben Australien im Südpazifik befunden haben. Auf Inseln wie Tonga oder Fidschi wird in Legenden ausführlich von ihm berichtet. Das ebenfalls versunkene Atlantis, von dem Plato berichtet, soll eine seiner Kolonien gewesen sein, Ägypten eine andere. Der Legende nach soll der gesamte Kontinent Mu in einer einzigen Nacht und einem einzigen Tag mit seinen zehn verschiedenen Kulturen und über sechzig Millionen Einwohnern im Meer versunken sein. Atlantis erlitt das gleiche Schicksal.«

»Du sagst also, Jim, dass diese Mu-Leute die elektromagnetische Energie beherrschen und Einfluss auf Naturkräfte nehmen konnten. Wie kommt es, dass sie ihren eigenen Untergang nicht verhindern konnten?« Matts Stimme klang zweifelnd.

»Gute Frage, Matt«, nickte Jim zustimmend. »Niemand kann das wirklich beantworten. Man nimmt an, dass bei den Experimenten, die die Mu-Leute zweifellos ausführten, etwas schief ging, so dass sie ihren Untergang selbst verursachten. Das würde auch erklären, warum mit Atlantis dasselbe passierte.«

Jean May hatte frischen Kaffee aufgesetzt, damit sich die Anwesenden noch eine Weile wach halten konnten. Alle waren dankbar für eine Unterbrechung, um das Gehörte etwas sacken lassen zu können. Luxa ergriff als erste das Wort. »Ich verstehe immer noch nicht, worauf Sie letztendlich hinauswollen, Jim. Was haben die Bradshaws mit Mu zu tun und welche Rolle spiele ich in dem Ganzen?«

Jim nahm seine Brille ab und rieb sich die Augen. Plötzlich wirkte er müde und alt. Er schien sich fast zum Weitersprechen zwingen zu müssen. »Es gibt die Vermutung, dass die Bradshawgemälde von den Überlebenden Mus geschaffen worden sind und uns die Geheimnisse dieses sagenumwobenen Kontinents offenbaren.«

»Überlebende?«, wiederholte Luxa entgeistert. Ihr schwirrte der Kopf von Jims Vortrag.

»Das ist doch gar nicht so abwegig«, gab er zurück. »Auch wenn die Erdbebeben und Flutwellen, die Mu mit sich in die Tiefe genommen haben sollen, ganz ohne Vorwarnung gekommen sind, so muss es doch Menschen in den Küstengebieten gegeben haben, die sich noch auf Boote retten konnten. Die Bradshaws berichten uns sogar davon. Es gibt mehrere Abbildungen, auf denen sehr unterschiedlich aussehende Menschen auf einem Boot ohne Ruder sitzen. Und Australien war schließlich Mus Nachbarkontinent. Es ist nicht allzu schwer nachzuvollziehen, dass einige

Mu-Leute den roten Kontinent erreichten. Natürlich mussten sie ganz von vorne anfangen. So schnell, wie ihr eigener Kontinent versunken ist, hatten sie höchstwahrscheinlich gerade genügend Zeit, um ans nackte Überleben zu denken. Alles was ihnen bleib, war vermutlich ihre Kleidung«

Luxa musste zugeben, dass Jims Worte sie faszinierten. Er sprach von den Mu-Leuten, als ob er sie persönlich kennen gelernt hatte. Bei seinen Ausführungen kamen ihr lebhafte Bilder in den Sinn. Sie konnte sich gut vorstellen, wie der Untergang Mus ausgesehen haben musste. Das ohrenbetäubende Rumoren der Erde, die Panik und das Entsetzen, das Geschrei der verzweifelten Menschen, das Meer, das plötzlich zur Wasserwand wurde und dann die Stille, nachdem sich die haushohen Wellen wieder gelegt hatten. Ein ganzer Kontinent war unter ihnen begraben worden und all seine Bewohner mit ihm. Alle bis auf ein paar? Die Überlebenden des versunkenen Mutterkontinents? Es war fantastisch und doch nicht unmöglich. Erst vor kurzem hatten die Ausmaße eines katastrophalen Tsunamis die Welt erschüttert. Und Luxa wusste, dass es sich bei dieser Flutwelle nicht um die größte aller Zeiten gehandelt hatte. In der Geschichte des Planeten hat es schon viel gewaltigere gegeben. War es nur die eigene Arroganz, die es nicht zuließ, dass wir an eine Kultur glaubten, die unserer eigenen bereits vor Tausenden von Jahren überlegen war?

»Niemand allerdings vermag sie zu entschlüsseln, weil man nicht weiß, in welcher Reihenfolge sie zu lesen sind.«

Luxa war tief in Gedanken versunken und hatte erst jetzt wahrgenommen, dass Jim seinen Vortrag schon wieder fortgesetzt hatte. »Es ist so, als hätten wir ein Buch vor uns, in dem die Seiten wahllos aneinandergereiht worden sind und dadurch keinen Sinn ergeben. Jede Galerie erzählt nur einen Bruchteil einer Geschichte und ohne den Zusammenhang ist sie völlig unverständlich. Bis vor kurzem schien die Entschlüsselung noch aussichtslos, doch das änderte sich drastisch, als ein Angehöriger eines Clans entdeckt wurde, von dessen Existenz zuvor niemand etwas vermutet hatte. Er hat sich nicht als Aborigine identifiziert, sondern sich der Kultur der Vogelmenschen zugehörig erklärt. Seine Sprache war anders und sein Körper war mit eigenartigen Schmucknarben versehen.« Bei diesen Worten erschrak Luxa und ein kalter Schauer lief ihr den Rücken hinunter, als sie an ihre eigenen Narben dachte.

»Man nimmt an, dass es sich bei diesem Clan um Nachfahren der Überlebenden Mus handelt und dass diese sich irgendwo hier in der Abgeschiedenheit der Kimberleys verborgen halten. Und...«, Jim legte eine bedeutungsvolle Pause ein, »... und man glaubt, dass sie in der Lage sind, die Bradshawgemälde und damit die Geheimnisse Mus, des Kontinents ihrer Vorfahren, zu entschlüsseln.«

Zu ihrem Entsetzen wusste Luxa jetzt, worauf Jim hinauswollte. Schlagartig wurde ihr klar, welche Rolle sie tatsächlich in diesem mysteriösen Spiel spielte.

»Seit der Entdeckung dieses Mannes ist kein weiteres Mitglied dieses Clans gefunden worden, bis vor kurzem ...«, Luxa beendete den Satz: »... ich aufgetaucht bin. Ich soll also eine Nachfahrin Mus sein?«

Alle Augenpaare waren auf sie gerichtet. Matt nahm ihre Hand und Luxa spürte, wie plötzlich Tränen in ihr aufwallten.

»Wie aber kann Luxa für einen Mann wie Olivier Leblanc von Nutzen sein, wenn sie weder weiß, wo sich ihr Clan befindet, noch, wie sie die Bradshaws entschlüsseln kann?« Obwohl Matt bereits ahnte, was die Antwort auf diese Frage sein würde, hoffte er doch, dass Jim sie alle beruhigen könnte.

»Wenn man das Gebiet um den Prince Regent River aus der Vogelperspektive betrachtet, kann man mit etwas Fantasie die

Umrisse eines Menschen erkennen. Luxas Narben entsprechen Orten in diesem Gebiet. Und an diesen Orten befinden sich Bradshaw-Galerien. Auf ihre Haut ist sozusagen eine Landkarte tätowiert.«

»Aber Jim«, protestierte Luxa, »du hast gesagt, dass man wissen muss, in welcher Reihenfolge diese Galerien gelesen werden sollen, sonst ergibt das darin verborgene Wissen keinen Sinn. Aber ich habe keine Ahnung, welche die richtige Reihenfolge ist.«

Jim und Matt sahen Luxa nur schweigend an. Beide wussten, dass sie versuchte, der Wahrheit zu entfliehen. Luxa senkte den Kopf. Das Lied! Natürlich, ihr nächtlich gesungenes Lied würde die Reihenfolge erklären. Ihr eigenes Lied war der Schlüssel zu den Bradshaws.

63

Er hatte getan, was getan werden musste. Es war ein harter Kampf gewesen. Ein telepatischer Kampf ohne Körperkontakt. Einsam gegen Schatten. Schreie, die durch dunkle Hirnwindungen hallten. Wunden, die kein Blut forderten und doch schmerzten. Nur einer konnte als Sieger hervorgehen. Djawa wusch sich die Asche von der schweißtriefenden Haut. Er war erschöpft. Sein Körper schien schwer wie Stein, seine Zunge war geschwollen. Und doch lächelte er. Er hatte gesiegt. Der Tracker würde ihnen nicht mehr gefährlich werden.

64

Jean May hatte ihren seltenen Gästen zu Ehren den Frühstückstisch auf der Veranda gedeckt. Der Morgen war noch angenehm kühl und sie breitete eine weiße, gestärkte Leinentischdecke aus, stellte frische Scones und Grapefruit-Marmelade in die Tischmitte und machte sich daran, Wasser für Tee und Kaffee aufzusetzen. Jim hatte sie bereits unter der Dusche gehört und sie nahm an, dass Luxa und Matt auch so früh wie möglich aufstehen würden.

Der gestrige Abend hatte alle Beteiligten angestrengt. Insbesondere die arme Luxa. Jean May beschäftigte jedoch noch etwas anderes. Sie fühlte, dass sich heute ein weiterer Besucher zu ihnen gesellen würde und versuchte zu überlegen, wer dies sein könnte. Die vielen Jahre in der Einsamkeit hatten ihr Gespür für diese Dinge geschärft. Als sie ein fünftes Gedeck auflegte, hörte sie, wie Jim ihr einen guten Morgen wünschte.

Das heiße Wasser der Dusche hatte sein Gesicht gerötet und er schnupperte den Geruch des Frischgebackenen. »Sie sind eine vorzügliche Köchin, meine Liebe. Die Känguru-Steaks waren ausgezeichnet und wenn ich mir diese Scones ansehe, frage ich mich, warum sie bei Ihnen so viel besser aufgehen, als bei mir.«

»Das liegt wahrscheinlich am Klima, Jim«, versicherte ihm Jean May augenzwinkernd. Als sie sich umdrehte, um wieder in der Küche zu verschwinden, kamen ihr Matt und eine noch verschlafene Luxa entgegen. Sie halfen ihr, den herzhaften Teil des Frühstücks aufzutischen. Es gab Rühreier und knusprigen Speck, gebratene Pilze und mit Käse überbackene Tomaten. Als Jean May schließlich mit einer Kanne Kaffee wieder auf die Veranda trat, kniff sie die Augen zusammen. Konzentriert suchte sie den Horizont ab und entdeckte nach einer Weile tatsächlich einen Schatten.

Matt drehte sich in die Richtung, in die seine Mutter deutete und sah eine Gestalt näherkommen. Er wusste sofort, um wen es sich handelte und ging Djawa freudig entgegen. Als die beiden Männer aufeinander trafen, fielen sie sich in die Arme und kamen schließlich Arm in Arm zu den anderen.

Luxas überkam eine große Freude, Djawa wiederzusehen. Sie sah, wie sich die beiden Männer fest umarmten und hatte keinen Zweifel daran, dass sie Brüder waren, ob blutsverwandt oder nicht. Sie hatten beide denselben drahtigen Körperbau, Matt war vielleicht etwas kräftiger und Djawa hatte dunklere Haut. Ihre Körperhaltung, ihr leichter Gang und ihr blitzendes Lachen wirkten jedoch identisch. Für Luxa verschmolzen beide beim Näherkommen zu einer Einheit und gegen die blendende Sonne vermochte sie nicht zu sagen, wer Djawa und wer Matt war. Der junge Aborigine begrüßte Jean May und warf Luxa einen langen Blick zu, der ihr durch alle Glieder fuhr. Zu ihrer Enttäuschung vermied er es jedoch sie zu berühren.

Als Luxa Matts forschende Augen auf sich fühlte, erschrak sie. Sie war sich sicher, dass er ihre Reaktion auf Djawa bemerkt hatte und fühlte sich ertappt. Matt lächelte jedoch nur. »Was bringt dich zu uns Djawa?«, fragte er mit sanfter Stimme.

Djawa sah wieder zu Luxa. »Ich musste erst meine Clan-Ältesten um Erlaubnis fragen«, gab er schließlich zur Antwort und Matt nickte.

»Ich habe mir gedacht, dass du uns helfen kannst.«

Matt spürte, dass Djawa angespannt war und nahm an, dass es an Jims Anwesenheit lag. »Jim hat uns seine Hilfe angeboten, Djawa. Er besitzt unser absolutes Vertrauen.«

Der junge Aborigine nickte nur leicht und schien sich mit Matts Worten zufrieden zu geben. Dann wandte er sich wieder Luxa zu, die ihn bis jetzt nur stumm angesehen hatte. Sein Blick schien durch ihre Augen in ihren Körper zu dringen, direkt in ihre Seele.

»Ich habe deine Narben gesehen, Schwester. Dunkle Schatten stehen hinter dir.« Seine Lippen bewegten sich kaum, seine Stimme klang kehlig. »Ich weiß wo dein Clan ist. Deine Leute brauchen dich!« Djawa machte eine Kopfbewegung in Richtung Norden und wartete geduldig, dass seine Worte ihre Wirkung taten.

Ihre Leute? Luxa war noch völlig verwirrt von allem, was sie am Abend zuvor erfahren hatte. Als sie morgens aufgewacht war, hatte sie sich gefragt, ob alles nur ein Traum war, ob sie Realität und Fantasie im Schlaf vermischt hatte. Ein Blick in Matts Augen hatte jedoch ihre Hoffnung zunichte gemacht. Und jetzt gab Djawa ihr zu verstehen, dass er wusste, wo ihr Clans war? Dass man sie brauchte?

Matt legte eine Hand auf ihre Schulter, er musste wahrgenommen haben, dass Luxa innerlich bebte. Jean May und Jim hatten sich derweil diskret zurückgezogen. Matt sprach Djawa in einer anderen Sprache an und Luxa konnte nicht verstehen, worüber die beiden Männer sich unterhielten. Djawas Gesichtsausdruck blieb ernst und er schien zu erklären, wohin sie sich auf den Weg machen mussten. Matt nickte ein paar Mal und wandte sich schließlich Luxa zu. »Deine Leute sind gut zwei Tagesreisen von hier entfernt. Es geht erst durch unwegsames Gelände und dann einen Fluss entlang. Wir werden ein Boot brauchen. Wir haben ein kleines *Dinghy* im Schuppen, das für diesen Zweck genügen müsste. Bist du für diese Reise bereit, Luxa?« Matt war vor ihr in die Hocke gegangen. Forschend sah er sie an und gab ihr dann einen leichten Kuss auf die Stirn. Er erinnerte sich an Luxas Zusammenbruch in der Schlucht und befürchtete, das die Konfrontation mit ihrem Clan sie erneut überfordern könnte. Andererseits wusste er, wie wichtig es für sie war, zu erfahren, woher ihre Leute kamen, welches Blut in ihren Adern floss.

Luxa nickte, ihre Gedanken schienen zu explodieren. Sie wusste, dass es keinen Weg zurück gab.

Den Rest des Tages verbrachten Matt und Djawa damit, das

Boot auf Vordermann zu bringen. Es war alt und der Motor machte Probleme. Vom Küchenfenster aus beobachtete Luxa sie bei ihrer Arbeit. Und tatsächlich hörte sie am späten Nachmittag den Motor wie eine Katze schnurren. Sie lief hinaus, um die beiden Männer zu beglückwünschen.

65

Wenige Stunden nach Sonnenaufgang hatten sie den Fluss erreicht. Sein Wasser war trüb und braun wie sahnige Milchschokolade und er war um einiges breiter, als Luxa erwartet hatte. Blitzschnell verstauten Matt und Djawa ihre Vorräte, die Swags und genügend Treibstoff in dem kleinen Motorboot. Luxa und Jim warteten solange im Auto und hielten nach Krokodilen Ausschau. Wie Matt ihr erklärt hatte, würde ihr größtes Problem sein, sich diese Tiere vom Hals zu halten. Luxa konnte das zuerst nicht glauben. Sie konnte kein einziges Krokodil entdecken. Wenige Kilometer flussabwärts sah sie jedoch, dass sich eine ganze Herde von Krokodilen am Ufer sonnte. Sie hätte schwören können, dass einige doppelt so lang waren, wie das Boot.

»Sie können bis zu sieben Metern lang werden«, sagte Matt lächelnd, als er ihr besorgtes Gesicht sah. »Aber keine Angst, solange wir hier drin sind, sind wir sicher. Boote greifen sie nicht an.« Aufmunternd zwinkerte er ihr zu und Luxa beschloss, ihr ungutes Gefühl hinunterzuschlucken.

Stumm saßen sie zu viert im Boot und ließen die Landschaft an sich vorbeiziehen. Das schlammige Ufer war mit undurchdringlichem Gestrüpp und Mangroven bewachsen. Der Fluss diente vielen Tieren, vor allem Vögeln als Wasserstelle. Wenn sie das Boot entdeckten, kamen sie oft zu Hunderten aus den umliegenden Bäumen geflogen und begrüßten oder beschimpften sie mit ihrem Geschrei.

Die starke Strömung trieb sie schneller als erwartet dem Meer entgegen. Als die Sonne sich dem Horizont zu nähern begann, standen sie vor der Aufgabe, wo sie ihr Nachtlager aufschlagen könnten, ohne gefressen zu werden. Als sie eine Felswand erreichten, wusste Luxa, wie sie diese Aufgabe lösen würden. Djawa kletterte als erster die Wand hinauf, gefolgt von Matt. Dann warfen sie ein Seil hinunter, an dem sich Luxa und Jim hochhieven konnten.

Luxa hatte Jim unterschätzt. Er schien sich leichter damit zu tun, als sie selbst. Die Wand war steil und sie versuchte, nicht daran zu denken, was unter ihr im Wasser auf sie wartete. Oben angekommen, verschwand Djawa, um wenig später mit Proviant zurückzukehren. Matt hatte bereits Holz gesammelt und Feuer gemacht. Die Sonne ging unter und alle vier waren froh, nach einem langen Tag im Boot, wieder festen Boden unter den Füßen zu haben. Bei einer Tasse Tee genossen sie ihre rein pflanzliche Mahlzeit und starrten ins Feuer. Jeder einzelne von ihnen verband andere Erwartungen mit dem morgigen Tag und hing den eigenen Gedanken nach.

Jim legte sich als erster schlafen, gefolgt von Luxa. Sie schlüpfte in Matts Swag, der groß genug für zwei war und beobachtete die beiden jungen Männer, die noch am Feuer sitzen blieben. Matt und Djawa unterhielten sich wieder in der ihr fremden Sprache. Ihre tiefe Verbundenheit war deutlich spürbar. Ein Wort genügte, und sie lachten gemeinsam oder starrten nachdenklich ins Feuer. Es schien ihr, als ob nichts die Freundschaft trüben könnte, die diese Männer teilten.

Luxa war immer noch wach, als Djawa Zweige sammelte, wie er es auf ihrer gemeinsamen Wanderung getan hatte und sich neben das Feuer legte. Matt kam leise zu ihr herüber. Mit einem einladenden Lächeln hielt Luxa den Swag für ihn auf und er legte sich neben sie. Sie bettete den Kopf auf seinem

Arm und er küsste sie sanft aufs Haar, bevor er einschlief. An ihrem Hals spürte sie seinen rhythmischen Atem und genoss die wohltuende Wärme, die sein Körper ausstrahlte. Von ihrer Position aus konnte Luxa Djawa sehen, der in das offene Feuer starrte und leise begann, ein Lied zu singen. Sie verstand die Worte des Liedes nicht, aber als sie wieder zu ihm hinübersah, blickten seine Augen direkt in ihre.

66

Der Abstieg zurück in das Boot gestaltete sich schwieriger als erwartet. Djawa half Luxa und Jim von oben, während Matt, ihnen vom Boot aus Hilfestellung gab. Ein falscher Fußtritt, und sie liefen Gefahr, auf Nimmerwiedersehen im Fluss zu verschwinden. Luxa atmete erleichtert auf, als der Motor ohne Probleme startete.

Djawa saß im Schneidersitz am Bug des Bootes und sang eine monotone Melodie, die sich mit dem Summen des Motors vermischte. Luxa wusste, dass er wieder eine Songline sang, die ihnen den Rest des Weges beschreiben würde. Die Sonne brachte das träge Braun des Wassers zum Glitzern und der Himmel strahlte in einem völlig ebenmäßigen Tiefblau. Alles wirkte wie ein Traum. Überdimensional, verzerrt, verschwommen. Faszinierend und angsterregend zugleich.

Vor Luxas innerem Auge blitzten wieder Bilder auf, die jedoch nicht greifbar wurden. Sie nahm die Geräusche wie eine Explosion wahr, dann hörte sie wieder einzelne Töne. Die Gerüche von Benzin und modriger Erde vermischten sich und Luxa wurde übel. Dann spürte sie ein Kribbeln auf der Haut, das sich nach und nach in schmerzende Nadelstiche verwandelte.

Als Luxa erwachte, lag sie in Matts Armen. Sie musste an seiner Schulter eingeschlafen sein, oder war sie ohnmächtig geworden? Djawa war dabei, das Boot an einem Felsen zu vertäuen und bereitete gemeinsam mit Matt ihren Ausstieg vor. Sie nahmen nur das Allernötigste mit, da sie einen längeren Fußmarsch vor sich hatten.

Djawa führte sie durch schlammige Mangroven, deren intensiver Geruch Luxa unangenehm in die Nase stieg. Die Erde unter ihren Füßen war so nachgiebig, dass sie bis auf ihre Knöchel darin versanken und nur mühsam weiterkamen. Obwohl die Sonne noch hoch am Himmel stand, begleitete sie ein Schwarm aggressiver Moskitos und Luxa mochte nicht daran denken, wie die Stechmücken sie abends heimsuchen würden. Sie hoffte, dass sie nicht in den Mangrovensümpfen stecken blieben.

Nach mehreren Stunden Fußmarsch bemerkte Luxa, dass Jim langsam die Kraft ausging. Als sie Djawa um eine Pause bat, überredete er sie jedoch zum Weitergehen. Nach einer weiteren Stunde wurde der Boden unter ihren Füßen immer sandiger und Luxa glaubte, in der Ferne das Meer zu sehen. Inzwischen schnaufte Jim schon so schwer, dass sich Luxa Sorgen machte und sie unbedingt anhalten wollte. Als Djawa wieder ablehnte, wollte sie ärgerlich protestieren, doch Matt nahm Jim den Rucksack ab und sagte beschwichtigend: »Wir sind erst sicher vor den Krokodilen, wenn wir die Felsenkette dort hinten erreicht haben. Sie bleiben zwar meist im Wasser, aber es ist nicht ungewöhnlich, dass eines in den Mangroven Nahrung sucht.«

»Ist schon gut Luxa, ich schaff das schon«, setzte Jim schwer atmend und mit einem tapferen Lächeln hinzu. Als sie endlich die Felsen erreichten, schien Jim am Ende seiner Kräfte zu sein.

»Sie müssen wissen Luxa, ich war noch nie ein Athlet wie unsere beiden Sportskanonen hier. Und das ist mit fortschreitendem Alter nun mal nicht besser geworden.« Er lächelte angestrengt. Offensichtlich hatte er diese Reise nicht dermaßen strapaziös eingeschätzt.

Luxa musste zugeben, dass sie nach dem langen Fußmarsch auf dem sumpfigen Untergrund auch entkräftet war und eine Pause dringend nötig hatte. Auf einem Feuer, das Matt rasch mit trockenen Zweigen entfacht hatte, erhitzte er Teewasser im Billy. Dann reichte er Jim die erste Tasse des stark gezuckerten Gebräus, damit er wieder zu Kräften kam. Luxa verteilte Essen an ihre Begleiter. »Wie weit ist es noch?«, fragte sie Djawa. Es dämmerte bereits und sie konnte sich nicht vorstellen, dass Jim heute noch mehr schaffen würde.

»Wir sind schon da!«, entgegnete er ihr lächelnd und legte sich ohne weitere Erklärung zum Schlafen auf einen Felsen.

»Hier? Aber hier ist niemand«, rief Luxa entgeistert aus, was Djawa wieder nur mit einem Achselzucken quittierte.

»Wir müssen warten«, sagte Matt nüchtern.

Jim folgte Djawas Beispiel und legte sich hin, während Matt sich in der Umgebung umsah. Luxa spürte seine Unruhe und hätte ihn gerne gefragt, was ihn beschäftigte. Doch er schien in diesem Moment mit seinen Gedanken allein sein zu wollen.

Sie selbst versuchte krampfhaft, nicht daran zu denken, was sie hier erwartete. Luxa hatte sich vorgenommen, alles auf sich zukommen zu lassen und weder ängstlich noch erwartungsvoll zu sein. Vielleicht war alles nur ein großer Irrtum und sie würden morgen früh alle nach Yonda Station zurückkehren. Djawa könnte ja auch ein Fehler unterlaufen sein und sie waren am falschen Ort. Als sie ihn ansah, wusste sie jedoch, dass er sich seiner Sache absolut sicher war.

Kurz bevor die Sonne endgültig am Horizont verschwunden war, zeigte Djawa auf einen jungen Mann, der auf dem Felshang über ihnen erschienen war. Er verharrte einige Minuten reglos an seinem Platz, um plötzlich zu verschwinden und dann direkt vor ihnen wieder aufzutauchen. Djawa begrüßte den anderen Mann feierlich und sie wechselten einige Worte. Er trug ebenfalls nur einen Lendenschurz, hatte aber im Gegensatz zu Djawa reiche Verzierungen auf dem Körper. Als der Mann sie betrachtete, konnte Luxa vor Aufregung kaum atmen. Er hatte ähnliche Narbentätowierungen wie sie selbst auf der Haut. War er möglicherweise ein Verwandter, ein Freund, ihr Bruder? Luxa fühlte einen Knoten im Hals.

Als der junge Mann sich zum Gehen wandte, gab Djawa ihnen ein Zeichen, ihm zu folgen. Sie durchquerten eine enge Schlucht, die in einem schmalen Durchgang endete. Sie zwängten sich hintereinander durch und standen vor einer Höhlenöffnung, die Luxa an Lillapanga erinnerte. Unter ihnen wogte der schwarze Ozean, der jedoch völlig anders als das friedliche Meer in der südaustralischen Bucht wirkte. Matt bemerkte, wie Luxa erschrak.

»Die gewaltigen Gezeiten machen das Gebiet hier vom Meer aus völlig unzugänglich. Herzlich Willkommen am Ende der Welt!«

Das ohrenbetäubende Tosen der Wellen war mit nichts zu vergleichen, was Luxa jemals erlebt hatte. Fasziniert blickte sie in die schäumende Gischt, die in der Dunkelheit leuchtete.

Matt nahm ihre Hand und zog sie weiter. Als sie die Höhle betraten, fielen Luxa die Feuer und Fackeln auf, die das riesige Gewölbe in ein sanftes Licht tauchten. Das Meer war hier drinnen kaum zu hören. Luxa sah sich um und erkannte eine Gruppe von Männern und Frauen, die wie der junge Mann gekleidet waren, der sie hierher geführt hatte. Sie saßen um die Feuerplätze und starrten sie an. Luxa erlebte alles wie in Zeitlupe. Sie sah wie die Gesichter der Anwesenden im Feuerschein leuchteten, spürte die angenehme Wärme, die von den Flammen ausging. Der vertraute Geruch brennenden Holzes stieg ihr in die Nase und vermischte sich mit dem aromatischen Duft schmorender Kräuter. An den Wänden der Höhle erkannte Luxa die Malereien aus ihren Träumen. Sie sah riesige, reich verzierte Figuren, die sich in einer Art Tanz elegant zu winden schienen. Sie trugen exotische Kopfbedeckungen und Kleidungsstücke und hielten Gegenstände in den Händen, von denen Luxa nicht wusste, was sie waren. Einige der Figuren schienen zu schweben, andere strahlten.

Luxa war so in die Betrachtung der Bilder vertieft, dass sie gar nicht wahrgenommen hatte, wie still es um sie herum war. Nur das leise Knistern der Feuer war zu hören, aber niemand sagte ein Wort. Alle Augen waren auf sie gerichtet, doch Luxa fühlte sich weder bedroht noch war sie verlegen. Sie spürte nur eine unendliche Ruhe, die sie wie in eine weiche, warme Decke einhüllte.

Der junge Mann, der sie abgeholt hatte, winkte Luxa zu sich, während er ihren Begleitern bedeutete, am Eingang der Höhle zu warten. Dann führte er sie zu einer Feuerstelle, an der mehrere ältere Frauen saßen. Behutsam half er einer der Frauen aufzustehen, und sie stellte sich vor Luxa hin. Die alte Frau sah ihr ernst ins Gesicht und Luxa verstand intuitiv, was sie von ihr wollte. Ohne zu zögern zog sie ihr T-Shirt aus. Als sie mit nacktem Oberkörper in der Mitte der Höhle stand, ging ein Raunen durch die Menge. Die alte Frau betrachtete lange die Narben auf Luxas Körper, dann strich sie leicht mit den Fingern darüber, ging um sie herum, untersuchte auch ihren Rücken aufmerksam und kehrte schließlich wieder an ihren Platz zurück. Zwei weitere Frauen unterzogen Luxa ebenfalls einer genauen Betrachtung. Als sie sich wieder zu den anderen gesellten, begann eine aufgeregte Diskussion. Nach einer Weile erhoben sich alle drei Frauen erneut, um Luxa in die Arme zu schließen. Sie taten es auf so liebevolle Weise, dass Luxa sofort die Tränen kamen. Zärtlich strichen sie ihr über Haare und Gesicht und lachten und weinten dabei gleichzeitig. Luxa verstand nur Bruchstücke von dem, was sie sagten, aber es mussten Kosenamen für sie sein.

Nach und nach kamen auch die anderen Clanmitglieder vorsichtig auf sie zu. Als sie die Narben sahen, lachten sie sie an und berührten sie genauso liebvoll, wie es die Frauen getan hatten. Luxa atmete tief ein. Das beglückende Gefühl, nach einem schweren Tag endlich zu Hause angekommen zu sein, breitete sich wohlig in ihrem Körper aus. Sie konnte die Augen schließen und völlig ruhig sein. Ihre Seele war wieder dort, wo sie hingehörte. Mit Tränen in den Augen drehte sie sich zu Matt um und sah wie er sie liebevoll anlächelte. Jim hatte ebenfalls ein Lächeln auf den Lippen und Djawa nickte ihr zu.

Eine der Frauen führte Luxa an eine Feuerstelle und bedeutete ihr, sich hinzusetzen. Aus dem Augenwinkel beobachtete sie, wie Matt, Djawa und Jim an einen der anderen Feuerplätze geführt wurden, an dem mehrere ältere Männer saßen. Die Frau nahm Luxas Hände in die ihren und strich liebevoll darüber, während sie sprach. Die anderen Clanfrauen drängten sich ebenfalls an den Feuerplatz, um den Worten der alten Frau zu lauschen. Luxa glaubte sogar, etwas zu verstehen.

Es ging offensichtlich um ihre Kindheit. Die Frau erzählte von Luxas Geburt und ihrer Bedeutung für diesen Clan. Einige der Frauen fingen an zu tanzen und stellten die Geschichte mit ihren Körpern dar. Andere sangen, summten oder klatschten rhythmisch in die Hände.

Das Singen und Tanzen hielt bis spät in die Nacht an, immer wider kamen Männer und Frauen an den Feuerplatz, an dem Luxa saß, um sie anzusehen und ihr ein Geschenk oder etwas zu essen zu bringen. Sie lachte und dieses Lachen schien aus den Tiefen ihres Inneren zu kommen. Es begann in ihrem Unterleib, bahnte sich seinen Weg durch ihre Eingeweide und brach schließlich wie ein Vulkan aus ihrer Kehle. Wenn sie ihren Verstand ausblendete und sich dem überließ, was ihre Existenz ausmachte, hatte sie das Gefühl, diesen Ort nie verlassen zu haben.

Wann immer Luxa sich nach ihren Begleitern umsah, glaubte sie Matt und Djawa zu einer Einheit verschmelzen zu sehen, wusste nicht, wer von beiden sie ansah und was ihre Blicke bedeuteten. Sie glaubte, in eine Art Trance zu verfallen, in der sie alles um sie herum als eine Einheit wahrnahm. Sie war ein Teil dieses Ganzen und alles um sie herum war ein Teil von ihr. Es war, als ob die Höhle sich in ihrem Innern befand, als ob sie durch die Öffnung der Schlucht in ihren eigenen Körper gestiegen war.

67

Mit einem liebevollen Streicheln übers Haar wurde Luxa von einer der Frauen geweckt. Sie konnte sich nicht mehr daran erinnern, wie sie zu ihrem Schlafplatz gekommen war. Am Vorabend waren Zeit, Raum, Realität und Traum miteinander verschmolzen, jetzt existierten sie jedoch wieder getrennt voneinander. Sie lächelte die Frau an und nahm dankbar das Getränk an, das sie ihr anbot. In einiger Entfernung sah sie Djawa, Matt und Jim im Gespräch mit den Männern des Clans. Sie fühlte sich etwas benommen, als sie sich erhob.

Als Matt bemerkt hatte, dass Luxa wach war, kam er sofort auf sie zu. Luxa erwartete, dass er sie wie üblich in die Arme nahm, doch er tat es nicht und wirkte plötzlich distanziert. Matt lächelte sie an, doch seinem Lächeln fehlte etwas. Irgendetwas stimmte nicht.

»Guten Morgen«, sagte er nüchtern.

»Guten Morgen, habe ich etwas versäumt?«

»Ganz im Gegenteil, Luxa, alle warten auf dich.«

Verwirrt sah sie ihn an. Seine Stimme klang seltsam heiser. Warum verhielt er sich so fremd?

»Was wird denn jetzt passieren, Matt?«, fragte sie verunsichert.

Matt beugte sich zu ihr herunter und sah ihr tief in die Augen. »Das ist ganz allein deine Entscheidung, niemand wird dich zu irgendetwas zwingen.«

»Zwingen? Was meinst du damit, Matt. Was ist los?«, fragte sie und fühlte Panik in sich aufsteigen.

»Lass uns einen Spaziergang machen«, schlug Matt vor und Luxa folgte ihm durch eine kleine Öffnung, die aus der Höhle führte. Draußen nahm Matt ihre Hand und sie gingen eine Weile schweigend nebeneinander her.

»Matt«, brach es schließlich aus Luxa hervor, die ihre Ungeduld nicht länger zähmen konnte. »Warum erzählst du mir nicht, was verdammt noch mal los ist?«

Abrupt ließ er ihre Hand los und setzte sich auf einen nahegelegenen Felsen. Luxa kam zu ihm herüber und Matt zog sie sanft an sich. Er sah in ihr verstörtes Gesicht und gab ihr schließlich einen leichten Kuss auf den Mund. »Ich weiß, was der gestrige Abend für dich bedeuten muss, Luxa. Du bist zu Hause angekommen, du weißt endlich, wohin du gehörst, wer du wirklich bist. Vielleicht wird es noch eine Weile dauern, bis du dieses Konzept auch verstandesmäßig annehmen kannst, aber dein Körper hat es bereits getan und du hast alle Zeit der Welt.«

»Worauf willst du hinaus?«, forschte Luxa.

Matt überlegte einen Moment, wie er seine Worte wählen sollte und erwiderte schließlich: »Dein Clan braucht dich, Luxa! Diese Menschen sind fast am Ende ihrer Existenz angelangt, nur wenige sind noch von ihnen übrig. Seit vielen Jahren hat es keinen Nachwuchs mehr gegeben ...« Matt strich ihr leicht über das Haar, bevor er weitersprach. »Du allein kannst das ändern!«

Luxa ließ Matts Worte auf sich wirken. Als sie langsam begriff, was er damit meinen könnte, musste sie schlucken Matt lächelte bitter, als er fortfuhr. »Weißt du Luxa, ich hatte ein langes Gespräch mit Djawa und er hat mir erklärt, worum es hier geht. Ich wollte es zuerst nicht wahrhaben, weil ich weiß, was das für uns bedeuten wird, aber es ist dein Schicksal und dem müssen wir uns manchmal fügen, ob wir wollen oder nicht.«

Luxa starrte in Matts angespanntes Gesicht.

»Jim hatte Recht. Bei deinem Clan handelt es sich nicht um Aborigines. Diese Menschen haben andere Wurzeln und eine andere Kultur. Sie kamen einst wie Botschafter in dieses Land und hielten ihre eigene Kultur für so fortgeschritten, dass sie glaubten, alle anderen davon überzeugen zu müssen. Die Bradshaws erzählen detailliert von ihrem Wissen und preisen ihre Errungenschaften. Bei den Aborigines hatten sie allerdings wenig Erfolg. Die alteingesessenen Clans blieben ihrem eigenen Wissen treu, das sie mit dem Land und ihren Innenwelten verband. Sie sahen keinen Grund dafür, ihre Weisen zu ändern und wurden dazu auch nicht gezwungen. Ich nehme an, dass deine Urahnen in anderen Kulturen, wie bei den Ägyptern oder den Mayas mehr Erfolg hatten, wie viele Zeugnisse belegen. Dann ist jedoch eines Tages die große Flut gekommen und hat ihr Mutterland mit sich in die Tiefe genommen, wie Jim uns erzählt hat. Einige wenige konnten sich mit Booten hierher retten. Diesmal kamen sie nicht als Botschafter, sondern als Flüchtlinge, die alles verloren hatten. Den Aborigines zufolge, irrten sie zunächst hilflos umher, viele verhungerten oder starben auf andere Weise. Die umliegenden Aborigine-Clans erbarmten sich schließlich ihrer, boten ihnen Hilfe an und überließen ihnen einen Teil das Landes, damit sie eine neue Heimat hatten. Und mit der Zeit wurde dein Clan für die Aborigines wie jeder andere. Sie werden noch immer die Vogelmenschen genannt. Dein Clan behielt einige seiner Traditionen bei, doch nach einer Weile wurden Ehen mit jungen Leute aus den umliegenden Clans geschlossen.« Matt legte ein kurze Pause ein, bevor er weitersprach. »Djawas Vater war unser Headstockman und gehörte zu deinem Clan. Als er eine Aborigine heiratete, wurde er von ihrem Clan aufgenommen. Wir haben aufgrund seiner hellen Hautfarbe immer gedacht, dass er zur Hälfte Aborigine sei.« Matt sah ihr jetzt tief in die Augen und sie konnte sehen, wie schwer es ihm fiel, die Worte über die Lippen zu bringen, die jetzt kamen: »Und Djawa ist *dein* Mann.«

Luxas wurde plötzlich schwindelig. Sie wollte Matt fragen, was er meinte, doch die Bilder, die jetzt vor ihrem inneren Auge vorbeizogen, machten das überflüssig.

Sie erinnerte sich an den kleinen Jungen, der neben ihr auf der Erde gesessen hatte. Sie hielten sich an den Händen und wurden von den Clanmitgliedern mit Ocker und Ton bemalt und mit Blumen und Blättern geschmückt. Von weitem erklang das rhythmische Singen der anderen, zu denen sie bald zurückkehren mussten. Es war der Beginn einer Zeremonie, die diesen kleinen Jungen mit ihr verbinden würde, wie ihre Eltern miteinander verbunden worden waren. Luxa erinnerte sich plötzlich an das, was ihre Hochzeit mit Djawa gewesen sein musste.

Sie sah Matt in die Augen und versuchte darin zu lesen. Sie wollte ihn so vieles fragen und brachte doch kein Wort heraus. Stumm hörte sie zu, als er weitersprach.

»Du warst mit deinen Eltern und einigen anderen auf dem Weg zu Djawas Clan. Dort stand ein Ritual bevor, bei dem sein Clan ihm die Erlaubnis geben sollte, mit dir zu deinem zurückzukehren. Auf dem Weg dorthin muss die Polizei dich aufgegriffen haben, um dich zu einer Mission zu bringen und später dann in das Waisenhaus. Niemand aus deiner Familie ist je wieder gesehen worden und nachdem man viele Jahre erfolglos nach dir gesucht hatte, hielt man auch dich für tot.«

Nachdem er geendet hatte, legte Matt die Arme um Luxa. Er konnte nur ahnen, wie sehr sie das, was er sagte, mitnehmen musste. Er konnte sie jetzt nur noch halten, solange sie ihn brauchte. Dann würde er gehen. Er hätte nie von ihr verlangen können, dass sie ihren Clan im Stich ließ. Sie gehörte hierher und Djawa an ihre Seite.

Luxa hatte nach dem gestrigen Abend zwar geahnt, dass ihre Eltern nicht mehr lebten, doch eine winzige Hoffnung hatte noch in ihr fortgelebt. Nun war auch diese zerstört und mit ihr lag ihre Welt in Scherben.

»Was wird jetzt passieren?«, fragte sie Matt nach geraumer Zeit.

Er strich ihr zärtlich über die Wange, als er antwortete: »Das liegt in gewisser Weise in deiner Hand, Luxa. Es gibt keine Regeln für deine Geschichte. Die Menschen deines Clans wissen nicht genau, was sie tun sollen. So einen Fall hat es noch nie gegeben. Was es noch komplizierter macht, ist, dass du eine besondere Rolle für deinen Clan spielst. Du bist die Tochter der Medizinfrau und trägst die Tätowierungen, die allein der ersten Frau des Clans zustehen. Alle Männer sind tätowiert, aber ihre Narben dienen nur der rituellen Zierde. Du allein trägst die richtigen Tätowierungen, die zusammen mit dem Lied eine Art Songline dieses Clans beschreiben. Ohne das spezielle Wissen, das nur der Medizinfrau in bestimmten Ritualen zugänglich war, kann diese Songline nicht mehr verfolgt werden und damit das Land nicht mehr in seine Existenz gesungen werden. Das heißt, dass deine Leute die Verbindung mit ihrer Kultur und ihrer metaphysischen Existenz nicht mehr herstellen konnten, nachdem du verschwunden warst. Seit dieser Zeit ist kein Kind mehr geboren worden. Du allein kannst das ändern.«

Matts Worte dröhnten Luxa noch lange im Ohr: »Du allein kannst das ändern ... du allein ...«

Jahre später erinnerte Luxa sich noch oft an Matts Worte. Sie beobachtete ihren kleinen Sohn Djawa, als er von den älteren Männern lernte, Feuer zu machen. Als es funktionierte und endlich ein Funke das trockene Gras entfachte, hoben die Männern den kleinen Djawa lachend auf die Schulter und trugen ihn herum. Er lächelte seiner Mutter stolz zu und sie schenkte ihm ihr wärmstes Lächeln. Als Djawa sich wieder auf dem Boden befand, folgte er den Kindern in die Schlucht, um dort zu spielen. Luxa sah ihm nach und fragte sich, wie anders ihr Leben hätte verlaufen können. Oder irrte sie sich? Hatte ihr das Schicksal gar keine Wahl gelassen?

Als Luxa und Matt nach ihrem Gespräch in die Höhle zurückkehrten, saß Jim in einer Ecke und sah miserabel aus.

»Ich glaube er hat sich mit dem Ross River Virus infiziert«, erklärte Matt. »Zumindest hat er Fieber und kann sich kaum bewegen. Ich werde mit ihm nach Yonda Station zurückkehren. Djawa ist auf der Suche nach Bushmedizin und wird mir helfen, ihn zum Boot zu tragen, er kann unmöglich alleine so weit laufen.«

Luxa sah Jim besorgt an und er versuchte tapfer, zu lächeln. Sie wollte jetzt nicht egoistisch sein, aber eine Frage brannte ihr auf den Lippen.

»Und was geschieht mit mir, mit uns? Wann kommst du zurück?«, fragte sie leise. Als Matt sie ansah, war der Schmerz in seinen Augen deutlich sichtbar.

»Deine Leute bereiten ein Ritual vor. Du wirst mit den Frauen gehen und die Songline abgehen, deren wichtige Stellen auf deinem Körper eingraviert sind. Das Lied, an das sie dich erinnern werden, wird ihnen dabei helfen.« Matt ließ mit seinen Worten keinen Zweifel daran, dass Luxa hier bei ihrem

Clan bleiben musste. Es war die einzig richtige Entscheidung. »Das Ganze wird mehrere Wochen dauern, ihr werdet ein weites Gebiet abgehen. Wenn du zurückkommst, wird Djawa auf dich warten und …« Matt wich ihrem Blick aus. »Und ihr werdet noch einmal verheiratet, dieses Mal als Erwachsene, um schließlich miteinander Kinder zu haben.«

Luxa schrie innerlich auf. Sie konnte Matt nicht einfach gehen lassen, das konnte niemand von ihr verlangen. Niemand! Und doch wusste sie, dass hier etwas Größeres am Werk war. Sie spürte ihre tiefe Verbundenheit mit ihrem Clan und mit Djawa. Es ging hier nicht allein um sie, um ihr Leben. Das Leben dieser Menschen war von ihr abhängig. Konnte sie einfach weglaufen? Vor ihr lagen zwei Wege und sie musste sich zwischen ihnen entscheiden.

Als Djawa zurückkam, nahmen die drei Männer, die sie hierher begleitet hatten von ihr Abschied. Jim war in schlechter Verfassung und Matt und Djawa hatten eine einfache Trage angefertigt, auf der sie den fiebernden Mann zum Boot zurückbefördern konnten. Sie sah ihnen lange nach, als sie die Schlucht durchquerten. Djawa hatte sie nicht angesehen und Matt hatte nur ihre Hände an sich gedrückt. Stumm liefen die Tränen ihre Wangen hinunter und sie brachte keinen Ton heraus. Nichts schien sich zwischen Matt und Djawa geändert zu haben, obwohl sie nun Rivalen waren. Luxa wusste plötzlich, dass sie beide Männer liebte, jeden auf unterschiedliche Weise.

Die Frauen ihres Clans ließen ihr nicht viel Zeit zum Reflektieren und drängten sie dazu, sich auf den Weg zu machen. Sie hatten eine lange Reise vor sich, die das Überleben ihres Clans sichern sollte. Wie Matt vorausgesagt hatte, dauerte die Zeremonie lange. Luxa sah den vollen Mond zweimal am Himmel erscheinen.

Auf dieser Reise sollte Luxa alles über die Geschichte ihrer Leute erfahren. Die Aufführungen und teilweise beängstigenden

Rituale der Frauen erzählten von ihren Urahnen und dem Schicksal, das ihnen widerfahren war. Und plötzlich verstand Luxa. Sie verstand die Geschichte der Bradshaws und ihre eigentliche Bedeutung. Auf einmal wusste sie, dass sie nicht das waren, wofür man sie hielt. Jim hatte Recht gehabt. Sie waren eine Nachricht an die Nachwelt. Sie erzählten von Mu und den sagenhaften Errungenschaften seiner Bewohner. Aber sie feierten diese Gesellschaft vergangener Zeiten nicht. Ganz im Gegenteil. Die Mu-Leute hatten es in all den Jahrtausenden ihrer Existenz weit gebracht. Die Bilder, die Luxa sah, deren Bedeutung sie aber nur halbwegs verstand, sprachen von technologischem Wissen, das ihr vollkommen neu war, von Dingen, die sie nie zuvor gesehen hatte, von Kräften, für die sie keinen Begriff hatte. Aber ihre eigentliche Nachricht war eine Warnung. Bei den Bradshaws handelte es sich nicht, wie Jim vermutet hatte, um eine Anleitung zur Herrschaft über die Erde, sondern um eine Warnung an alle nachfolgenden Generationen, nicht den gleichen Fehler wie die Menschen von Mu zu begehen. Das Gleichgewicht der Energie durfte nicht aus der Balance gebracht werden, denn das hätte unabsehbare katastrophale Auswirkungen, wie sie der Mutterkontinent selbst erfahren hatte. In ihren Ritualen spielten die Frauen immer wieder die Gefahr durch, die denjenigen drohte, die die Natur zu kontrollieren versuchten. Die Aborigines hatten das immer verstanden und sich von den Errungenschaften des Nachbarkontinents nie beeindrucken lassen. Sie hatten sich nicht von Gier und Habsucht dazu verleiten lassen, die Erde nach allen Regeln der Kunst auszubeuten und zu zerstören. Sie hielten daran fest, dass nur eine heile Erde das Heil seiner Bewohner sichern konnte.

Luxa wusste nicht, ob dieses Wissen ihrem Verfolger Olivier Leblanc etwas bedeuten würde. Auf jeden Fall schien er ihre Fährte verloren zu haben. Die Angst vor ihm steckte ihr noch lange in den Knochen, doch sie hatte die leise Ahnung, dass er sie nicht mehr brauchte. Entweder hatte er einen anderen Weg zur Ausbeutung der Songlines für seine Zwecke gefunden, oder aber sein Misserfolg in ihrem Fall hatte ihn seine Position gekostet. Luxa wusste es nicht. Sie würde ihn jedoch nie vergessen.

Als die Frauen von ihrer Reise zurückkehrten, warteten die Männer bereits auf sie. Es war die Zeit für die Vermählungen, die Zeit für Empfängnis. Die Erde war wieder heil, die Songline zu Ende gesungen, die Welt und der Mensch wieder in ihrer Existenz gesichert. Bei ihrer Ankunft hielt Luxa nach Djawa Ausschau, aber sie konnte ihn in der Menge der Männer nicht finden. Stattdessen erblickte sie zu ihrem Erstaunen Matt, der auf sie sich zukam.

Luxa weinte bitterlich, als Matt ihr die Nachricht überbrachte. Djawa war tot. Als die drei Männer auf dem Rückweg nach Yonda Station waren, hatte es einen Zwischenfall gegeben. Djawa war in den Fluss gestürzt und von einem mächtigen Krokodil in die Tiefe gezerrt worden.

In ihrem Schmerz hämmerte Luxa mit den Fäusten gegen Matts Brust. Es war als ob ein Teil von ihr gestorben war. Matt versuchte sie zu beruhigen, indem er leise mit ihr sprach und sie festhielt. Dann sagte er schließlich etwas, das Luxa nie vergessen würde. »Das war kein Unfall, Luxa. Djawa hat die Hand gehoben und mir zugewinkt, bevor das Krokodil ihn mit sich riss. Er hat gelächelt. Ich habe seitdem an nichts anderes mehr denken können. Aber ich weiß, dass Djawa sich bewusst mit seinem Totem vereinigt hat. Er hat es gerufen.«

Luxa schwieg betroffen. Djawa musste wie sie selbst gespürt haben, dass sie, Matt und er selbst in einer Verbindung standen, die nicht so war, wie sie sein sollte. Sie verband eine tiefe Liebe und Vertrautheit, doch die Tatsache, dass die beiden Männer

Rivalen waren und somit einer der Beteiligten aus dieser Liebe ausgeschlossen werden musste, schien falsch.

Matt war nicht erstaunt, als Luxa ihm erzählte, dass sie schwanger war. Djawa musste das gewusst haben. Sie hatte es erst auf ihrer Reise bemerkt und als ihre Blutung ausblieb, hatte sie es auf Stress und Überanstrengung geschoben. Als ihre Periode jedoch zum zweiten Mal auf sich warten ließ und sie sich unwohl fühlte, wusste sie, dass sie schwanger sein musste. Die anwesenden Frauen schienen das schon lange gewusst zu haben und lächelten ihr zufrieden zu. Für sie war es das Zeichen, dass das Land sie wieder angenommen hatte, dass ihr Clan und mit ihm diese Welt zum Fortleben bestimmt war.

Matt und Luxa zweifelten nicht daran, dass das Kind, das sie gezeugt hatten, eine Wiedergeburt Djawas war und dass Djawa diesen Weg gewählt hatte, zu ihnen zurückzukehren. Dieses Mal war die Konstellation richtig. So konnten sie ihre Liebe teilen, gehörten zusammen, waren eine Familie.

Djawa würde die erste Generation sein, die den Weg zurück antrat. Und Luxa wusste, dass ihr Sohn nicht allein war. Immer mehr Menschen würden ihm folgen, würden den Weg eines einfachen Lebens wählen und wieder beginnen, mit der Natur im Einklang zu leben, anstatt sie zu zerstören. Es würde Generationen dauern, bis die Menschheit wieder zum Ursprung zurückfand, aber der erste Schritt war getan. Die Songline im entlegensten Teil des roten Kontinents war wieder gesungen worden.

Abalonen: große Meerschnecken der Gattung Haliotis, die in fast allen warmen Meeren vorkommen
Akubra: breitkrempiger Hut, typisch australische Kopfbedeckung
Bandanna: Halstuch, Kopftuch
Billabong: Teich, Wasserloch
Billy: Kochtopf australischer Cowboys
Bimbo: abfällige Bezeichnung für Frauen, »Tussi«
blackfellas: Aborigines
Blundstones: traditionelle australische Arbeitsstiefel
Brumby: australische Wildpferderasse, ähnlich dem amerikanischen Mustang
Bulldust: feinster Lehm-Staub
Bushfoods: Pflanzliche und tierische Nahrungsmittel, die im Outback gefunden werden können
Bushies und Townies: Outbackbewohner und Städter
Cityfolk: Stadtmenschen
Dinghy: Motorboot
Dingo: australischer Wildhund
Dreamtime: »Traumzeit«, Erschaffungs-Konzept der Aborigines
Goanna: australische Rieseneidechse, Waran
Homestead: Wohnhaus auf einer Rinder- oder Schaffarm
Jackaroo: junger, unerfahrener Cowboy
Loner: Einzelgänger, Einsiedler
out bush: im Outback
Outstation: Außenposten auf einer Station
Pappadams: südasiatische Oblaten, Wraps

Pavlova: berühmte australische/neuseeländische Baisertorte mit Früchten

Pitjantjatjara: Sprache der Pitjantjatjara oder Anangu, einem Aborigine-Volk aus der Wüste in Central Australia

Ross River Virus: durch Moskitos übertragene tropische Krankheit

School of the Air: australische Radioschule für Outbackkinder

shute: Gatter, hinter dem sich Tier und Reiter beim Rodeo befinden

Station: australische Rinderranch

Stockman/Headstockman: Rinderzuchtgehilfe, Tierpfleger

Sugarbag: Gemisch aus zahlreichen Stoffen. Grundlage ist die Propolis-Wachs-Grundsubstanz gekochter Nester der australischen Honigbiene

Sugarbagbiene: drei- bis fünf Millimeter große, stachellose schwarze australische Honigbiene

Surf break: Ort, wo gute Bedingungen zum Surfen herrschen

Swag: Schlafsack/Zeltvorrichtung australischer Cowboys

Tjukurpa: australische Bezeichnung für »Traumzeit«

Tracker: Spurenleser

troppo: verrückt aufgrund des Tropenwetters

Tube: Surferbegriff, Form einer Welle

Tuna mornay: Thunfisch-Nudelauflauf

Ute: Utility van, Arbeitsauto

White Pointer: weißer Hai

Whitefellas: Weiße

Die Deutsche Bibliothek – CIP-Einheitsaufnahme
Aumeier, Alexandra: Outbackcowboy: Roman / Alexandra Aumeier.
– Berlin : Orlanda, 2006
ISBN 3-936937-43-5

1. Auflage 2006

Lektorat: Ekpenyong Ani
Umschlaggestaltung: Ulrike Wewerke, Berlin
Umschlagfoto: Getty Images
Layout & Satz: Marc Berger, Berlin
Herstellung: Anna Mandalka
Druck: Fuldaer Verlagsanstalt